船舶工程材料与焊接

主编　陈章兰　熊云峰
参编　刘建闽　邱海君　张晓莹　王军伟
主审　戴乐阳

机械工业出版社

本书以船舶工程材料所需的力学性能为出发点，系统地介绍了材料的力学性能、制造工艺和焊接性。本书主要内容包括材料和焊接接头的力学性能、金属的显微组织与力学性能、船舶工程用钢的合金化、船舶工程用钢的固态相变与塑性加工、船舶工程结构熔化焊的工艺焊接性、船舶工程材料力学性能与焊接性、造船材料与焊接数字化技术。本书按照由理论到工程实践的顺序编排，内容全面系统，实用性和针对性强，并提供了相关知识拓展内容，方便读者阅读学习。

本书适合船舶与海洋工程结构物和钢结构工程领域的技术人员、焊接技术人员使用，也可供船舶与海洋工程等相关专业的在校师生阅读学习。

图书在版编目（CIP）数据

船舶工程材料与焊接/陈章兰，熊云峰主编. —北京：机械工业出版社，2024.1

ISBN 978-7-111-74286-9

Ⅰ.①船…　Ⅱ.①陈…　②熊…　Ⅲ.①船用材料-焊接工艺　Ⅳ.①U671.83

中国国家版本馆 CIP 数据核字（2023）第 223220 号

机械工业出版社（北京市百万庄大街 22 号　邮政编码 100037）
策划编辑：陈保华　　　　　　　责任编辑：陈保华　杨　璇
责任校对：李可意　李　婷　　　封面设计：马精明
责任印制：李　昂
北京捷迅佳彩印刷有限公司印刷
2024 年 1 月第 1 版第 1 次印刷
184mm×260mm · 15 印张 · 365 千字
标准书号：ISBN 978-7-111-74286-9
定价：69.00 元

电话服务　　　　　　　　　　网络服务
客服电话：010-88361066　　　机 工 官 网：www.cmpbook.com
　　　　　010-88379833　　　机 工 官 博：weibo.com/cmp1952
　　　　　010-68326294　　　金 书 网：www.golden-book.com
封底无防伪标均为盗版　　机工教育服务网：www.cmpedu.com

前　言

　　材料的各种性能有导热的热物理性能，导电的电物理性能，导磁的磁物理性能，反射和透射的光物理性能，耐腐蚀的化学性能以及强度、韧性和硬度等力学性能，压电效应的电力性能，热胀冷缩的热力性能等。作为水上结构物的船舶和海洋结构物，为抵御奔涌的风浪和承受货物的重力，力学性能为其首要性能。木质船以"古者观落叶因以为舟""古人见窾木浮而知为舟"伊始，至15世纪著于《明史 郑和传》和《瀛涯胜览》的"宝船"以"修44丈，广18丈"而驰骋西洋。1879年第一艘钢质船问世，迄今船舶与海洋工程结构已有高强度钢材和有色合金的综合应用。

　　材料力学性能不断提高的背后是科学技术和理论的不断发展。在传统热和热力作用基础上，现代电热磁力优化应用使材料力学性能呈多样化。在深厚的理论底蕴中，把握影响材料力学性能及其热稳定性的理论主线，避免耗时的复杂理论，以满足相关工程技术人员的懂材、识材和用材的需求，是本书的编写目的和任务。因此，本书从工程结构的视角，以材料加工工艺和焊接工艺、显微组织状态和力学性能三个内容为主线，阐述了船舶工程材料要求的力学性能、材料力学性能的来源和影响因素、熔化焊对材料力学性能的影响，以及船舶工程材料的种类及其焊接性，分别对应于第1、2~4、5和6章。第7章介绍了造船材料与焊接数字化技术。本书强化了材料力学性能的理论基础，弱化了材料显微组织状态中显微组织和焊接冶金的内容。

　　本书在内容组织上力求按照由理论到工程实践、各工艺的并列结构的逻辑顺序，方便读者深入浅出地理解；归纳和引用金属显微组织状态与力学性能关系的前沿研究成果，如强韧性、断裂韧度与合金化、第二相的关系等，突出船舶工程行业材料技术的力学性能特点；归纳了材料显微组织中第二相的表面能、原子扩散以及相变临界速度等与力学性能相关的数据，为读者掌握当今材料和焊接学最新研究进展和判断材料性能发展的趋势提供了参考；【知识拓展】环节展示了相关机理和相关行业背景，可帮助读者理解机理和拓宽视野；本书还融入了新型生产力（如数字化技术）在造船行业材料与焊接技术上应用的内容，为焊接热力学数值研究提供了技术基础。

　　本书由陈章兰、熊云峰任主编，戴乐阳主审，其中第1、2章由熊云峰编写，第3、4章由刘建闽编写，第5章由张晓莹编写，第6章由陈章兰编写，第7章由邱海君、王军伟编写，附录由陈章兰编写。厦门船舶重工股份有限公司的国家级焊接大师邱海君高级工程师不仅参与了第7章的编写工作，还为全书的编写提供了大量有价值的材料。书稿的整理得到了李宗民、刘涛两位老师的大力支持和帮助，在此表示衷心感谢！

衷心希望本书能使读者受益，成为焊接工程师和高等院校相关专业在校师生的良师益友。

由于作者水平有限，书中可能存在不妥之处，敬请读者不吝赐教，予以纠正。

陈章兰

目　录

前言

第1章　材料和焊接接头的力学性能 ……… 1

1.1　船舶工程材料和焊接接头的力学性能
　　　要求 …………………………………… 1

　　1.1.1　船舶工程结构的载荷种类 ……… 2

　　1.1.2　力学性能要求 …………………… 2

1.2　强度、塑性及其测量 …………………… 3

　　1.2.1　单向拉伸试验与性能 …………… 3

　　1.2.2　Z 向拉伸试验和 Z 向性能 …… 8

1.3　硬度及其测量 …………………………… 8

　　1.3.1　布氏硬度 ………………………… 8

　　1.3.2　洛氏硬度 ………………………… 9

　　1.3.3　维氏硬度 ……………………… 10

1.4　冲击性能及其测量 …………………… 11

　　1.4.1　冲击试验 ……………………… 11

　　1.4.2　冲击性能 ……………………… 12

1.5　断裂韧度及其测量 …………………… 13

　　1.5.1　断裂韧度 ……………………… 14

　　1.5.2　裂纹尖端张开位移 …………… 16

1.6　疲劳强度及其测量 …………………… 17

第2章　金属的显微组织与力学性能 …… 19

2.1　金属晶格和晶格缺陷 ………………… 19

　　2.1.1　晶格结构 ……………………… 20

　　2.1.2　晶面和晶向指数 ……………… 22

　　2.1.3　多晶体结构 …………………… 23

　　【知识拓展】　位错 ………………… 26

2.2　合金的相结构 ………………………… 27

　　2.2.1　固溶体 ………………………… 27

　　2.2.2　化合物 ………………………… 29

　　2.2.3　船舶工程用钢的相结构 ……… 30

　　【知识拓展】　晶界 ………………… 32

2.3　金属显微组织状态与力学性能的
　　　关系 ………………………………… 34

　　2.3.1　显微组织状态与强度关系 …… 34

　　2.3.2　显微组织状态与硬度关系 …… 40

　　2.3.3　显微组织状态与韧性关系 …… 40

　　【知识拓展】　显微组织状态的观察与
　　　　　　　　　测量 ………………… 41

第3章　船舶工程用钢的合金化 ………… 43

3.1　结晶 …………………………………… 43

　　3.1.1　结晶热力学条件 ……………… 43

　　3.1.2　结晶过程 ……………………… 46

　　3.1.3　纯金属铸态显微组织形态 …… 46

　　【知识拓展】　细化显微组织方法 … 48

3.2　合金相图 ……………………………… 48

　　3.2.1　相图 …………………………… 48

　　3.2.2　连续冷却对铸态显微组织与
　　　　　　合金相图的影响 …………… 50

　　3.2.3　典型合金相图 ………………… 51

　　3.2.4　相图的意义 …………………… 53

3.3　碳素钢的相图、显微组织与力学
　　　性能 ………………………………… 54

　　3.3.1　碳素钢的铸态相 ……………… 54

　　3.3.2　$Fe\text{-}Fe_3C$ 相图 ……………… 55

　　3.3.3　$Fe\text{-}Fe_3C$ 凝固过程与显微组织 … 57

　　3.3.4　船舶工程用钢含碳量和碳素钢的
　　　　　　力学性能 …………………… 59

3.4　船舶工程用钢的合金元素 …………… 60

　　3.4.1　钢的杂质 ……………………… 60

　　3.4.2　钢的合金元素 ………………… 64

　　3.4.3　合金元素对 $Fe\text{-}Fe_3C$ 相图的
　　　　　　影响 ………………………… 64

3.4.4 船舶工程用钢的合金化及其力学
性能 ·········· 65

第4章 船舶工程用钢的固态相变与
塑性加工 ·········· 67

4.1 固态相变 ·········· 67
4.1.1 概述 ·········· 67
4.1.2 相变热力学 ·········· 68
4.1.3 相变产物的显微组织状态与力学
性能 ·········· 70
【知识拓展】 可热处理性与原子扩散 ·········· 70

4.2 加热时钢的相变 ·········· 73
4.2.1 奥氏体的形成 ·········· 74
4.2.2 加热时的显微组织状态 ·········· 75
4.2.3 奥氏体组织状态的影响因素 ·········· 76
4.2.4 奥氏体的力学性能 ·········· 77
【知识拓展】 非均匀形核与显微组织的
形状 ·········· 78

4.3 冷却时钢的扩散型相变 ·········· 79
4.3.1 珠光体的形成 ·········· 79
4.3.2 珠光体转变的影响因素 ·········· 80
4.3.3 扩散型相变的显微组织状态 ·········· 81
4.3.4 船舶工程用珠光体类型钢 ·········· 83

4.4 冷却时钢的切变型相变 ·········· 83
4.4.1 马氏体的形成 ·········· 84
4.4.2 马氏体转变的影响因素与钢的
淬透性 ·········· 85
4.4.3 切变型相变的显微组织状态 ·········· 87
4.4.4 淬火组织的稳定化与钢的回火 ·········· 90
4.4.5 船舶工程用淬火回火钢 ·········· 93
【知识拓展】 钢的淬火配分工艺 ·········· 93

4.5 冷却时钢的混合型相变 ·········· 95
4.5.1 贝氏体的形成 ·········· 95
4.5.2 贝氏体转变的影响因素 ·········· 95
4.5.3 混合型相变的显微组织状态 ·········· 96
4.5.4 船舶与海洋工程用贝氏体钢 ·········· 99
【知识拓展】 过冷奥氏体的转变 ·········· 99

4.6 钢的加工硬化 ·········· 100
4.6.1 单晶体的变形 ·········· 100
4.6.2 多晶体的塑性变形与加工
硬化 ·········· 103
4.6.3 形变热处理钢的显微组织状态 ·········· 105
4.6.4 船舶工程用形变热处理钢 ·········· 106
【知识拓展】 船用高强度钢的发展 ·········· 108

第5章 船舶工程结构熔化焊的工艺
焊接性 ·········· 110

5.1 熔化焊热输入 ·········· 111
5.1.1 电弧中的带电粒子 ·········· 111
5.1.2 焊接电弧的产生过程 ·········· 112
5.1.3 电弧的温度 ·········· 113
5.1.4 焊接热输入 ·········· 114
5.1.5 焊接温度场 ·········· 114
5.1.6 焊接热循环 ·········· 115
【知识拓展】 造船连接技术的发展 ·········· 117

5.2 焊接接头的组织状态 ·········· 117
5.2.1 焊缝的显微组织状态 ·········· 117
5.2.2 热影响区的显微组织状态 ·········· 120

5.3 焊接接头的残余应力状态 ·········· 122
5.3.1 应力的产生 ·········· 123
5.3.2 应力的分布 ·········· 125
5.3.3 焊接残余应力对力学性能的
影响 ·········· 129
5.3.4 焊接残余应力的消除 ·········· 130

5.4 焊接接头的工作应力状态 ·········· 130
5.4.1 焊缝的成形 ·········· 131
5.4.2 焊接接头的工作应力状态 ·········· 132
5.4.3 接头应力集中对裂纹的影响 ·········· 133

5.5 焊接变形 ·········· 134
5.5.1 焊接变形分类 ·········· 134
5.5.2 船体分段焊接变形控制特点 ·········· 136
5.5.3 控制焊接残余变形的措施 ·········· 136

5.6 熔化焊的工艺焊接性 ·········· 138
5.6.1 焊条电弧焊 ·········· 138
5.6.2 埋弧焊 ·········· 141
5.6.3 CO_2 气体保护焊 ·········· 142
5.6.4 熔化极氩弧焊 ·········· 144
5.6.5 钨极氩弧焊 ·········· 145
5.6.6 电弧-激光复合焊 ·········· 146
5.6.7 电子束焊 ·········· 147
5.6.8 熔化焊方法的焊缝成形与
热影响区宽度 ·········· 148
【知识拓展】 熔化焊工艺 ·········· 149

第6章 船舶工程材料力学性能与
焊接性 ·········· 152

6.1 船舶工程结构用钢的分类与
焊接性 ·········· 152

6.1.1 钢的强度级及其选用 ……… 153

6.1.2 钢的韧性级及其选用 ……… 153

6.1.3 钢的焊接性概念 ………… 155

【知识拓展】 断口类型 ……… 157

6.2 船体结构用钢及其焊接 …… 159

6.2.1 一般强度船体结构用钢及其
焊接性 ………………… 160

6.2.2 高强度船体结构用钢及其
焊接性 ………………… 161

6.3 焊接结构用高强度钢、特殊性能钢
及其焊接 ………………… 164

6.3.1 材料的力学性能 ……… 164

6.3.2 焊接用高强度钢的焊接性 …… 167

【知识拓展】 高强度钢脆性断裂机制
分析 ………… 173

6.4 低温韧性钢及其焊接性 …… 175

6.4.1 低温韧性钢的力学性能 … 176

6.4.2 低温韧性钢的焊接性 …… 176

6.5 不锈钢及其焊接性 ………… 178

6.5.1 不锈钢的力学性能 …… 178

6.5.2 不锈钢的焊接性 ……… 179

6.6 铝合金及其焊接性 ………… 180

6.6.1 铝合金的力学性能 …… 180

6.6.2 铝合金的焊接性 ……… 181

第7章 造船材料与焊接数字化技术 … 183

7.1 焊接热力过程的数值计算 … 183

7.1.1 理论基础 …………… 183

7.1.2 计算流程 …………… 186

7.1.3 焊接应力和变形有限元计算
算例 …………………… 186

7.1.4 力场计算 …………… 195

【知识拓展】 热弹塑性焊接过程有限元
数值计算的收敛问题 …… 200

7.2 焊接裂纹扩展行为的数值分析 …… 201

7.2.1 裂纹的萌生 …………… 201

7.2.2 扩展有限元法模拟裂纹与夹杂物
相互作用 ……………… 205

7.3 焊接生产和工艺评定的数字化 …… 211

7.3.1 基础数据库 …………… 212

7.3.2 焊接工艺评定专家系统 …… 212

7.3.3 焊机群控和焊接生产信息管理 … 213

附录 ………………………………… 215

附录A 材料性能数据 …………… 215

附录B 焊缝强度的高频随机振动设计 … 216

参考文献 …………………………… 221

第1章　材料和焊接接头的力学性能

工程结构要抵抗载荷而不发生破坏或失效，其承载能力依赖于材料的力学性能和结构的结构形式。同时，为了有效满足承载的需求，工程结构往往具有复杂的结构形式，需要经过一系列工艺的加工，使得工程结构的材料在具备足够力学性能的同时，还应兼备易于加工的工艺性能，尤其是其主要的工艺。

船舶与海洋结构物受到重力和浮力等静水载荷作用，也受到货物和波浪等冲击载荷作用。在载荷或力作用下材料显示的与弹性和非弹性反应相关或包含应力-应变关系的性能，称为材料的力学性能[1]。材料的力学性能是在不同环境（温度、介质、湿度）下，承受各种外加载荷（拉伸、压缩、弯曲、扭转、冲击和交变应力等）时所表现出的力学特征，包括强度、塑性、硬度、韧性、疲劳性能等多种力学性能指标。

连接工艺将板材和型材等连接在一起，在下料、坡口加工、冷加工成形、焊接、组装以及吊装等诸多船舶建造工艺中，占据着主要的工时和成本。在钢制船舶出现的早期，船舶工程结构的连接工艺是铆接，后来发展为当前的焊接工艺为主的连接方式。焊接工艺形成的焊缝，与板材、型材等母材一样，需要具有传递和承受载荷的能力，因而应具有与母材相匹配的力学性能。同时，焊接工艺产生的热应力作用于邻近母材，进而对其力学性能产生影响，该部分区域称为热影响区，其力学性能也需要等同于未受热应力影响的母材。焊缝和焊接热影响区共同组成了焊接接头。在焊接过程中，材料获得与母材相匹配性能的焊接接头的能力称为材料的焊接性。焊接性因而是船舶工程结构材料工艺性能的具体要求。

材料的力学性能种类繁多，面面俱到的力学性能也不符合工程实际，而具体力学性能要求又依赖于载荷环境。本章以大型船舶工程结构波浪环境为载荷环境，介绍适用于船舶工程结构材料的力学性能指标及其测量方法，以此作为该材料在某一特定设计或生产工艺所获得的性能表征。船舶工程材料特定载荷作用使得其材料的力学性能包括静载强度、塑性、硬度、动载强度、韧性以及断裂韧度等。相比于车辆车身材料优异的塑性和韧性、工具材料优异的硬度，船舶工程材料和焊接接头倾向于对强度和韧性的要求。

1.1　船舶工程材料和焊接接头的力学性能要求

对于资源和生产工艺来说，材料优异的各项力学性能过于理想。实际上，船舶工程结构的载荷特性和船舶建造工艺的特点，并不需要船舶工程材料各项力学性能都优异。

1

1.1.1　船舶工程结构的载荷种类

船舶工程结构载荷的种类多，按载荷的区域属性进行划分，有整船载荷和局部载荷；按载荷的时间属性进行划分，有基本上不随时间变化的静水载荷和随时间变化的动载荷。

一方面，载荷作用于整船时，由整个船体抵抗载荷作用，包括静水载荷、波浪载荷及其诱导的振动引起的附加力等。

静水载荷大小与空船重量和装载工况有关，包括空船、货物和压载的重量，以及由于船体吃水而作用于船体湿表面的外部静水压力等。

波浪载荷以静水载荷作为基本载荷工况，包括波浪力及船舶运动产生的惯性力。波浪力使船舶结构产生垂向剪力与弯矩、水平剪力与水平弯矩以及扭矩，并使船舶产生运动加速度。波浪力及船舶运动产生的惯性力是不断变化的，使船舶工程结构产生交变应力，造成结构的疲劳损伤。疲劳破坏是船舶工程结构的主要破坏形式之一，在波浪载荷作用下的船舶工程结构要有足够的疲劳寿命[2]。

波浪载荷诱导的振动引起附加力，如波激振动、砰击颤振以及液态货物自由液面的晃荡等。研究表明，波激振动和砰击颤振使船体梁振动，波激振动诱导的垂向波浪弯矩高频分量使船体结构疲劳损伤；砰击颤振诱导的垂向波浪弯矩影响船体梁强度[3,4]。此外，如液化石油气和天然气运输船、液态化学品运输船等的液态货物除了对船体垂向产生剪力和弯矩外，液货的自由液面晃荡会对货舱结构产生附加力[5]。

另一方面，作用于船舶工程结构局部的载荷，如发生触礁时的撞击，横摇和纵摇时货物对舱壁的撞击等，具有作用时间短、载荷大和局部性的特点。局部载荷产生的变形和能量来不及传播到整个船体结构，只是被船体局部区域的结构或材料吸收。

1.1.2　力学性能要求

在船舶工程结构载荷作用下，船舶工程材料和焊接接头产生的力学行为，包括力、变形以及能量耗散三个方面。材料力学性能应满足要求：①抵抗静水载荷作用而不破坏，即要有一定的强度；②抵抗载荷作用下的变形而不破坏，即要有一定的塑性；③抵抗变载荷的作用而不破坏，即要有一定的疲劳性能；④抵抗和消耗冲击载荷的能量而不破坏，即要有一定的韧性。

其次，上述力、变形和能量耗散的行为是材料和焊接接头在无缺陷情况下的行为，其强度衡准是基于强度理论。然而，由于制造工艺、精度或成本的局限性以及服役环境的因素，使材料和焊接接头不可避免地存在各种材质的不均匀性或不连续性，如裂纹、气孔或夹杂物等。在载荷作用下，这些内部材质的不连续产生应力集中而开裂，进一步扩展，扩展至某一临界尺寸则导致断裂。若断裂过程中裂纹的扩展阻力小，则裂纹扩展速度相当快，最大可达到该材料的声速；若断裂过程中裂纹的扩展阻力大，则裂纹扩展速度慢，以至于被发现而消除。因此，含缺陷的材料和焊接接头还要具备抵抗载荷而不断裂的能力，即断裂韧度。

中国船级社（China Classification Society，CCS）的《材料与焊接规范》自 2008 版和 2015 版分别增加管材延性试验和落锤试验之后，目前材料的力学性能试验包括拉伸试验、冲击试验、弯曲试验、裂纹尖端张开位移（CTOD）试验、延性试验、Z 向拉伸试验以及落锤试验等系列项目[6]。ABS（American Bureau of Shipping）的《材料与焊接规范》（ABS，

2019）也包含了这些试验项目[7]，BV（Bureau Veritas）的试验项目在材料的性能试验章节中列出[8]。

焊接接头力学性能在材料力学性能测量项目的基础上，增加多个力学试验项目，如硬度试验和角接头的破断试验等。焊接接头的力学性能试验与材料的不同还体现在试样的取样和试验数据的处理，如硬度试验的取样涵盖了焊缝、熔合线、热影响区和母材。

值得注意的是，由于金属力学性能的温度依赖性，各船级的材料和焊接规范中，对力学性能试验有具体的温度要求。船舶工程结构的服役环境温度与季节、航区以及液态货物有关，如南极气温，阿蒙森及其队友于 1911 年由 12 月 14 日 5 时测量为 -35℃，统计数据表明极端最低气温在 -90℃ 以下；北极最低气温，统计数据为 -50℃ 以下；液化天然气常压下采用制冷工艺进行液化时，舱壁或管道材料的环境温度在 -162℃ 左右等。

1.2 强度、塑性及其测量

拉伸试验按试样取样方向，分为单向拉伸试验和 Z 向拉伸试验，通过测量材料的抗拉强度、屈服强度、断后伸长率和断面收缩率等性能，分别用于评估材料的抵抗单向拉伸载荷能力和板厚方向的抗层状撕裂能力。

1.2.1 单向拉伸试验与性能

1. 单向拉伸试验

单向拉伸试验的试样两端装夹在拉伸试验机上，给试样施加单向拉伸载荷，使其伸长直到断裂，记录载荷和试样的伸长量。单向拉伸试验通常简称为拉伸试验。GB/T 228.1—2021《金属材料 拉伸试验 第 1 部分：室温试验方法》规范了试样形状、尺寸和加工以及制作应力-应变曲线时数据计算方法。《材料与焊接规范》中列出了拉伸试样要求[6]，见表 1-1，以保证载荷均匀加载在工作部分。当加载缓慢时，试样的工作部分处于单向拉伸状态。

表 1-1 拉伸试样要求

试样种类	形状	尺寸	适用场合
矩形		比例试样： $a = t, b = 25mm, R = 25mm$ $L_0 = 5.65\sqrt{S_0}$ $L_c = L_0 + 2\sqrt{S_0}$	钢质板材、扁坯、型材
		非比例试样 1： $a = t, b = 25mm, R = 25mm$ $L_0 = 200mm, L_c \geqslant 212.5mm$	
		非比例试样 2： $a = t, b = 12.5mm, R = 25mm$ $L_0 = 50mm, L_c \geqslant 55mm$	$t \leqslant 12.5mm$ 的铝质板材和型材

（续）

试样种类	形状	尺寸	适用场合
圆形	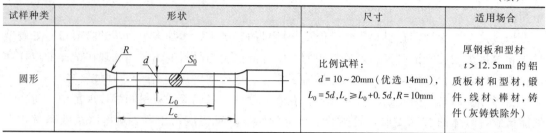	比例试样： $d=10\sim20$mm（优选 14mm）， $L_0=5d$，$L_c\geqslant L_0+0.5d$，$R=10$mm	厚钢板和型材 $t>12.5$mm 的铝质板材和型材、锻件、线材、棒材、铸件（灰铸铁除外）

注：1. a 是试样厚度；b 是试样宽度；d 是试样直径；L_c 是标矩长度；L_0 是试样平行段长度；R 是试样过渡半径；S_0 是试样原始横截面积；t 是试样厚度；单位均为 mm。

2. 标准圆试样中，$L_0/d=5$ 是标准短试样，$L_0/d=10$ 是标准长试样。

3. 特殊取样要求，如轧制产品、细直径线材以及小尺寸的棒状铸锻件或类似的产品参考规范[6]。

用记录的载荷和伸长量绘制曲线，即为拉伸曲线。图 1-1 所示为退火低碳钢的拉伸曲线，纵坐标为载荷，单位为 N；横坐标为试样的绝对伸长量，单位为 mm。拉伸曲线有 4 个明显的部分：OA、BC、CD 和 DE 段。OA 段，载荷由小逐渐增大时，试样的伸长量随之线性增加，称为弹性阶段。在弹性阶段内，卸除载荷后，试样会恢复至原来的形状和尺寸。BC 段，载荷保持相对不变时，试样却继续伸长，曲线呈平台或锯齿状，载荷-伸长量曲线偏离了 OA 段的线性趋势，且载荷卸除后试样不能恢复原来的长度，而是出现了残余伸长，即塑性变形。平台和塑性变形表明材料发生了屈服，因而称 BC 段为屈服阶段。CD 段，载荷进一步增加时，伸长量呈非线性增加。这种随塑性变形增大，变形抗力非线性增加

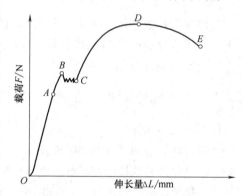

图 1-1 退火低碳钢的拉伸曲线

的现象称为应变硬化，或加工硬化，称 CD 段为硬化或强化阶段。DE 段，随变形量增加，所承受的载荷不再增加而是拐头向下，D 点成为试样所能承受的最大载荷点。伴随试样工作部分的某个截面开始急剧缩小，发生"缩颈"现象。缩颈发生后，试样的继续变形集中在缩颈处，较小的载荷即能使试样产生较大的伸长，直至试样断裂，曲线呈下降趋势，称 DE 段为断裂阶段。断裂后，试样总的伸长量由均匀伸长量和集中在缩颈处的局部伸长量两部分组成。与 OA 弹性阶段相比，BC、CD 和 DE 段均产生了塑性变形，组成了拉伸试样的残余伸长。

若材料塑性较差，即脆性大时，其拉伸曲线上没有明显的屈服现象，也不产生缩颈，最大的载荷就是断裂载荷，如灰铸铁的拉伸曲线，如图 1-2 所示。

用载荷除以试样的原始横截面积 S_0，得到工程应力，或名义应力，简称为应力，用 S 表示，单位为 N/mm^2 或 MPa；用试样的伸长量除以原始平行段长度 L_0，得到工程应变或名义应变，简称为应变，用 e 表示。以应力与应变为坐标，表示整个试验过程中的正应力和试样平行部分相应的应变关系曲线，称为工程应力-应变曲线，简称为应力-应变曲线。显然，由于应力和应变是

图 1-2 脆性材料的拉伸曲线

对载荷和伸长分别除以常数而得到的，故应力-应变图的形状与拉伸图相似，只是坐标物理量不同。与拉伸曲线相比，应力-应变曲线对载荷和伸长进行了规范化，其形状基本上不受试样尺寸的影响，因而表征了不同种类的金属材料的力学属性。

2. 强度

以应力-应变曲线为基础，按不同塑性应变大小将拉伸应力分为材料的不同强度，如弹性极限、屈服强度和抗拉强度。

在应力-应变曲线的弹性阶段，定义材料能够承受的没有偏离应力-应变比例特性的最大应力为比例极限，也称为弹性极限，用 σ_e 表示，单位为 N/mm^2 或 MPa。弹性极限难以精确测定，一般以有微量残余变形时的应力作为弹性极限，如取残余伸长为 0.01% 时的应力作为弹性极限。因此，弹性极限表征了材料抵抗微量塑性变形时的能力。在工程应用中，对于在使用过程中不允许出现微量塑性变形的零件，如紧固螺栓、轴承座等，以弹性极限作为材料的许用应力进行强度设计。

在应力-应变曲线的屈服阶段，试样屈服时的应力为屈服强度，用 R_e 表示，单位为 N/mm^2 或 MPa。其中，应力首次下降前的最高应力值称为上屈服强度，用 R_{eH} 表示；而称不计初始瞬时效应时的最低应力值为下屈服强度，用 R_{eL} 表示。屈服强度是有屈服现象的材料的强度指标。工程上，只有退火、正火或热轧状态的低碳钢和中碳钢以及少数合金，才有明显的屈服现象。有些金属的应力-应变曲线没有屈服现象，因而其屈服强度也难以测定，因而以试样产生 0.2% 残余伸长的应力作为屈服强度，并以 $R_{p0.2}$ 表示，以表征材料开始产生明显塑性变形的抗力。屈服强度应用于允许出现微量塑性变形的工程结构材料的许用应力。对于船舶工程结构的船体外板，也以屈服强度作为许用应力进行强度设计。

在应力-应变曲线的硬化阶段，断裂时承受的最大载荷对应的应力称为抗拉强度，用 R_m 表示，单位为 N/mm^2 或 MPa。硬化阶段的应力达到抗拉强度之前，变形均匀地分布于试样的整个长度。当应力达到抗拉强度后，试样的变形集中发生在缩颈区域。因此，抗拉强度实际上表征了材料抵抗最大均匀塑性变形的能力。工程上，抗拉强度应用于使用中允许出现较大塑性变形的零件的材料许用应力设计。

在应力-应变曲线的断裂阶段，定义拉断时的载荷与缩颈处截面积的比值为断裂强度。它表征了材料抵抗断裂的能力。对于塑性较差的材料，一般不产生缩颈，因此断裂前的最大载荷对应的就是断裂强度，即抗拉强度就是断裂强度，即对于无缩颈的材料，抗拉强度表征了抵抗断裂的能力。

强度是船舶工程结构用钢的设计指标，并用于船舶工程结构材料的标称。按钢材的屈服强度划分为一般强度船体结构用钢（屈服强度为 235MPa）、高强度船体结构用钢（屈服强度为 270MPa、320MPa、360MPa 和 400MPa）以及焊接结构用高强度钢（屈服强度为 420MPa、460MPa、500MPa、620MPa、690MPa、890MPa 和 960MPa），以满足多种船舶工程结构性能要求。

3. 塑性

塑性用断后伸长率和断面收缩率表示。其中，断后伸长率表示试样原始标距的伸长与原始标距之比，用 A 表示，即

$$A = \frac{L_k - L_0}{L_0} \times 100\%$$

式中，L_k 是试样断裂时的标距长度，单位为 mm；L_0 是试样的原始标距长度，单位为 mm。

不同试样的长度和截面尺寸，测量的断后伸长率并不相同。为了使同一种材料不同尺寸的试样得到相同的断后伸长率，对试样尺寸进行规范化，取 $\sqrt{S_0}/l =$ 常数，即试样必须按比例地增大或缩小其长度和截面积。试样尺寸规范化后，材料的塑性具有可比较性。标准圆形短试样和标准圆形长试样的断后伸长率分别以 A_5 和 A_{10} 或者 A 表示。

断后伸长率表示金属材料的塑性变形能力，断后伸长率越大，则材料的塑性越好。工程结构材料不仅要满足强度要求，且以强度为设计指标，而且，材料具备足够的塑性可以为工程结构局部过载时提供安全裕量。例如，船舶工程钢材一般具有 10% 以上的断后伸长率。优异的塑性结合强度是材料优异冲击韧性的前提。材料的塑性差意味着脆性。典型脆性材料有玻璃、陶瓷；而钢材、铜、铝和铅等材料大多具有较好的韧性。

定义断裂后试样横截面积的最大缩减量（$S_0 - S_u$）与原始横截面积 S_0 之比为断面收缩率，用 Z 表示，即

$$Z = \frac{S_0 - S_u}{S_0} \times 100\%$$

式中，S_u 是试样断裂后的最小横截面积，单位为 mm^2。

4. 弹性模量、泊松比

应力-应变曲线的弹性阶段，应力 S 与应变 e 成正比，满足胡克定律，即

$$S = Ee$$

式中，E 是直线的斜率，称为弹性模量或杨氏模量，单位为 MPa。

单向拉伸载荷时，弹性模量越大，弹性应变越小，即材料刚度越大，表征了金属材料抵抗载荷作用下的变形情况。

弹性模量是由金属原子间作用力决定的。当给材料加载时，金属原子间距随拉伸或压缩载荷的增大而发生伸长或缩短，原子间的结合键不发生破坏；当卸载后，原子间距恢复。材料组织变化对弹性模量影响小，因而材料经热处理、合金化及冷变形后，弹性模量保持不变。因此，弹性模量是金属的固有属性，对组织变化不敏感，而只是随金属种类而变。尽管如此，近代氢脆理论研究推断，若氢原子占据了金属晶格点阵中金属原子的位置，则原子键合力大大减小，目前尚无法实验证实。

值得注意的是，弹性模量虽是金属固有属性，但具有温度依赖性，一般而言，温度越高，弹性模量越小，刚度小，金属材料塑性越好，即越软。使弹性模量发生变化的温度一般较高，船舶工程结构的服役环境尚不足以使弹性模量发生改变，而只是在热加工工艺中有稍微变化。

试样受到单向拉伸时，根据体积不变性质，试样纵向的伸长意味着横向的缩短。纵向伸长对应着纵向应变，而在垂直于施加力方向的线性应变对应着横向应变。定义低于材料比例极限的横向应变与纵向应变的负比值为泊松比，用 ν 表示，即

$$\nu = -\frac{横向应变}{纵向应变} = -\frac{\varepsilon_y}{\varepsilon_x}$$

大多数工程材料泊松比在 0~0.5 之间，见表 1-4。

在弹性范围内，由弹性模量、泊松比可计算材料的剪切模量，用 μ 表示，即

$$\mu = \frac{E}{2(1+\nu)}$$

剪切模量的单位与弹性模量相同。剪切模量可由弹性模量和泊松比获得，也可由薄壁圆筒的扭转试验来测定，此时，剪切模量由线性的切应力与切应变之比进行计算。

5. 本构关系

材料的应力-应变曲线中的断裂阶段显示载荷不增加时试样仍在伸长，这是因为应力是以力除以试样的初始横截面积进行计算的，以这种方法计算的应力称为工程应力。事实上，在拉伸过程中试样的横截面积是不断变化的。以力除以试样的实时横截面积计算的应力称为真实应力，用 σ 表示；在缩颈开始之前，定义实时长度 L 与原始长度 L_0 之比的自然对数为真实应变，用 ε 表示，即 $\varepsilon = \ln(L/L_0)$。

又因 $L = L_0 + \Delta L$，且工程应变 $e = \Delta L/L_0$，则得工程应变 e 与真实应变 ε 之间的关系为

$$\varepsilon = \ln\left(\frac{L}{L_0}\right) = \ln\left(\frac{L_0 + \Delta L}{L_0}\right) = \ln(1+e)$$

由上式可以看出，真实应变 ε 总是小于工程应变 e。

由体积不变性可以推导出真实应力 σ 与工程应力 S 之间的关系为

$$\sigma = S(1+\varepsilon)$$

由上式可以看出，拉伸过程中的真实应力总是大于工程应力。

工程应力-应变曲线与真实应力-真实应变曲线比较，如图 1-3 所示。在弹性变形阶段，真实应力-应变曲线与工程应力-应变曲线基本吻合；而在塑性变形阶段，两者出现不同趋势。材料的真实应力-真实应变关系，称为材料的本构关系。

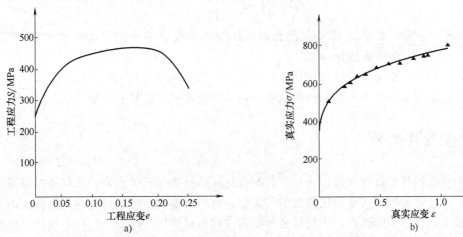

图 1-3　真实与工程的应力-应变曲线比较（20℃，加载速度 $5\times10^{-4}/\mathrm{s}$）

a）工程应力-应变曲线　b）真实应力-真实应变曲线

试验测量的真实应力-真实应变关系一般采用 Hollomon 硬化公式进行拟合，即

$$\sigma = k\varepsilon^n$$

$$\lg\sigma = \lg k + n\lg\varepsilon$$

式中，k 是硬化系数；n 是硬化指数。

硬化指数 n 表征了塑性材料屈服后的真实应力随应变非线性增加的程度，即材料的硬化

性能，可用于表示塑性加工可强化性能：若小的应变增量情况下产生大的应力增量，即材料强度增加快，硬化指数 n 大。特别地，当 $n=1$ 时，为理想弹性体；反之，应力增量小，即材料硬化慢，n 小。特别地，$n=0$ 时，材料无硬化行为。一般钢铁材料的 n 为 $0.1 \sim 0.5$。无硬化行为的材料是不可以通过塑性加工的方式进行强化的。

由于材料的硬化指数综合表征了材料的强度和塑性，因而可侧面反映材料的冲击韧性，适用于工程结构承受冲击载荷的场合，如船体结构、汽车车架以及飞机起落架等结构材料。

1.2.2 Z向拉伸试验和Z向性能

船舶工程用钢材大多是塑性加工供货状态。倘若材料存在体积型的冶金缺陷，如 MnS、硅酸盐、铝酸盐等的夹杂物，在塑性加工过程中沿板平面呈带状分布，相当于减小了板厚方向的承载面积，或削弱了板厚方向的承载能力，易引起材料的撕裂。随板厚度的增大，工艺缺陷的影响越为显著。因而在低合金高强钢的厚板（如海洋采油平台和潜艇的结构）中，为检验和评定材料和焊缝板厚方向的抗层状撕裂性能，采用 Z向拉伸试验评价厚板抗层状撕裂能力。定义 Z向断面收缩率为试验前后试样横截面积的变化量与原始横截面积之比的百分数，用 Z_Z 表示，即

$$Z_Z = \frac{S_0 - S}{S_0} \times 100\%$$

式中，S_0 是试样的原始横截面积；S 是拉断后试样的横截面积。拉断后的横截面通常呈椭圆形，沿断口横截面相互垂直的方向测量横截面直径 D_1 和 D_2，并由下式计算横截面积，即

$$S = \frac{\pi}{4} \left(\frac{D_1 + D_2}{2} \right)^2$$

船舶工程材料常见的 Z25 和 Z35 表示 Z向拉伸断面收缩率分别为 25% 和 35% 的级别。显然，数字越大，Z向性能越好。

值得注意的是，Z向断面收缩率用于评价工程结构厚板材料在厚度方向抵抗变形的能力，这是针对钢制厚板生产工艺的性能指标，与断面收缩率指标是有区别的。

1.3 硬度及其测量

硬度是指金属材料软硬程度，表征了材料抵抗局部外物压入的能力，或材料对局部塑性变形的抗力。它是采用压入硬物法测定的。显然，材料对塑性变形的抗力越大，就越不易产生局部塑性变形，其硬度越高。与材料的强度表征材料对整体拉伸变形的抗力相比，硬度侧重于材料局部对压缩塑性变形的抗力。

压入硬物的形状有很多，常见的有球体、圆锥体、正四棱锥体以及正三棱锥体等，分别对应不同硬度试验。这里介绍基于球压入物的布氏硬度、基于圆锥体和球压入物的洛氏硬度和基于正四棱锥体压入物的维氏硬度的试验与计量方法。

1.3.1 布氏硬度

布氏硬度是用载荷 F 将直径为 D 的硬质合金球垂直压入被测的试样表面，如图 1-4 所示，保持一定时间后再卸掉载荷。在试样上形成圆形压痕，测量压痕直径 d，并以载荷 F 和

压痕面积 A 计算布氏硬度值，以符号 HBW 表示，即

$$HBW = 0.102 \times \frac{F}{A} = \frac{F}{\pi Dh}$$

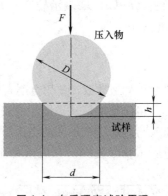

图 1-4　布氏硬度试验原理

若 F 以 N 计，D 与 d 以 mm 计，则 HBW 单位为 MPa，习惯上一般不标单位，只标硬度数值。试验时测出压痕直径 d，再根据 F、D 和 d 的数值，从布氏硬度表中查出 HBW 值。

当载荷 F 与硬质合金球直径 D 一定时，HBW 值只与压痕直径 d 有关，d 越大，表示材料对局部塑性变形的抗力越小，布氏硬度 HBW 值越小，说明材料软；反之，布氏硬度 HBW 值就越大，说明材料硬。

GB/T 231.1—2018《金属材料 布氏硬度试验 第 1 部分：试验方法》规定了载荷 F 和硬质合金球直径 D 的值，同一材料使用不同试样和厚度且采用不同 F 和 D 时测得的硬度值相同，方便比较不同材料的硬度。

硬度计算公式中压痕面积 A 采用 πDh 进行了几何简化，若试样太软或太硬，则测量数据会产生大的偏差。一般试验所测得的压痕直径 d 的大小应在 $0.25D < d < 0.6D$ 范围内。

布氏硬度值的一般表示为：当 $D = 10mm$、$F = 30kN$、载荷保持时间为 10s 所测得硬度值为 200 时，则用 200HBW 表示。在其他试验条件下，应在符号 HBW 的后面注明相应的硬质合金球直径、载荷大小及载荷保持时间。例如，100HBW5/250/30 表示在 $D = 5mm$、$F = 2.5kN$、载荷保持时间为 30s 的条件下测得的布氏硬度值为 100。

与洛氏硬度的压痕相比，布氏硬度试验的压痕面积较大，能反映较大范围内被测试金属的平均硬度，测量误差小，试验数据波动小，适用于测定退火、正火、调质钢以及铸铁、有色金属的硬度，被测试材料的硬度一般不超过 450HBW。

从布氏硬度计算公式来看，布氏硬度值单位与应力相同，实际上，布氏硬度值与材料的抗拉强度 R_m 之间存在着近似经验关系：对于退火状态的低、中碳钢，硬度 ≈ 120~175HBW 时，$HBW \approx 0.36R_m$；对于调质状态的低、中碳钢，硬度 > 175HBW，$HBW \approx 0.34R_m$。在材料强度测量不方便的场合，可用测量的硬度近似估算材料的强度。

1.3.2　洛氏硬度

洛氏硬度试验的压入物为 120° 的金刚石圆锥体或直径为 $1.588mm\left(\frac{1}{16}in\right)$ 的钢球，试验示意图如图 1-5 所示。试验时先施加初载荷 F_0，以消除试样表面轻微不平对试验精确性的影响。压头在初载荷 F_0 作用下压入到试样深度为 h_0 的位置；再施加主载荷 F_1，压入深度为 h，此时总载荷 $F = F_0 + F_1$；卸除主载荷后，由于试样弹性变形的恢复使压头略微抬升。

通过测量压痕的深度，并以深度的大小表示材料的硬度值。洛氏硬度值的计量以卸除主载荷后的压痕深度差（$h - h_0$）为依据。差值越大，说明试样越软；反之，则试样越硬。规定由常数 K

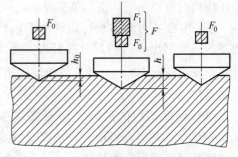

图 1-5　洛氏硬度试验原理

减去 $(h-h_0)$ 来表示硬度，并规定每 0.002mm 为一个洛氏硬度单位。洛氏硬度值用符号 HR 表示，即

$$HR = \frac{K-(h-h_0)}{0.002}$$

式中，K 是常数，使用金刚石压头时，$K=0.2mm$；使用钢球压头时，$K=0.26mm$。

洛氏硬度值从硬度计的表盘上直接读出。测量软硬不同的金属材料的硬度时，用不同的压头与载荷组成不同的洛氏硬度标度（GB/T 230.1—2018《金属材料 洛氏硬度试验 第 1 部分：试验方法》）。常用标度有三种，即 HRA、HRB、HRC，其试验规范见表 1-2。

表 1-2　常用的三种洛氏硬度试验规范

符号	压头	载荷/N	硬度值有效范围	使用范围
HRA	金刚石圆锥 120°	600	>70	硬质合金、表面淬火层或渗碳层
HRB	$\frac{1}{16}$in 钢球	1000	25~100（相当 60~230HBW）	有色金属、退火钢、正火钢等
HRC	金刚石圆锥 120°	1500	20~67（相当 230~700HBW）	调质钢、淬火钢等

表 1-2 表明 HRC 用于测量淬火钢等较硬材料；HRB 用于测量退火钢及有色金属等较软材料；HRA 用于测量浅层表面硬化钢、硬质合金等硬而薄的工件。

洛氏硬度试验的优点是：直接从表盘上读出硬度值，压痕小；缺点是：因为压痕小，当材料内部组织不均匀时，硬度值的重复性差。

1.3.3　维氏硬度

维氏硬度的压头采用锥面夹角为 136° 的金刚石正四棱锥体。维氏硬度试验时，在载荷 F 的作用下，将正四棱锥体压入试样表面，如图 1-6 所示，以压痕两对角线的平均长度 d 为依据计算压痕面积，并以压痕单位表面积上所受的力来表示维氏硬度值，用符号 HV 表示，即

$$HV = \frac{F}{A} = \frac{F}{\dfrac{d^2}{2\sin68°}} = 2\sin68°\frac{F}{d^2} = 18.544\frac{F}{d^2}$$

式中，F 是试验时所加载荷，单位为 N；d 是压痕两对角线的平均值，单位为 mm。

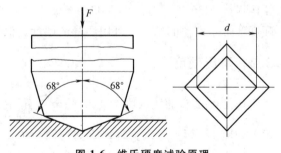

图 1-6　维氏硬度试验原理

a）压头　b）压痕

从 HV 公式可知，在已知载荷 F 的作用下，只要测出压痕的对角线长度，便可计算出维氏硬度 HV 值，或从维氏硬度换算表直接查出。电子式显微维氏硬度值由内置数据直接读出。

维氏硬度试验的载荷 F 可根据试样的硬度和厚度来选用，常用的载荷有 5N、10N、50N、100N、200N、300N、500N 等。

维氏硬度试验的载荷越小，其压痕也小。如采用几十克力或几克力的载荷，就可以用来

测量金相组织中不同相的硬度，也可用来测量某个晶粒、夹杂物或其他组成物的硬度，即显微硬度试验。

由测量的材料硬度可估算其屈服强度。常用船舶工程材料强度与硬度关系见表 1-3。

表 1-3　常用船舶工程材料强度与硬度关系

材料种类		估算公式	出　处
铝	7×××系列	$R_{eH} = 0.383HV - 182.3$	Tiryakioglu [9]
铜		$R_{eH} = 2.876HV - 90.7$	Krishna et al. [10]
钢	$R_{eH} = 300 \sim 1700MPa$	$R_{eH} = 2.876\ HV - 90.7$ $R_m = 3.734\ HV - 99.8$	Pavlina and Van Tyne [11]
		$0.5R_m = 1.6\ HV \pm 0.1\ HV$	Murakami [12]

值得注意的是，表 1-3 中的硬度是局部测量得到的，而强度代表的是材料或焊接接头最薄弱截面的平均性能，因而各公式适用于材质均匀的材料。若是焊接接头，热影响区组织不均匀，硬度分布也不均匀，采用表 1-3 中公式估算强度与硬度关系，则易出现偏差。

硬度试验的设备简单，操作迅速简便，可直接在零件表面进行非破坏性检验。硬度试验主要有三类，即布氏硬度、洛氏硬度和维氏硬度试验，其中，大型试样采用洛氏硬度试验较多，小型试样则采用显微维氏硬度试验。在进行材料焊接性评价时，焊接接头的硬度是必测的性能指标。

1.4　冲击性能及其测量

材料的冲击性能表征材料抵抗冲击载荷作用而不被破坏的能力，采用 GB/T 229—2020《金属材料 夏比摆锤冲击试验方法》进行测量，简称为冲击试验。

1.4.1　冲击试验

冲击试验示意图如图 1-7 所示，试样放置在工作台砧座上，使其缺口背向摆锤的冲击方向。重量为 G 的摆锤在高度 H 的位置自由下落，撞击并冲断试样后，上升到 h 的高度。数据显示器显示测量值。

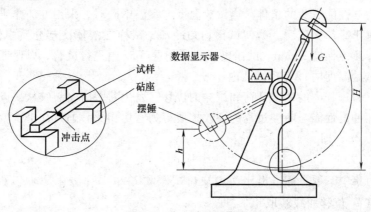

图 1-7　冲击试验示意图

冲击试验试样的尺寸和公差规范有明确规定，一般采用夏比 V 型缺口试样，以保证冲击形成的断面为指定截面。标准试样尺寸为 10mm×10mm×50mm，也可以采用小尺寸的非标准试样[6]。非标准试样的冲击性能值可以根据估算公式换算为标准试样的冲击性能值。

1.4.2 冲击性能

试验机记录试样被冲断过程中吸收能量，即摆锤冲击前所具有的势能和试样断裂后残留的能量差。摆锤冲击前后的风阻和摩擦存在的能量损耗，测量系统进行了自动补偿，因而试验机计数装置上显示的即为冲击吸收能量，单位为 J，用 K 表示，即

$$K = G(H-h)$$

冲击吸收能量大小反映了材料的韧性，K 值越大，材料抵抗冲击载荷的能力越强，韧性越好。冲击吸收能量 K 与试样缺口处横截面积 S_K 的比值为冲击韧度，用 a_K 表示，即

$$a_K = \frac{K}{S_K}$$

冲击韧度 a_K 表征了冲断试样时消耗在断口处单位横截面上的冲击吸收能量，单位为 J/cm^2。值得注意的是，冲击吸收能量并非平均消耗于横截面上，而是主要消耗于断裂前试样缺口附近体积内的塑性变形，参与变形的体积大，则冲击韧度大，是统计意义上的冲击韧度。

钢材的冲击韧度受测量温度影响大，如图 1-8 所示的韧脆转变曲线，即随温度降低，冲击吸收能量随之下降；且当温度降至某一区间时，冲击吸收能量陡降，材料转化为脆性，称为冷脆性。冲击吸收能量显著下降的温度称为韧脆转变温度。若转变温度低，则材料的低温冲击性能越好。因此，韧脆转变温度是衡量材料冷脆转变倾向的重要性能指标。金属材料的显微组织晶格类型对韧性影响较大，一般来说，面心立方的奥氏体类型钢无明显的韧脆转变温度，体心立方的铁素体类型低强度钢有明显的韧脆转变温度，而体心正方的马氏体类型钢的低温脆性较为明显。由于材料韧性的温度依赖性，冲击试验的温度要符合指定的温度，这一

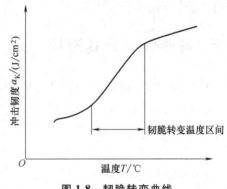

图 1-8 韧脆转变曲线

点不同于其他力学性能试验的条件。当试验温度与室温不同时，采用冷却介质调节温度至指定温度。试样置于冷却介质后，为使试样均匀冷却，试样在液体冷却介质中保持至少 5min 或在气体冷却介质中保持 30min。试样离开冷却介质后 5s 内进行试验，以保证断裂瞬间的试样温度在规定试验温度的±2℃范围之内。

记录冲击试验过程中的冲击载荷和试样的位移。发生断裂时，裂纹从缺口产生裂纹并向截面扩展，因而冲击性能与断裂过程的裂纹扩展行为密切相关。通过冲击试验可估算裂纹解理扩展临界应力 σ_c，即

$$\sigma_c = c_f \sigma_{yd}$$

式中，c_f 是应力集中系数，标准夏比 V 型缺口试样取 2.24[13]；σ_{yd} 是动态屈服应力，由冲击试验的冲击载荷-位移曲线获取[13]，即

$$\sigma_{yd} = 467 F_y / B \tag{1-1}$$

式中，F_y 是冲击载荷-位移曲线中的屈服载荷；B 是试样厚度，标准冲击试样厚度为 10mm。

结合估算的临界裂纹扩展应力与材料显微组织分析，如晶粒尺寸、夹杂物直径等，可评判材料断裂的冶金因素。

在冲击过程中，冲击载荷由小增大直至峰值，之后开始下降。以冲击载荷达到峰值前作为对应裂纹形核阶段，对应的冲击吸收能量为裂纹形核能量；峰值后裂纹进入（稳定或失稳）扩展阶段，所消耗的能量对应为裂纹扩展能量，如图 1-9 所示。

冲击载荷作用时间短，试样被冲击的瞬间，塑性变形根本来不及在整个试样内充分进行，只能集中在缺口局部区域，因而侧重于对材料抵抗局部区域塑性变形时能量耗散的评估。与由拉伸试验的应力-应变曲线可得静态情况下能量耗散的方式有显著不同，拉伸试验断裂吸收能由应力-应变曲线表示为阴影面积，如图 1-10 所示。可以看出，脆性材料的静态吸收能量较韧性材料小得多，其原因在于韧性断裂所需

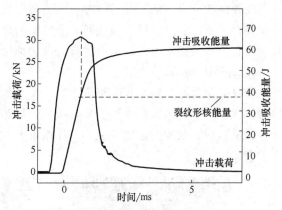

图 1-9　冲击载荷与裂纹形核能量

能量除了用于断开原子键和产生新表面的表面能两部分之外，还包括塑性变形消耗的能量，而后者远大于前两者之和。因此，材料的韧性是其强度和塑性的综合表现，与强度和塑性指标结合，反映了材料的综合性能，表示材料韧脆程度及材料承受冲击载荷抗力的能力。

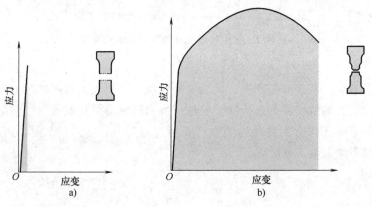

图 1-10　脆、韧性材料的应力-应变曲线示意图

a）脆性材料　b）韧性材料

船舶结构承受波浪和液货的冲击，需要具备一定的冲击性能，冲击试验为各主流船级社《材料与焊接规范》的性能试验项目之一。

1.5　断裂韧度及其测量

强度理论适用于连续材质的材料。实际上，材料或焊接接头中难免会存在缺陷，缺陷使

材质出现不连续甚至微裂纹；微裂纹还常见于受循环载荷作用的结构。材质不连续的材料在抵抗载荷作用时，呈现应力集中的行为。采用带加工缺口的试样模拟材质的不连续，而采用断裂韧度试验测量材质不连续材料的应力集中行为。

1.5.1 断裂韧度

线弹性断裂力学认为，断裂过程可分两个阶段：裂纹的萌生和裂纹的扩展长大，而裂纹的扩展将导致断裂。材料在脆性断裂前基本上是弹性变形，应力与应变呈线性关系。当脆性断裂满足小范围屈服条件，采用材料力学和弹性力学的有关知识近似分析裂纹的扩展规律。

1. 临界应力

裂纹的萌生与材料本身或制造工艺有关，如铸造的夹渣物缺陷、锻造或焊接缺陷，或受力时塑性变形不均匀，在变形受到阻碍处，如晶界或第二相等，产生了应力集中。如图1-11所示，材料内含软质夹杂物，在载荷作用下，软质夹杂物边沿的应力达到了其强度时，便萌生了裂纹。

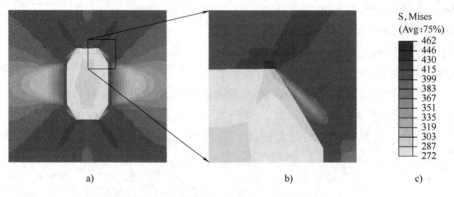

图1-11 板中软质夹杂物应力集中示意图

a）应力分布　b）放大图　c）应力指示

裂纹的扩展意味着新表面的产生。从能量的角度，若裂纹扩展所释放的能量大于裂纹扩展所需的表面能时，裂纹扩展得以持续。脆性裂纹的扩展需要克服的能量包括断开原子结合键和表面能两部分，还与萌生裂纹的尺寸（长度或直径）c有关。据此，由Griffith公式计算裂纹扩展的临界断裂应力σ_c，即

$$\sigma_c = \sqrt{\frac{2E'\gamma_s}{\pi c}} \tag{1-2}$$

式中，$E' = E$（平面应力）或$E/(1-\nu^2)$（平面应变），E是材料弹性模量，常见材料弹性模量见表1-4；γ_s是断裂表面能或比表面能，指单位面积上自由能，是材料常数，单位为J/m^2。常见比表面能见表1-5。

表1-4 材料的弹性模量和泊松比

材料类型		弹性模量 E/GPa	泊松比 ν	出处
钢	$\alpha、\delta、\alpha'$	$200\sim210$	0.288	参考文献［14］
	γ		0.31	参考文献［15］
铝		$50\sim54$	0.357	参考文献［16］
铜		$105\sim115$	0.34	参考文献［17］

Griffith 公式解释了工程结构材料的断裂应力远低于其理论强度的现象，原因在于材料不连续即裂纹的存在，并定量了裂纹尺寸对断裂强度的影响，即临界断裂应力与裂纹尺寸的平方根成反比。根据 Griffith 理论计算的裂纹源尺寸，在诸多脆性开裂中，与实验结果吻合较好。例如，铁素体基体中脆性马氏体-奥氏体组元尺寸大于 $1\mu m$ 时诱发脆性开裂[18]，粗大第二相粒子 TiN 引起脆性开裂的临界尺寸为 $4.93\mu m$[19] 以及焊接热影响区的粗晶、魏氏组织脆性和氢脆中的解理面尺寸。

表 1-5　常见比表面能

类　　型	$\gamma_s/(J/m^2)$	出　　处
钢	100	参考文献[20]
珠光体-珠光体	10	参考文献[21]
	1	参考文献[22]
马氏体-奥氏体	0.2	参考文献[23]
奥氏体-奥氏体	0.7	参考文献[24]
奥氏体-铁素体	0.4	参考文献[25]
奥氏体-珠光体	0.5	参考文献[26]
铁素体-珠光体	0.9	参考文献[22]
铁素体-铁素体、铁素体-马氏体、马氏体-马氏体	0.5	参考文献[27]
铝合金 2A12	0.85	参考文献[28]

2. 断裂韧度计算

定义均匀线弹性体在特定的裂纹扩展类型下理想裂纹尖端应力场的幅值为应力强度因子。裂纹扩展类型有张开的平面应变型、剪切的平面应变型和非平面应变型三种，分别用 K_I、K_{II} 和 K_{III} 表示，其中，张开型裂纹扩展时的应力强度因子 K_I 可表示为

$$K_I = \sqrt{2E'\gamma_s} \tag{1-3}$$

将式（1-3）变形后代入式（1-2），得

$$K_I = \frac{\sigma_c}{\sqrt{\pi c}} \tag{1-4}$$

式（1-4）表明，随着拉应力的增加，裂纹尖端的应力强度因子 K_I 逐渐增大。当 K_I 达到临界值时，材料中裂纹将失稳而发生扩展，进一步导致断裂。称 K_I 的临界值为临界应力场强度因子，即断裂韧度，用 K_{IC} 表示。

断裂韧度 K_{IC} 是一个材料常数，反映了材料抵抗裂纹失稳扩展的能力，即抵抗脆性断裂的能力。若 $K_I < K_{IC}$，则裂纹不扩展，试样处于安全状态；反之，$K_I > K_{IC}$，则裂纹失稳扩展，导致脆性断裂。

式（1-2）的裂纹扩展情况仅适用于脆性材料。大多数金属的塑性较好，虽然裂纹尖端存在应力集中，但因其良好的塑性，当应力超过屈服强度时，裂纹尖端发生塑性变形，使裂尖存在塑性区。材料塑性越好，塑性区越大，裂纹扩展能量消耗越大。因此，裂纹扩展消耗的能量还应考虑材料的塑性。针对塑性开裂情况，Irwin 和 Orowan 提出了 Griffith 公式的塑性修正，即在式（1-2）的基础上，增加塑性变形功 γ_p 项，因而式（1-2）变为 $\sigma_c = \sqrt{2E'(\gamma_s+\gamma_p)/(\pi c)}$，一般塑性材料的 γ_p 一般远大于 γ_s。考虑裂纹扩展做功的角度，式

(1-2) 进一步写为 $\sigma_c = \sqrt{2E'w_f/(\pi c)}$，$w_f$ 为断裂能量，包含了材料的塑性、黏弹性和黏塑性等行为。

此外，从裂纹形状角度看开裂类型，若裂纹呈椭圆形时，塑性裂纹扩展所需应力 σ_c 可用 Orowan 公式表示，即

$$\sigma_c = \left[\left(\frac{2E'\gamma_s}{\pi c} \right) \left(\frac{\pi\rho}{8c} \right) \right]^{1/2}$$

式中，ρ 是裂纹尖端曲率半径。

当 $\rho = 8a/\pi$ 时，Orowan 公式等同于 Griffith 公式，即 $\rho > 8a/\pi$ 时适用于描述塑性金属材料；a 为椭圆长轴长度。平面型裂纹属于脆性断裂情况。

钢材的 K_{IC} 与其屈服强度之间存在近似线性反比关系，即材料的屈服强度越高，K_{IC} 值越低。因此，船舶工程结构采用高强度钢时，其断裂韧度却不能同步地随强度增加。

1.5.2 裂纹尖端张开位移

材料及其焊接材料的断裂韧度还可以采用裂纹尖端张开位移（crack-tip opening displacement，CTOD）表示。它在《船舶材料与焊接》规范中用三点弯曲试验获得。三点弯曲试验的试样要加工缺口，缺口平行于板的轧制方向、垂直于板厚方向；焊接接头的三点弯曲试样的缺口与焊缝纵向平行，垂直于板厚方向，如图 1-12 所示。

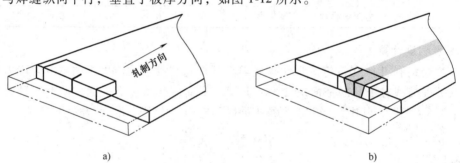

a)　　　　　　　　　　　　　b)

图 1-12　试样的取样方向

a）轧制板材　b）熔敷金属

三点弯曲试验加载示意图如图 1-13 所示。其中，F 是载荷，B 和 W 是试样厚和宽，a 是裂纹长度，S 是载荷跨距。

裂纹尖端张开位移测量时沿试样厚度方向取点测量预制裂纹前沿的长度，取加权平均得到 CTOD 值，并将记录的载荷-位移绘成曲线。

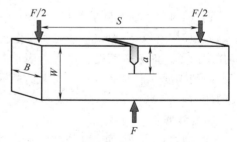

图 1-13　三点弯曲试验加载示意图

断裂韧度由载荷-位移曲线获得，包括弹性 J 积分 J_e 和塑性 J 积分 J_p 两个分量，即 $J = J_e + J_p$，式中，$J_p = \dfrac{2U_p}{B(W-a)}$，其中，$U_p$ 是塑性分量的变形能，a、W、B 是试样尺寸，如图 1-13 所示；$J_e = \dfrac{1-\nu^2}{E}\left[\dfrac{FS}{BW^{3/2}} f\left(\dfrac{a}{W} \right) \right]^2$，其中，$\nu$ 和 E 分别是泊松比和弹性模量，$f\left(\dfrac{a}{W} \right)$ 为函数，由

下式计算，即

$$f\left(\frac{a}{W}\right) = \frac{3(a/W)^{1/2}\left[1.99 - \left(\frac{a}{W}\right)\left(1 - \frac{a}{W}\right)\left(2.15 - 3.93\frac{a}{W}\right) + 2.7(a/W)^2\right]}{2(1 + 2a/W)(1 - a/W)^{3/2}}$$

1.6　疲劳强度及其测量

交变载荷作用下材料的行为不同于静水载荷作用。波浪力及船舶运动产生的惯性力等动载荷作用，引起船舶结构的交变应力。循环载荷作用在零件或结构上引起的应力，称为循环应力。循环应力或交变应力引起结构的失效，称为疲劳损伤及疲劳破坏。由于疲劳破坏时的循环应力要远低于材料的抗拉强度，明显不同于断裂时应力的低水平，也不同于过载引起的高应力。无论材料是脆性还是韧性，疲劳破坏前无明显的塑性变形，因而常规检查时难以察觉，危害性大，是船舶结构的主要破坏形式之一。特别对于大型船舶和使用高强度钢的船舶，疲劳问题尤为突出。

对于船舶结构，疲劳性能采用计算方法进行评估。而对于材料或试样，其疲劳性能通过疲劳试验测量，疲劳试验在疲劳试验机上进行。

材料疲劳破坏的应力循环次数与循环应力水平有关，一般金属材料的疲劳应力与应力循环次数呈反比例关系，即应力循环次数 N 越大，则破坏时循环应力越小。疲劳应力和循环次数的关系曲线称为应力-寿命曲线，简写为 S-N 曲线，如图 1-14 所示。在指定寿命下使试样失效时的应力水平，称为疲劳强度。循环次数

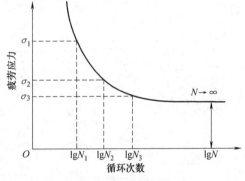

图 1-14　S-N 曲线

为某指定值 N 时，对应的疲劳应力称为 N 次循环后的疲劳强度，称 N 为疲劳寿命。N 的数值可根据零件工作条件和使用寿命来确定，一般在 $(1\sim10)\times10^7$ 范围内。

不同材料的 S-N 曲线形状不同。钢铁材料 S-N 曲线特征是曲线具有明显的水平部分，表明当应力振幅的极限水平降低到某一值后，材料能经受无限次应力循环而不发生断裂，此应力极限值称为疲劳极限。对钢材来说，如应力循环次数 N 达 $10^6\sim10^7$ 仍不发生断裂，则认为随循环次数的增加，将不再发生疲劳破坏。工程上大多以 $N = 5\times10^5$ 和 $N = 8\times10^6$ 为基数确定低碳钢和中碳钢的疲劳极限。大多数有色金属及合金或在腐蚀介质中使用的钢，其疲劳曲线上没有水平部分，即该类金属和合金在疲劳断裂前，其应力循环次数 N 随疲劳应力的降低而增加。

疲劳破坏一般有三个发展阶段：微裂纹的萌生、裂纹的扩展和最后的断裂。循环应力首先使结构和零件的应力集中部位萌生微裂纹，微裂纹尖端的应力集中诱发裂纹的扩展，裂纹扩展进一步减小有效承载截面，承载能力进一步降低，直至断裂。在裂纹形核后的扩展过程中，裂纹尖端存在一个塑性区。塑性区尺寸越大，裂纹扩展能量消耗大，则疲劳循环次数或疲劳应力越大，因而该塑性区尺寸可用于表征疲劳破坏。塑性区尺寸是应力强度因子和屈服强度的函数[29]，即

$$r_c = \frac{\pi}{8}\left(\frac{K_{max}}{2R_{eH}}\right)^2$$

式中，R_{eH} 和 K_{max} 分别是屈服强度和最大应力强度因子。

由上式可以看出，材料屈服强度越大，其裂尖塑性区越小。

船体结构呈尺寸不连续、应力集中明显的特点。应力集中处一般是疲劳裂纹的初始裂纹形成处，如焊趾、部分焊透或角焊缝的焊根、板材自由边的切口、沟槽或小的表面缺陷等，这些易于诱发疲劳损伤，是疲劳强度评估的热点[2]。热点处的应力称为热点应力，包括了结构不连续和焊缝存在引起的应力集中，一般由名义应力乘以应力集中系数获得，或者采用有限元方法求得。以热点应力范围作为疲劳强度评估的循环应力。对于船舶工程结构，使用中历经不同海域或波浪条件，通过计算对应的结构疲劳应力及损伤系数并求其累积，以累积疲劳损伤小于 1 作为疲劳强度要求。

船体结构的疲劳强度采用计算方式来保证。对船体材料和焊接接头的疲劳试验，在规范中无强制要求。

第2章 金属的显微组织与力学性能

　　力学性能是工程结构材料性能的要求，高的力学性能有利于结构的轻量化和降本增效，力学性能有哪些影响因素和高的力学性能怎么获得就成为材料学关心的问题。我们知道，金属材料种类不同，其力学性能不同，但单一化学成分的影响因素还不足以解决我们关心的问题，何况地球资源的有限性。实际上，材料是由若干微观单元组成，每个微观单元有力学性能、化学成分以及形貌等属性，其中，微、纳观尺度材料的力学性能的观测不如形貌和化学成分的观测容易。而且，可观测的单元属性和宏观力学性能之间存在某种关系，依据该关系，建立单元属性影响力学性能的规律，用于指导材料的力学性能设计。因此，材料微、纳观的形貌观测就成为材料学研究的手段。显微形貌是指借助显微镜等放大设备和设施对材料进行观察，获知尺寸和形位等视觉的"相貌"，具体地说，金属的显微组织状态是指相或晶粒的大小、数量、形状以及分布状态。

　　相是显微形貌的本质，以化学成分标示，具有力学属性。而且，相的形貌与其形成条件相关，如热力学条件下冷却速度不同时，铁素体相的块状和针状形貌，珠光体相的片状相间和薄片状相间形貌以及马氏体相的板条状、针状形貌等。晶粒是相的外貌或形态，具有数量、大小、形状和分布以及其规则性等显微镜下观察的形貌。晶粒经过成分测定后，就可用相描述。在显微组织中，往往一个晶粒为一个相，或多个相的规则混合。显微组织状态的设计即为材料力学性能的设计，而揭示显微组织形态与其宏观力学性能的关系规律，正是材料学的内容。

　　显微组织对力学性能的影响有三个方面：相/晶粒的晶格结构、相的种类和晶粒/相的分布形态。在第1章船舶工程材料的宏观力学性能基础上，本章通过金属显微组织状态的描述，阐述力学性能与显微组织状态的关系，这是第3、4章材料显微组织状态调节的基础。

2.1 金属晶格和晶格缺陷

　　金属原子的直径约为 0.1nm 数量级，在结合键（原子间结合力，是金属键等力的合力）作用下形成点阵排列，该点阵排列具有一定的规律，即有规则的晶格结构形式，且不同种类金属原子排列的规律性并不相同。晶格结构影响力学性能，如弹性模量和理想晶体的强度。晶格点阵中的缺陷是原子排列的又一规律，包括点缺陷、线缺陷和面缺陷。金属规则点阵和缺陷已能被纳观观测。一定的缺陷密度使实际晶体的强度低于理想晶体。因此，晶格结构及其缺陷、晶格点阵的形貌，即晶粒，是影响材料力学性能的纳、微观单元。

2.1.1 晶格结构

1. 晶格的概念

金属由原子排列堆积而成，如图 2-1a 所示。用线将原子中心连接起来，并在线交点处画上原子形状，形成原子在三维空间上的几何排列形式，这种表示晶体原子排列形式的格子称为晶格或点阵，如图 2-1b 所示。可以看出，同一直线上的晶格周期性地重复出现；位于同一平面的原子构成了晶格的二维平面，将晶格平面沿一定方向平移一定距离后，晶格也重复出现。因此，晶格排列具有重复性和周期性。

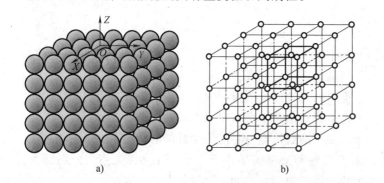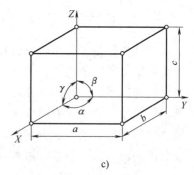

a)　　　　　　　　　　　b)　　　　　　　　　　　c)

图 2-1　金属原子的空间排列

a）刚球模型　b）晶格模型　c）晶胞

根据空间晶格的规律性，从晶格中选出一个基本几何单元，例如，以一个最小的平行六面体代表晶格排列特性。这种组成晶格的基本几何单元称为晶胞（图 2-1c）。可以看出，对于同一空间晶格，选取的方式不同，晶胞也不同，要使之具有代表性，在选取晶胞时，往往取每个角上都有一个晶点的最小平行六面体单元。

通过晶胞角上某一个晶点，如左下角后面一点，沿其三个棱边作坐标轴 X、Y、Z（称作晶轴），则晶胞就可由三个棱边长 a、b、c 及晶轴之间夹角 α、β、γ 这六个参数表示。其中，称三个棱边长为晶格常数。

2. 金属晶格结构的种类

在金属晶体中，金属键使原子尽可能紧密地排列，同时构成高度对称的晶格结构。晶格结构形式可分为 7 种晶系（包括 14 种晶格点阵），三斜（$a \neq b \neq c$；$\alpha \neq \beta \neq \gamma$ 且 $\neq 90°$）、单斜（$a \neq b \neq c$，$\alpha = \gamma = 90°$，$\beta \neq 90°$，包括简单单斜和底心单斜 2 种晶格）、菱方（$a = b = c$，$\alpha = \beta = \gamma \neq 90°$ 且 $\alpha < 120°$）、正交（$a \neq b \neq c$，$\alpha = \beta = \gamma = 90°$，包括简单正交、底心正交、体心正交和面心正交 4 种晶格）、四方（$a = b \neq c$，$\alpha = \beta = \gamma = 90°$，包括简单正方和体心正方 2 种晶格）、密排六方（$a = b \neq c$，$\alpha = \beta = 90°$，$\gamma = 120°$）和立方（$a = b = c$，$\alpha = \beta = \gamma = 90°$，包括简单立方、体心立方和面心立方 3 种点阵）晶系。其中，最常见的金属晶格点阵是体心立方、面心立方和密排六方 3 种。

体心立方（body-centered cubic，BCC）晶胞如图 2-2 所示，在晶胞的 8 个结点上和立方体的中心各有一个原子，晶格常数 $a = b = c$。体心立方晶胞的原子数为：$\frac{1}{8} \times 8 + 1 = 2$。例如，铁素体为 BCC 结构，912℃下的晶格常数 $a = 0.29008nm$。

 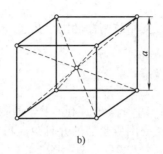 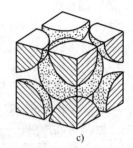

a)   b)   c)

图 2-2　体心立方晶胞

a）刚球模型　b）质点模型　c）晶胞中原子数

面心立方（face-centered cubic，FCC）晶胞如图 2-3 所示。在晶胞的 8 个结点上和立方体上的 6 个晶面中心各有一个原子。因此，面心立方晶胞的原子数为：$\frac{1}{8} \times 8 + \frac{1}{2} \times 6 = 4$。例如，奥氏体为 FCC 结构，912℃时的晶格常数 $a = 0.36468nm$。

 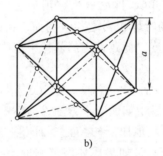 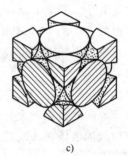

a)   b)   c)

图 2-3　面心立方晶胞

a）刚球模型　b）质点模型　c）晶胞中原子数

密排六方（hexagonal close-packed，HCP）晶胞如图 2-4 所示。密排六方结构的晶胞是以上、下底面六边形组成的柱体。上、下底的 12 个结点和两底面中心各有一个原子，并且在柱体中间还有三个原子。因此密排六方晶胞的原子数为 $\frac{1}{6} \times 12 + \frac{1}{2} \times 2 + 3 = 6$。密排六方晶格

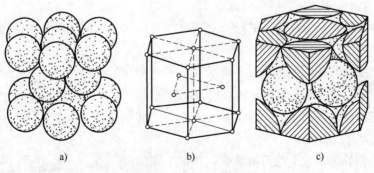

a)   b)   c)

图 2-4　密排六方晶胞

a）刚球模型　b）质点模型　c）晶胞中原子数

常数的比值 $c/a=1.633$。密排六方晶格结构见于有色金属中。

3. 晶格的密度

金属晶格中原子排列的紧密程度用致密度和配位数表示。致密度是指晶胞中原子所占的体积与晶胞的体积之比，计算公式为

$$k=\frac{nu}{V}$$

式中，n 是晶胞中的原子数；u 是一个原子的体积；V 是晶胞的体积。

配位数是指晶体中任一个原子周围所紧邻的并且距离相等的原子数。三种常见的金属晶格数据见表 2-1。

表 2-1　三种常见的金属晶格数据

晶格类型	晶胞中原子数	原子半径	配位数	致密度
体心立方	2	$\sqrt{3}a/4$	8	0.68
面心立方	4	$\sqrt{2}a/4$	12	0.74
密排六方	6	$a/2$	12	0.74

由表 2-1 可以看出，FCC 较 BCC 排列致密，因而相变时体积发生变化，高致密度的 FCC 相向低致密度的 BCC 相转变时体积会增加，例如，钢由高温的奥氏体向低温的铁素体的转变；致密度影响原子扩散速度，低致密度的晶体中溶质原子扩散快，间隙固溶体中溶质原子扩散容易。

不同晶格结构的原子间空隙大小分布不同，体心立方与面心立方的晶格相比，虽然其致密度小，但原子间空隙较为分散，不如面心立方晶格的体中心空间的空隙大，在与合金元素相互作用形成固溶体时，或溶解其他原子的场合，面心立方晶格溶解度更大，如氢在 BCC 和 FCC 溶解度不同，参见 3.4 节；又如奥氏体溶解碳的质量百分数高于体心立方晶格的铁素体和体心四方晶格的马氏体。

2.1.2　晶面和晶向指数

晶胞有不同种类和致密度，而在同一晶胞中，各原子面和原子线的致密度也不同，在载荷作用下呈现不同的行为，因此有必要为各原子面和线命名。晶体中各方位上的原子面称为晶面，采用数组描述晶格点阵，称为晶面指数，也称为米勒指数。

晶面指数的命名方式如下：

1）以晶体中某原子为原点，平行于三条棱作 OX、OY、OZ，以晶胞的边长 a、b、c 分别作为晶轴上的长度单位，如图 2-5 所示。

2）求出待定晶面在三个晶轴上的截距（如果该晶面与轴平行，则截距为∞）。例如：1、1、∞；1、1、1 等。

3）取截距的倒数。例如，（$\bar{1}10$）、（$1\bar{1}1$）等。其中符号"-"表示截距为负数的情况。

4）将上述倒数化为最小的简单整数，并加上圆括号，一般记为（hkl）。例如（110）、（112）、（111）等。

在晶体中，具有重复性而只是空间位置不同的晶面可归

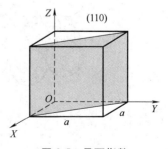

图 2-5　晶面指数

为一个晶面族，用 $\{hkl\}$ 表示晶面族，如立方系晶体的 $\{100\}$ 晶面族，如图 2-6 所示。

$$\{100\} = (100) + (010) + (001) + (\bar{1}00) + (0\bar{1}0) + (00\bar{1})$$

上述两两平行的六个等同晶面共同构成立方晶胞的立方体表面。实际上，在载荷作用下，其力学行为也相同，如作为滑移面。

各方向上的原子列称为晶向，用晶向指数表示，如图 2-7 所示，命名如下：

1）以晶格中某原子为原点，平行于三条棱作 OX、OY、OZ，以晶胞的边长 a、b、c 分别作为该轴的单位长度。

2）过坐标原点引入一直线，使其平行于所求晶向。

3）求出该直线上一晶点的三个坐标值。

4）将三个坐标值按比例化为最小整数，加方括号。例如，[110]、[111] 等。

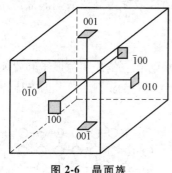

图 2-6　晶面族

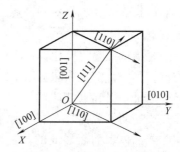

图 2-7　晶向与晶向指数

致密度依然可以用于描述晶面和晶向的原子排列紧密程度，其中，相对致密度高的面称为密排面。与稀疏排列的面相比，密排面原子间距小，原子键合力大，在载荷作用下往往难以断开而成为裂纹路径，因而多为滑移面，参见 4.6 节表 4-13。

2.1.3　多晶体结构

由前述可知晶体结构是长程有序的，将构成物体的原子、离子或分子等规则的空间点阵排列称为理想晶体，也称为单晶体。单晶体内的晶格方向完全相同，只有一个，如图 2-8a 所示。单晶体在自然界很少存在。实际上，晶体中原子的排列不可能完全相同。

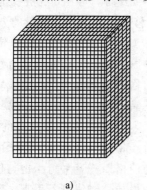

a)

b)

晶粒

晶界

图 2-8　单晶体与多晶体的结构示意图

a）单晶体　b）多晶体

在显微镜下观察，如图 2-8b 所示，金属是由很多小颗粒组成，每个小颗粒具有大致相同的晶格方向，如图中斜线所示的方向，称为位向。但相邻颗粒间晶格方向不同。金属的外部形状不规则且内部晶格结构规则排列的颗粒称为晶粒。各晶粒间相互接触的界面称为晶界（grain boundary，GB）。晶界的原子排列不同于晶粒内部，参见【知识拓展】。由多晶粒组成的晶体称为多晶体。

钢铁材料中晶粒大小不一，一般铸造组织较为粗大，约在 $10^{-3} \sim 10^{-1}$mm 量级；铸造组织经过若干工艺处理后，晶粒可细化至 nm 量级。晶粒尺寸是重要的显微组织状态参数，并对力学性能产生重要影响。在相同化学成分和相种类情况下，晶粒尺寸越小，材料的强度越高，且塑性和韧性也优异。

与理想晶体相比，图 2-8b 所代表的实际晶体或多或少地存在着偏离理想晶体的区域，出现了不规则性，通常把实际晶体中偏离理想点阵结构的区域称为晶体缺陷。根据几何形态的不同，晶体缺陷可分为三类：点缺陷、线缺陷和面缺陷。

1. 点缺陷

点缺陷是指三维空间尺寸都很小的缺陷。常见的点缺陷有空位、间隙原子和置换原子三种基本类型，其中，空位和间隙原子的缺陷如图 2-9 所示。置换原子是指占据基体原子平衡位置的异类原子。引起点缺陷的原因是因为晶格中的某些原子受热或振动等脱离在晶格中原有的位置后，转移到晶格间隙或晶体表面而形成的。置换原子与基体原子半径往往不同。无论置换原子，还是间隙原子和空位，都会引起晶格畸变；而脱离了原来位置的原子处于高能不稳定状态。点缺陷影响了原子间结合力，使实际晶体的力学性能与理想晶体的力学性能发生偏离。

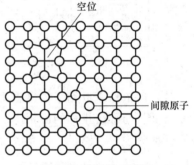

图 2-9　点缺陷示意图

2. 线缺陷

线缺陷是指缺陷的两个方向尺寸较另一个方向尺寸小得多，典型的线缺陷就是晶体中的位错。位错是原子排列的局部不规则，为晶体中已滑移部分与未滑移部分晶格的分界线。位错概念最早由意大利 Vito Volterra 于 1905 年提出，1939 年 J. M. Burgers 拟定了定量位错的方法，即采用伯格斯矢量 b，简称为伯氏矢量，描述位错区域原子扭曲的大小和方向。可见位错是矢量。位错运动导致晶体滑移时，滑移量的大小即为伯格斯矢量 b，滑移方向即伯格斯矢量的方向。

位错主要分为刃位错、螺位错及两者的混合型三类，如图 2-10 所示。刃位错是指一个晶面在晶体内部终止于某一条线处的不规则排列。多余半原子面终结的那一条直线，为位错线。刃位错附近的原子面会发生朝位错线方向的扭曲，伯格斯矢量方向与位错线垂直，位错线垂直于位错运动的方向。螺位错是指在切应力 τ 作用下晶体的一部分相对于另一部分发生滑移时，原子平面沿着一根轴线盘旋式上升。位错线沿着与切应力方向相垂直的方向运动，直至消失在晶体表面，只留下一个伯格斯矢量大小的台阶。每绕轴线一周，原子面上升一个晶面间距。在中央轴线处即为螺位错。螺位错线的方向与伯格斯矢量平行，也与位错运动方向平行。混合型位错是刃位错和螺位错的叠加，伯格斯矢量与位错线既不垂直也不平行。

位错目前借助工具可以观测，位错分布形貌如图 4-22 所示。除晶须和精心制备的硅等较大晶体材料之外，多晶体中都有位错。单位面积或体积内位错的数量称为位错密度，如铁

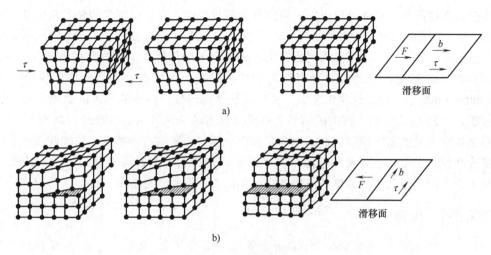

图 2-10　位错示意图

a）刃位错　b）螺位错

素体初始位错密度为 $6 \times 10^{12} m^{-2}$[30] 或 $5 \times 10^{13} m^{-2}$[31,32]。塑性变形、从高温的急速冷却都可以产生高密度的位错。

3. 面缺陷

面缺陷是指两个方向尺寸较另一个方向尺寸大得多的缺陷，是不同区域的晶体方位过渡，如图 2-11 和图 2-12 所示，还可参见【知识拓展】。面缺陷包括晶界、相界、层错、晶体表面和亚晶界等，每个晶粒内部的晶格方向在不同区域内有微小差别，一般为 $10'\sim20'$，最大差别为 $1°\sim2°$，这些内部彼此晶格方位上微小差别的小区域称为晶粒中的亚晶粒。

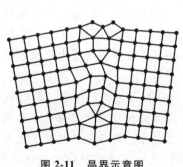

图 2-11　晶界示意图

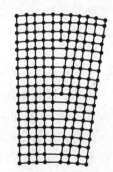

图 2-12　亚晶界示意图

与晶粒内部相比，晶界原子的能量高，因而处于不稳定状态，这种高能不稳定状态主要有以下热力学行为的体现：

1）合金元素含量高，在腐蚀介质中，晶界处易被率先腐蚀。

2）由于合金元素含量高，浓度梯度大，根据第一性原理，晶界上的原子扩散速度快。

3）塑形变形时晶界位错堆积，流变应力增加，进一步塑性变形困难，引起加工硬化。

4）晶界是固态相变中率先形核的地方。

此外，由于晶界结合键小，往往是脆性开裂的路径，在电场作用下，晶界电阻大、电焦耳热大、温升高等。

晶粒是有位向的，相邻晶粒位向的差值称为晶界角度。在显微测量的晶界角度 0°~180° 范围内，0°~2°范围常被视为位错；2°~15°范围常被视为小角度晶界，大于 15°范围常被视为大角度晶界。其中，大角度晶界对阻碍裂纹扩展有着重要影响。在材料的各加工工艺中，铸态和热处理态显微组织的晶界分布较为随机，仅在小区域有一定位向的集中分布，如图 3-7 和图 3-8 所示；而在轧制工艺中，易形成整体位向较为集中的小角度晶界分布，出现织构组织，如图 4-42 所示，该类组织易于形成 Z 向的层状撕裂问题，如图 5-25 所示。

多晶体中大量的晶格缺陷，使其内部存在应力场，而宏观力学性能、物理性能也发生改变，如改变位错密度，金属材料电阻率发生改变。位错密度和晶界对材料力学性能产生影响，见 2.3 节。工程上增加晶格缺陷的方法，如固态相变和塑性加工。

【知识拓展】 位错

1926 年，苏联物理学家 Jacov Frenkel 依据理想晶体模型，假定材料发生塑性切向变形时，微观上对应着切变两侧的两个最密排晶面（即相邻间距最大的晶面）发生整体同步滑移，对应理论临界分切应力为

$$\tau_m = \frac{\mu}{2\pi}$$

式中，μ 是切变模量，一般常用金属 μ 为 $1 \times 10^4 \sim 4 \times 10^4$ MPa，由此算得的理论切变强度应为 $10^3 \sim 10^4$ MPa。然而，在塑性变形试验中测得的屈服强度仅为 $0.5 \sim 10$ MPa，比理论切变强度低了整整 3~4 个数量级。

1934 年，Egon Orowan、Michael Polanyi 和 G. I. Taylor 三位科学家同时提出了塑性变形的位错理论。位错理论认为，晶体的切变在微观上并非一侧相对于另一侧的整体刚性滑移，而是通过位错的运动实现的。一个位错从材料内部运动到了材料表面，相当于位错线扫掠区域整体沿着伯格斯矢量方向滑移了一个单位距离（即相邻晶面距离）。塑性变形的过程就是位错不断地从材料内部运动到表面，使材料表面出现显著台阶，如图 2-10 所示。与整体滑移需要打断一个晶面上所有原子键能量相比，位错滑移仅需打断位错线附近少数原子键，因此外加切应力小，解释了理想晶体与实际晶体强度差别的问题。

1939 年，J. M. Burgers 提出用矢量表征位错强度，后来称为伯格斯矢量，同时引入了螺位错，加上混合位错，形成位错理论中位错种类体系，成为位错运动和位错动力学基础。

位错使材料力学性能急剧下降而成为科学家要消除的对象，有趣的是材料强化技术的实质是引入各种缺陷阻碍位错运动（如第二相强化或弥散强化）以及塑性加工增加位错密度，从而阻碍材料塑性变形而提高强度。

位错理论可以很好解释低碳钢拉伸曲线上的屈服现象。低碳钢基体为铁素体，铁素体中碳原子与位错交互作用，趋于聚集在位错线受拉应力的部位以降低体系的晶格畸变能，即形成 Cottrell 气团。气团钉扎位错，致使屈服强度升高，拉伸曲线上出现上屈服点。而位错一旦挣脱气团的钉扎，便可在较小的应力驱动下继续变形，在拉伸曲线上出现下屈服点。若试样合金形成固溶体少时，不会出现屈服现象。屈服的试样卸载后重新加载时，由于位错已脱出气团的钉扎，故不会出现屈服台阶；但卸载后的试样放置较长时间或加热处理后再进行拉伸时，由于溶质原子已通过扩散又重新聚集到位错线周围形成了气团，故又会出现屈服现象。

将理想晶体滑移的临界分切应力应用于实际多晶体（图2-13）：作用于截面积为 A 的圆柱的外力为 F，面 A 的应力为 $\sigma = F/A$。φ 是滑移面法线与作用力 F 方向的夹角，λ 是滑移方向与作用力 F 之间的夹角，则作用于柱中倾斜平面的分力为 $F\cos\lambda$，而滑移面的面积则为 $A/\cos\varphi$，因此，在滑移方向上的切应力为 $\tau = \dfrac{F}{A}\cos\varphi\cos\lambda$。当分切应力达到临界值时，晶面间的滑移开始，此时与宏观上的屈服相对应，因此这时的 $F/A = R_m$，即 $\tau_c = R_m\cos\varphi\cos\lambda$。式中 $\cos\varphi\cos\lambda$ 是取向因子。取向因子越大，则分切应力越大，越有利于滑移的进行。

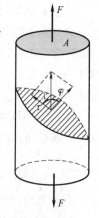

图 2-13 切应力示意图

分切应力有两种情况，当滑移面法线方向、滑移方向与外力方向处于一个平面，且 $\varphi = 45°$ 时，$\cos\varphi\cos\lambda = 0.5$，此取向最有利于滑移，即以最小的拉应力就能达到滑移所需的分切应力，该取向称为软取向；当外力与滑移面平行或垂直时，$\varphi = 90°$ 或 $\varphi = 0°$，则 $R_m \to \infty$，晶体无法滑移，称此取向为硬取向。在拉伸过程中，滑移方向逐渐由沿着外力方向转向分切应力最大的方向，即 $\varphi = 45°$，滑移方向逐渐改变的过程，称为几何软化。这也解释了拉伸断裂的断面与轴向呈 $45°$ 夹角的统计现象。

由于加工和晶体本身的缺陷，实际晶体的临界分切应力远小于理想晶体的临界分切应力。

2.2 合金的相结构

纯金属材料的力学性能特点是强度低而塑性高，用于船舶工程结构，则强度偏低而塑性富裕。目前金属材料的性能改性有两个截然不同的主流方向：消除缺陷和引入缺陷。消除晶格缺陷后，原子排列有序，材料的强度接近理论强度，即理想晶体（理论强度数值上约是其弹性模量的 $1/5$）。例如，晶须的强度接近理想晶体。晶须是在特定条件下形成的一种单晶形式的晶体纤维，直径和长度小，以避免晶格缺陷。直径为 $1.6\mu m$ 的铁晶须抗拉强度达到工业纯铁的 70 倍以上。在引入缺陷方面，工程上采用热力方法和冶金方法相结合。其中，冶金方法是加入合金元素或引入体缺陷，以改变显微组织状态，从而获得优异力学性能。

当材料中含有多种化学成分时，在冶金和热力学条件下，各元素相互作用，并以体系自由能最低的形式保留下来，如固溶体、化合物和机械混合物三种形式。其中，固溶体和化合物是金属显微组织中重要的两类相，其性质、质量分数和分布形态对材料的宏观力学性能产生影响；而机械混合物是由两种相混合而成，各自晶粒彼此独立，对综合性能影响不大。

相是指合金中具有同一化学成分、同一结构和相同的原子聚集状态，并以界面互相分开的、均匀的组成部分。相因其化学和力学属性，是影响材料力学性能的纳、微观单元。

2.2.1 固溶体

在合金结晶时，形成的固相结构与合金的某一组成元素的晶格相同（即在一种元素的晶格中包含其他元素），这种固相称为固溶体。根据固溶体的结构形式、特点，采用不同方法分类。

1. 按照溶质原子在溶剂晶格中的位置不同分类

（1）间隙固溶体　溶质原子在溶剂晶格中不占据晶格结点位置，而是嵌入溶剂晶格各结点间的空隙处，形成的固溶体称为间隙固溶体，如图 2-14 所示。当溶质的原子直径较小，如 B、C 和 N 原子直径小，溶剂的原子直径较大时才能形成。一般情况，溶质原子直径与溶剂原子直径之比 ≤0.59 时易形成间隙固溶体。

（2）置换固溶体　溶质原子代替了一部分溶剂原子，占据了溶剂晶格结点位置而形成的固溶体称为置换固溶体，如图 2-15 所示。

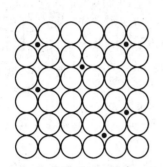

图 2-14　间隙固溶体晶格示意图

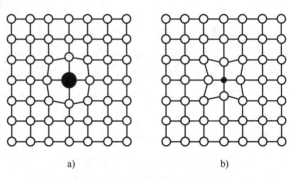

a) b)

图 2-15　置换固溶体晶格示意图

a）$d_{溶质} > d_{溶剂}$　b）$d_{溶质} < d_{溶剂}$

在元素周期表中，越相近的元素越容易形成置换固溶体，即溶质、溶剂的原子尺寸差越小越易形成置换固溶体。当溶质与溶剂原子尺寸差大于 15% 时，溶解度很小，不大可能形成置换固溶体。由于溶质、溶剂的原子直径不同，当形成固溶体时必然会引起晶格变形和晶格常数的变化，晶格变形引起应力场。

2. 按照溶质原子在溶剂晶格中的规律不同分类

（1）有序固溶体　有序化过程是原子扩散、重新排列的过程。溶液在缓慢冷却时，溶质原子占据溶剂晶格中的某些固定位置，如图 2-16 所示。有序固溶体的溶剂与溶质之比为固定值，这种结合类似于化合物，有固定的化学式，如 $CuAu$、Cu_3Au、Fe_3Al 等。

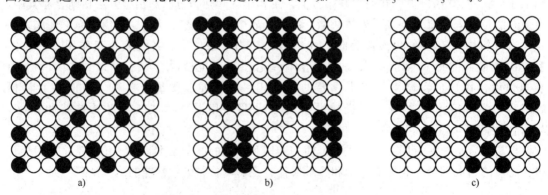

a) b) c)

图 2-16　固溶体中溶质原子分布形态示意图

a）无序分布　b）偏聚分布　c）短程有序分布

有序化对合金的力学性能和物理性能有一定的影响，如提高合金的屈服强度和硬度，提高合金的导电性等。

（2）无序固溶体　在一般固溶体中，溶质原子在溶剂晶格中占据的位置不一定，这种固溶体称为无序固溶体。

3. 按照溶质在溶剂中的溶解度不同分类

固溶体可分为有限固溶体和无限固溶体。溶质原子在溶剂中的溶解度与溶质和溶剂的原子尺寸有关，尺寸差别越小，溶解度越大。当尺寸差小于某一数值时将形成无限固溶体，这个数值对于铁基合金为 10%～15%，对铜基合金为 10%～11%。通常只有当溶质、溶剂原子尺寸差小于 14% 时，才可能形成溶解度较大甚至无限溶解的固溶体。

由于异质原子的溶入，固溶体晶格常数改变，称为晶格畸变。晶格畸变增加位错运动的阻力，使滑移难以进行，从而使合金的强度和硬度升高，伴随塑性下降。这类通过形成固溶体提高合金强度和硬度的方法，称为固溶强化。强度提高的同时，塑性和韧性会降低。晶格畸变能大小参见【知识拓展】。

2.2.2　化合物

元素周期表中两种相距较远的元素，电性相差较大，易形成化合物。金属间化合物与普通离子键化合物不同，金属化合物是以金属键相结合的，组成物的成分不能保持严格的化合比，而是有一定的浓度范围。常见金属化合物有正常价化合物、电子化合物、间隙相和间隙化合物四类。

1. 正常价化合物

正常价化合物符合化合的原子价规律，正常价化合物一般有 AB、A_2B（或 AB_2）、A_3B_2 三种类型。晶体结构往往具有同种分子式的离子化合物的结构：AB 型为 NaCl 或 ZnS 结构，如图 2-17 所示。AB_2 型为 CaF_2 结构，如图 2-18 所示。

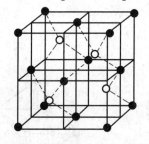

图 2-17　立方 ZnS（闪锌矿）结构
○—S　●—Zn

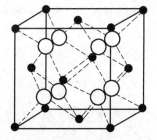

图 2-18　立方 CaF_2 结构
○—F　●—Ca

正常价化合物包括从离子键、共价键过渡到金属键为主的系列化合物。例如，MgS 为典型的离子键化合物，Mg_2Sn 是共价键化合物，故其具有典型的半导体特性：比电阻高，电导率随温度升高而增大。Mg_2Pb 为金属键化合物，其电阻为 Mg_2Sn 电阻的 1/188。

正常价化合物通常具有较高的硬度和脆性。

2. 电子化合物

电子化合物的溶质原子价由电子浓度决定。电子浓度是指合金中电子数目与原子数目的比值，即 e/a。设溶剂的原子价为 A，溶质的原子价为 B，溶质原子在合金中的原子含量为 $X\%$，而合金的电子浓度为

$$\frac{e}{a} = \frac{A(100-X)+BX}{100}$$

贵金属中铜、银、金与锌、铝、锡等元素组成的合金随着成分的改变形成一系列化合物，都具有同样的电子浓度和晶体结构。

3. 间隙相

在间隙相中，金属原子 M（M 代表金属 metal）一般位于面心立方结构或密排六方结构的正常位置上，非金属原子位于该结构的间隙处，构成一种新晶体结构。间隙相的分子式一般为 M_4X、M_2X 和 MX_2。

4. 间隙化合物

当非金属的原子半径与过渡族金属的原子半径之比 $r_x/r_m > 0.59$ 时，所形成的化合物称为间隙化合物。间隙化合物种类多，晶体结构复杂。

金属化合物的晶格结构与组成元素的晶格结构不同，性能也不同，一般金属化合物的熔点低、硬度高而脆。这样的金属化合物同时具有化合物和固溶体的特点，通常把金属化合物称为第二相。化合物在金属组织中或独立为晶粒，或析出在晶界，形成沉淀相和沉淀强化。

2.2.3 船舶工程用钢的相结构

钢质材料中以铁为主，添加多种合金元素。除了 C，常见的合金元素有 Mn、Si、Ni、Mo、V、Ti 和 Nb 等。合金元素与铁或碳相互作用，形成固溶体和化合物两种形式的相。

碳素钢的合金元素以碳为主。碳与铁的相互作用形成固溶体和化合物两类相。碳溶解在铁晶格中形成 3 种类型的固溶体，分别为面心立方的奥氏体 γ-Fe、体心立方的铁素体（又称为 α-Fe）和体心四方的马氏体，均为间隙固溶体，如图 2-19 所示。其中，铁素体和马氏体为体心立方晶格结构，在八面体各棱边（c 轴方向上）的中间和面的中心处有一个碳原子。马氏体碳溶解度高，使得 c 轴伸长，a 轴缩短，即晶格常数 $a = b$ 但 $a \neq c$，为与体心立方相区别，称为体心四方（body-centered tetragonal，BCT）晶格结构，图 2-19c 所示的是具有 BCT 晶格结构的 $w_C > 0.2\%$ 时的马氏体，又称为 α′-Fe。

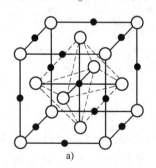 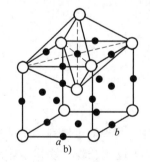 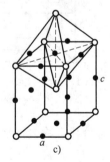

a)   b)   c)

图 2-19 铁-碳合金中固溶体晶格结构

○—Fe 原子   ●—C 原子

a）面心立方的奥氏体   b）体心立方的铁素体 $a=b$ c）体心四方的马氏体 $a \neq c$

碳在 α-Fe 中的最大溶解度为 0.0218%，在 γ-Fe 中的最大溶解度为 2.11%，溶解度差异大，原因在于：尽管 α-Fe 的晶格排列没有 γ-Fe 的晶格排列紧密，即 α-Fe 致密度低于 γ-Fe，见表 2-1，但是 α-Fe 的晶格间隙分散，难以容纳碳原子；相反，γ-Fe 晶格排列致密度高，且晶格间隙集中，溶解碳的能力高。马氏体 α'-Fe 虽然溶解碳有限，但碳溶解度越大，晶格畸变越大，产生的位错密度越高，其强度和硬度增加。以硬度为例，纯铁硬度 80HBW，固溶体铁素体硬度稍高，形成马氏体固溶体后硬度可达 240~320HBW。

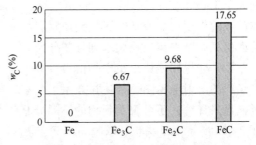

图 2-20　铁-碳合金中的化合物相

　　铁与碳可形成化合物。铁与碳的原子半径比为 0.63，相互作用形成含碳量的升序化合物系列：Fe_3C、Fe_2C、FeC 等，如图 2-20 所示。Fe_3C 是钢中的一种基本组成相，称为渗碳体，属于间隙化合物。Fe_3C 的晶体结构为正交晶系，碳原子位于铁晶格点阵的间隙处，三个晶格常数不相等。晶胞中原子数为 16，其中碳原子 4 个，铁原子 12 个，晶格结构如图 2-21 所示。含碳量过高的合金脆性大，工程结构中少见。

　　合金元素在钢中的存在形式有三种：与铁形成固溶体、与碳形成碳化物以及溶于铁碳化合物中。合金元素有限溶解于铁基固溶体，形成合金铁素体、合金奥氏体、合金马氏体等。例如：锰有限固溶于铁素体；硅与碳的化学亲和力小于铁与碳的，硅的质量分数低于 0.4% 时，硅不与碳形成化合物，而是以固溶体形态存在于铁素体和奥氏体中。

　　合金元素与碳形成化合物。铬、过量的锰与铁一样，是碳化物形成元素，形成的间隙化合物类型有 M_3C 型（如 Cr_3C、Mn_3C）、M_7C_3 型（如 Cr_7C_3）和 $M_{23}C_6$ 型（如 $Cr_{23}C_6$）等。各合金元素形成碳化物的能力由强到弱依次为 Ti>Nb>V>Al>W>Mo>Cr>Mn>Fe，其中的 Ti、Nb、V 和 Al 是强碳化物形成元素，分别形成 TiC、NbC、VC

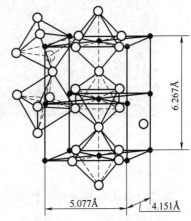

图 2-21　渗碳体的晶格结构

○—Fe 原子　●—C 原子

注：1Å = 0.1nm。

和 Al_4C_3（或 Al_2C_6、Al_4C_6）等离子化合物，近年来以微量合金形式应用于高强钢的合金化。锰与铬相比，铬是强碳化物形成元素。Al、W 和 Mo 在目前船舶与海洋工程用钢中含量少。

　　合金元素溶于铁碳化合物中，如铬溶于渗碳体形成合金渗碳体 $(FeCr)_3C$、$(FeCr)_7C_3$ 等。因为合金碳化物，如间隙化合物比一般碳化物强度高、硬度高和脆性大，因此，形成的合金渗碳体改善钢的性能。

　　现代钢铁中有时会含有氮。合金元素钛和氮一般不形成固溶体，而是构成稳定的 TiN[31]，属于化合物相沉淀于基体中。

　　铝是面心立方晶格结构，铝合金中的相结构以固溶体为主，如 α 相是 Si 在 Al 中的固溶体。

　　可以看出，合金元素不仅形成固溶体和化合物，而且，形成的固溶体或化合物还能改善显微组织的分布形态，如形成晶界的沉淀相或第二相，两者均能对力学性能甚至焊接性产生影响。例如，钢中加入钛后，因 TiC 熔点高（TiC 熔点在 3000℃ 以上），且与钢铁有相似晶格结构，可起到变质处理细化晶粒的作用，类似的还有 Nb；因热稳定性好（如 TiC 分解温度大于 1300℃），固态相变时析出于奥氏体晶界，钉扎晶界和阻碍晶界推移，起到细化奥氏体晶粒的作用；在冷却时影响金属材料的淬透性以及回火脆性等；其热稳定性还对焊接热影响区的显微组织晶粒长大起到抑制作用。

为具体说明显微组织中相的存在状态，图 2-22 展示了典型的碳素钢（$w_C = 0.45\%$）显微组织的透射电镜图，描述显微组织状态，如晶粒大小、形状和分布状态。晶粒的大小是通过晶界来计算；还可观察到相的不同分布状态：图 2-22a 所示为层片状相间形态（复合相），而 2-22b 所示为以块状弥散分布（第二相）。

图 2-22　45 钢中不同铁素体和渗碳体形态

a）层片状相间　b）块状弥散分布

晶粒位向也是显微组织状态的信息之一，如图 2-23 所示，两个晶粒间位向不同，使相邻晶粒间出现晶界（白色虚线）。

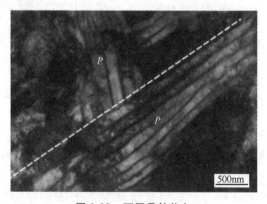

图 2-23　不同晶粒位向

【知识拓展】　晶界

晶界是相邻晶粒的分界面，属于面缺陷。晶界有位错堆积，具有界面能。界面能也称为表面能。相对晶粒内部来说，晶界处于高能状态。在多相晶格结构中，相的界面能与相邻相界面的晶格点阵连接或匹配形式有关。相界面的匹配形式根据错配度划分为多种。错配度是

根据两相晶格常数进行定义的，即

$$\delta = \frac{(a_\alpha - a_\beta)}{a_\alpha}$$

式中，a_α 和 a_β 分别是 α 和 β 相晶格常数。

若错配度很小，如小于5%，两相原子排列、晶格点阵参数基本相同，两相在界面上以及特定晶面位向的原子一一对应，完全匹配，晶界两侧的原子点阵在界面上连续，有可能形成共格晶界，如图2-24所示。此时晶界的界面能主要为化学成分的差异，即化学能。若原子间距略有不同，则两个点阵中发生一定畸变后仍产生共格。与晶内原子低能排列相比，界面能除了化学能还有晶格畸变能，其实质为弹性应变能。共格界面能，如 Cu-Si 合金，为 $1\,mJ/m^2$。一般界面能最高可达 $200\,mJ/m^2$。与其他两种晶界相比，共格晶界特点是界面能小，晶格畸变能大。

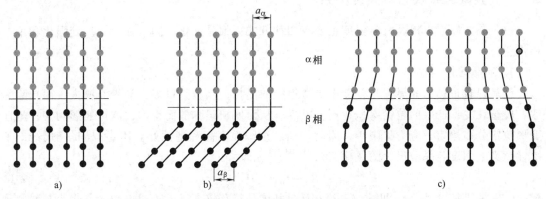

图 2-24　共格晶界示意图

a）界面化学成分不同　b）两相晶体结构不同　c）微错配的晶界

若两相晶格常数相差较大，错配度大，晶界原子不可能完全共格，但有可能形成半共格晶界。此时晶界上晶格畸变能大，从而产生刃位错，使原子点阵不连续，如图2-25所示。半共格晶界的界面能大小一般在 $200\sim500\ mJ/m^2$ 范围。

若相邻相的原子排列结构差异大，错配度超过25%时，界面两侧原子不可能匹配，此时晶界为非共格界面，如图2-26所示。一般来说，两个任意取向的晶体沿任意面结合即为非共格晶界，此类晶界具有大角度晶界的特征，能量可达到 $500\sim1000\,mJ/m^2$。界面能对晶界取向也不敏感，因而可以视为界面各向同性。与共格界面相比，非共格界面的界面能高而晶格畸变能低。

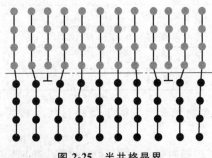

图 2-25　半共格晶界

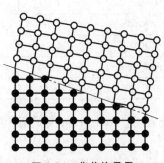

图 2-26　非共格晶界

在固态相变过程中，界面能与体积应变能一起，共同组成相变阻力。若新旧两相的体积差小，则界面能占主要作用；如果新旧相体积差很大，则体积应变能占主要作用。晶界的高能量在固态相变中起着率先形核以及促进相变进程的重要作用。

2.3 金属显微组织状态与力学性能的关系

显微组织是显微观察下的材料微观形貌，相是显微组织的本质和力学属性，相和显微组织状态一起，对材料力学性能的影响有统计意义上的规律性，因而金属材料的力学性能是其显微组织状态和相的宏观表征。这里给出相和晶格缺陷等显微组织形态对力学性能影响的统计规律，或相和显微组织状态与力学性能关系的现象模型。

2.3.1 显微组织状态与强度关系

引入晶格缺陷以提高材料强度主要有四种方式：细晶强化、固溶强化、形变强化和第二相强化。

1. 细晶强化

细晶强化也称为晶界强化，细小显微组织的晶粒，晶粒数量多，晶界面积大，面缺陷弥散，使塑性变形产生的位错塞积在更多晶界，从而使缺陷弥散而均匀，塑性变形均匀；塑性变形位错分布均匀，应力集中小，因此，细晶组织强度高和塑性好。Hall-Petch 公式给出了统计意义上强度与晶粒尺寸的量化关系[30,33-36]，即

$$R_e = \sigma_{0s} + k_y D^{-1/2} \tag{2-1}$$

式中，R_e 是屈服强度；σ_{0s} 见式（2-2）；D 是基体晶粒有效直径；k_y 是系数，其大小与材料种类、冷却速度、合金程度如碳、锰、硅等以及晶粒尺寸等多因素有关[37]，经验值见表2-2。

表 2-2　系数 k_y 值

材料类型	k_y	单位	出　　处
钢材	569	MPa·μm$^{1/2}$	参考文献[38]
马氏体钢	281.21	MPa·μm$^{1/2}$	以马氏体块为有效晶粒尺寸[39]
	606	MPa·μm$^{1/2}$	以马氏体束为有效晶粒尺寸[39]
	500~600	MPa·μm$^{1/2}$	参考文献[40]
AISI301,S304H	395	MPa·μm$^{1/2}$	参考文献[41-43]
316L	621.4	MPa·μm$^{1/2}$	参考文献[44]
铝 2024,6061,7075	0.09	MPa·m$^{1/2}$	参考文献[45]
铝 AA7005	0.083	MPa·m$^{1/2}$	参考文献[46]
铝 3003	0.076	MPa·m$^{1/2}$	参考文献[47]
铝 6082/6063	0.074	MPa·m$^{1/2}$	参考文献[48]
铜	0.12	MPa·m$^{1/2}$	参考文献[49]

研究表明，Hall-Petch 公式适用于晶粒尺寸范围在纳米量级和微米量级且尺寸较为均匀的材料[35,36]。

可以看到，细化晶粒不仅提高材料的强度和硬度，同时还不损伤材料的塑性和韧性，是

优异的不以损伤塑性和韧性为代价的提高强度方法。第3、4章我们将看出，细化晶粒的工程实现，如铸造工艺的增加过冷度、变质处理和增加振动与搅拌，电辅助冶炼，塑性加工工艺，固态相变中正火和淬火与回火工艺以及形变热处理工艺等。

式（2-1）中的 σ_{0s} 由各类强化方式决定，其计算依据经验公式[50]：

$$\sigma_{0s} = \sigma_0 + \Delta\sigma_{ss} + \Delta\sigma_{prep} + \Delta\sigma_{dis} \qquad (2\text{-}2)$$

式中，$\Delta\sigma_{ss}$ 是固溶强化产生的强度增量；$\Delta\sigma_{prep}$ 是沉淀相产生的强度增加量；$\Delta\sigma_{dis}$ 是位错产生的强度增量；σ_0 是晶格摩擦应力，取决于晶格结构，由下式计算[51]：

$$\sigma_0 = \frac{2\mu}{1-\nu}\exp\left[-\frac{2\pi d_{\mathrm{I}}}{b(1-\nu)}\right] \qquad (2\text{-}3)$$

式中，μ 是切变模量，常见金属材料的切变模量见表2-8；ν 是泊松比；b 是伯格斯矢量的大小，常见金属材料的伯格斯矢量 b 见表2-8；d_{I} 是主滑移系的晶面间距，如铜为 $0.2084\mathrm{nm}$ [52]，奥氏体（面心立方晶格）（111）面间距为 $a/\sqrt{3}$，不同工艺场合和试验条件下测量的数据略有不同。

常见金属材料 σ_0 见表2-3。

表 2-3　常见金属材料 σ_0　　　　　　　　　　（单位：MPa）

材料		σ_0	出　　处
钢	铁素体	205	为 $2\times10^{-4}\mu$，Peierls-Nabarro 模型[51]
铝合金	铝	17	参考文献[53]
		1	参考文献[54]
不锈钢	S304H	205	晶粒尺寸 $0.2\sim6.5\mu\mathrm{m}$ [55]
	316L	164	参考文献[44]
铜	纯铜	10.09	参考文献[52]

2. 固溶强化

固溶强化是指因形成固溶体而产生的强度增加，其原因是固溶体在晶格中产生畸变应力场。该畸变应力场与位错应力场交互运动，阻碍位错运动，从而提高屈服强度、抗拉强度和硬度。一般情况下，固溶强化的材料塑性不如纯金属。固溶强化观测结果较多，如钢材固溶强化引起的屈服强度增量为方根的和[56]，即

$$\Delta\sigma_{ss} = \sum_i (\beta_i^2 x_i)^{1/2} \qquad (2\text{-}4\mathrm{a})$$

式中，x_i 是溶解度；i 是元素种类；β_i 是固溶强化系数，见表2-4。

表 2-4　固溶强化系数

元素	Cr	Ni	Mo	Cu	Ti	Al	Mn
β_i/MPa	622	708	2362	320	2628	196	540

强度增量与合金元素的线性关系得到广泛应用，即

$$\Delta\sigma_{ss} = \sum_i \beta_i x_i \qquad (2\text{-}4\mathrm{b})$$

式中，x_i 是各元素的质量分数或溶解度；β_i 是系数，单位为 MPa，见表2-5。

表 2-5　钢的固溶强化系数 β_i　　　　　　　　（单位：MPa）

C	Si	Mn	P	N	Cr	Cu	Mo	Ni	V	W	Nb	Ti	Al	出处
—	83	37	470	4570	—	—	—	—	—	—	—	—	—	参考文献[57]
—	83	31.4	—	—	−31	39	11	—	—	—	—	—	—	控轧控冷钢[58]
—	42	−11	—	—	15	6	−31	—	—	—	—	—	—	铁素体钢[59]
354	20.8	—	—	493	3.7	—	14.5	—	18.5	4.5	40	26.2	12.6	不锈钢 $\sigma_0 = 63.1$ [60]

可以看出，合金质量分数越少，则固溶强化效果越不明显。例如，马氏体是典型钢的固溶强化相，马氏体的强度和硬度取决于晶格中碳的溶解度，含碳量太低马氏体的晶格畸变小，产生的强化效果小。

多相是材料强韧化的一个发展方向，其强度可根据混合定律计算，即多相钢的强度 σ 是各组成相的强度与体积分数之积的和，即

$$\sigma = \sum_i \sigma_i V_i \tag{2-5}$$

式中，σ_i 和 V_i 分别是第 i 相强度和体积分数。

混合定律给出了材料的强度与各组成相强度的关系。可以看出，可以通过增加相的方法提高材料的强度。值得注意的是，式（2-5）在等应变条件下描述多相钢的强度与各相强度间的关系，即适用于各相应变和材料总应变相同的情况。类似地，还有等应力条件的混合定律。实际上，多相钢变形时难以满足绝对的等应力或等应变要求，因而式（2-5）依据各相的强度估算混合显微组织材料的强度的方法有一定的精度问题[61]。

在铝合金系统中，Al-Mg-Zn 合金系的固溶强化增量根据各元素质量百分比，采用式（2-6）计算[62]，即

$$\Delta\sigma_{ss} = \sum_i \beta_i x_i^{2/3} \tag{2-6}$$

式（2-6）中系数见表 2-6 [62]。

表 2-6　铝的固溶强化系数

元　素	Mg	Zn
β_i/MPa	20.5	3.1

如果材料中含有一定量的合金成分，在结晶过程和固态相变过程中均有可能形成固溶体，如 Fe-Fe$_3$C 合金中的铁素体和马氏体既可以通过结晶也可以通过淬火相变获得。

混合相在现代生产的钢材和焊接热影响区中常见，如钢材中常见的马氏体和贝氏体混合相、铁素体和珠光体混合相以及焊接热影响区在连续冷却条件下得到的马氏体和贝氏体混合相等，式（2-5）可用于多相材料力学性能的估算。

3. 第二相强化

金属材料的显微组织中，除了基体相外，还存在第二相。第二相是指材料中以非连续状态分布于基体且在其中一般不包含其他相的相。若以晶格缺陷论，第二相相当于是体缺陷。第二相包括沉淀相和弥散相两类，其中，沉淀相是在热处理时脱溶析出，如马氏体低温时效时的碳以 Fe$_3$C 析出于晶界，第二相粒子与基体相有晶界共格关系。弥散相是人为加入的粒子。当第二相弥散分布于基体时，位错运动受阻于第二相。因阻碍位错运动引起的强化称为第二相强化，机制有两类：不可变形粒子的绕过（By-Pass）机制和可变形粒子的切过机制，

如图 2-27 所示。

绕过机制也称为 Orowan 机制，图 2-27a 所示为位错遇到第二相阻碍而绕过的过程。当位错运动至不可变形粒子时，由于第二相的弹性模量远高于基体，位错受到第二相的阻碍而不能切割粒子，只能绕过，因而发生弯曲（即弓出）和塞积，留下了包围颗粒的位错环，即第二相粒子钉扎位错或滞留了位错。其余的位错在线张力作用下被拉直而继续滑移。Orowan 机制认为，在位错绕过第二相过程中，位错运动克服位错线发生弓弯而做功，受阻碍于位错塞积以及第二相粒子与基体由于变形不协调性引起的局部加工硬化（即产生了大量几何必须位错），位错继续运动变得困难，从而材料被强化。一般称位错绕过不可变形第二相的强化为弥散强化，常见于有色金属的合金化中。

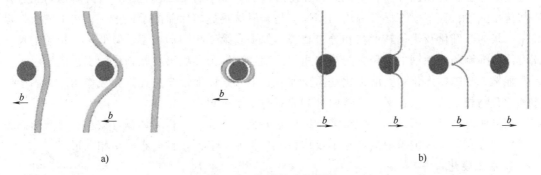

图 2-27　位错运动示意图
a）绕过（不可变形第二相）　b）切过（可变形第二相）

图 2-27b 所示为位错切过第二相的过程。在第二相软于基体组织情况下，位错运动遭遇第二相粒子时，位错线以切过的方式经过第二相。切过机制认为，在切过过程中，一方面，第二相粒子发生变形，与基体间产生共格应变场，产生共格应变强化；另一方面，位错切过第二相粒子时产生新的界面而增加了界面能。两方面的作用均使位错滑移困难，因而材料被强化。可变形第二相粒子引起的强化也称为沉淀强化。现代钢材中加入的微量元素 Ti、V 和 Nb，形成纳米量级（Ti，V，Nb）C 相，有利于形成沉淀强化。

根据 Orowan 机制，以位错通过球形沉淀相所需应力作为沉淀强化的强度增量[63]，即

$$\Delta\sigma_{\mathrm{prep}} = \frac{0.538\mu b (f_{\mathrm{prep}})^{1/2}}{d_{\mathrm{p}}}\ln\left(\frac{d_{\mathrm{p}}}{2b}\right) \tag{2-7a}$$

式中，μ 是切变模量，单位为 MPa；b 是伯格斯矢量的大小，单位为 nm；d_{p} 为沉淀相有效晶粒直径，单位为 μm，依据沉淀相面积估算；f_{prep} 为沉淀相的体积分数。

沉淀相晶粒细小时，采用 Ashby-Orowan 模型计算纳晶引起的沉淀强化[32,64]，即

$$\Delta\sigma_{\mathrm{prep}} = 8995 \times \frac{f_{\mathrm{prep}}^{1/2}}{d_{\mathrm{p}}}\ln(2.417d_{\mathrm{p}}) \tag{2-7b}$$

根据 Orowan 绕过（By-Pass）机制，铝合金沉淀相引起的屈服强度增量计算[65] 为

$$\Delta\sigma_{\mathrm{prep}} = \frac{0.85M\mu b}{2\pi(L-d_{\mathrm{p}})}\ln\left(\frac{d_{\mathrm{p}}}{b}\right) \tag{2-8}$$

式中，L 是第二相或沉淀相间距，$L = \sqrt[3]{\dfrac{2\pi d_{\mathrm{p}}}{3f_{\mathrm{prep}}}}$；$M$ 是平均 Taylor 系数。

铝合金 3003 适用的第二相强化公式[66] 为

$$\Delta\sigma_{prep} = \frac{0.84M\mu b}{2\pi\lambda\sqrt{(1-\nu)}}\ln\left(\frac{d_p}{b}\right) \quad (2\text{-}9)$$

式中，$\lambda = \dfrac{d_p}{2}\sqrt{\dfrac{2\pi}{3f_{prep}}}$。

由式（2-7）~式（2-9）可以看出，第二相（包括传统意义的夹杂物）的力学属性、体积分数、尺寸和形状以及分布状态对强化效果或钉扎位错引起的强度增量有影响。例如，理论计算表明，NbC 和 NbN 达到沉淀强化效果时临界尺寸分别为 1.89nm 和 2.26nm[67]。采用合金化的方法，设计适宜的合金元素，促使形成均匀细小的第二相粒子，可同时提高屈服强度与抗拉强度，且不损害材料的均匀塑性，是金属材料提高性能的手段之一；在工艺上，提高第二相的微细化及优化其形状和分布状态，如提高第二相的形核率、降低第二相粒子长大速度等，抑制和消除钢中大颗粒的第二相和夹杂物，均为利用第二相强化的工艺措施。

显然，第二相强化和固溶强化是需要加入合金元素以促使合金元素相互作用形成固溶体相和化合物相，从这个意义上，这两种方法有时也统称为合金化强化。

值得注意的是，第二相不同于多相组织中的相，一般第二相的体积分数小，分布形态为点状均匀分布。多相组织中的各相不仅体积分数相差不多，而且分布时呈相间形式。

4. 加工硬化

加工硬化也称为形变强化，是指随塑性变形程度的增加，金属材料强度和硬度提高，但塑性和韧性下降的现象。金属在塑性变形时，晶粒间发生滑移和晶体滑移。从位错理论角度看，在塑性变形过程中，位错交截并发生位错增殖，位错密度增加。增殖后的位错缠结、堆积于晶界，形成固定的位错壁，阻碍位错进一步运动，即进一步塑性变形时需要更大的力。进一步的塑性变形使位错壁破碎，晶粒破碎而被细化。加工硬化的机制如图 1-3 所示。依据 Taylor 公式，因塑性变形引起位错密度增加产生的强度增量为

$$\Delta\sigma_{dis} = \alpha M\mu b\sqrt{\Delta\rho} \quad (2\text{-}10)$$

式中，$\Delta\sigma_{dis}$ 是流变应力或强度增量，单位为 MPa；α 是 Taylor 系数，代表了与位错有关的平均晶格位向因素；M 是平均 Taylor 系数；$\Delta\rho$ 是位错密度的增量。常见金属材料的 α 和 M 见表 2-7。

表 2-7 常见金属材料的 α 和 M

材料		α	M	出　处
钢	铁素体	0.435	2.75	参考文献[64]
	亚共析钢	0.24	3	参考文献[68]
铝合金	3003	0.2	2	FCC 的 α 为 0.2[69]
	AA2024,6061,7075	0.2	3.06	参考文献[45]
	AA7×××	0.25	2.7	参考文献[46]
铜		0.3①	2.87	参考文献[70]
		0.19	3.1	参考文献[71]
钛合金		0.5	3.0	0.5 取自参考文献[72],3.0 取自参考文献[73]

① 完全退火（无位错胞）。

式（2-10）中常见金属材料的切变模量 μ 和伯格斯矢量 b 见表 2-8。

表 2-8 常见金属材料的切变模量 μ 和伯格斯矢量 b

材 料		μ/GPa	b/nm	出 处
钢	铁素体	80.3	0.248	参考文献[64]
	亚共析钢	77		参考文献[68]
	镍合金	85.266	0.254	85.266[74],0.254[75]
铝	2A12	26.4	0.286	参考文献[76]
	AA2024,6061,7075	26.0	0.286	参考文献[45]
	AA7×××	26.0	0.28	
	3003	25.4	0.286	参考文献[69]
铜	纯铜	45.4	0.256	参考文献[71]
钛	TC18	43.51	0.26	参考文献[77]

式（2-10）适用于晶粒直径大于纳米量级的情况。

式（2-10）中 $\Delta\rho$ 是位错密度的增量。塑性变形引起位错增殖，从而引起位错密度增加以及加工硬化，位错密度与塑性变形的关系可以描述为 $\rho = \dfrac{2\sqrt{3}\,\varepsilon}{d_f b}$ ，式中，ε 是晶格应变；d_f 是晶粒尺寸。该式常用于马氏体基体的加工硬化。Ashby 公式也解析描述了位错密度与塑性变形的关系，见式（4-22）。塑性变形使得晶格畸变，而 EBSD 和 X 射线衍射正是测量晶格应变以计算位错密度的。

前面我们看到，位错是晶格缺陷，会降低材料强度。实际上，在金属材料位错密度范围内，强度与位错密度关系如图 2-28 所示。退火状态的位错密度低，一般在 $10^{10} \sim 10^{12} \mathrm{m}^{-2}$ 量级。加工硬化区间在曲线右半段，加工硬化使位错密度可达 $10^{15} \sim 10^{16}\ \mathrm{m}^{-2}$ 量级。

近年研究发现位错 ρ 有 2 个分量，即统计存储位错和几何必须位错，位错与位错分量间关系表示为

$$\rho = \sqrt{\rho_{SSD} + \rho_{GND}} \qquad (2\text{-}11)$$

式中，ρ_{SSD} 是统计存储位错密度；ρ_{GND} 是几何必需位错密度，$\rho_{GND} = 2\theta/\mu b$[78]，式中 θ 是选区的平均位向差，μ 是点的单位长度（100nm），b 是伯格斯矢量，或由不均匀塑性产生的应变梯度 η 计算[79]，$\rho_{GND} = \bar{r}\eta/b$，式中 $\bar{r}$ 是 Nye 系数，面心立方晶格取 1.9[80]。

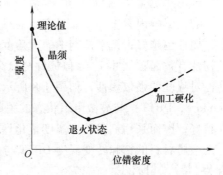

图 2-28 强度与位错密度关系

适用于铝合金的加工硬化公式[81] 为

$$\Delta\sigma = 1.25\mu b\sqrt{\Delta\rho} \qquad (2\text{-}12)$$

加工硬化是塑性加工常见的现象，无合金元素的加入，是提升材料强度的有效措施，例如工程上的轧制、锻造等加工工艺，见 4.6 节。

2.3.2 显微组织状态与硬度关系

显微硬度测量范围小，测量简便，不需要像拉伸试验一样装夹，对显微组织状态敏感，因而在显微力学性能测量中得到广泛应用。在强度测量不方便的情况下，通过硬度测量，可依据表 1-3 中关系式估算强度，使用时注意硬度-强度关系适用范围。

硬度与显微组织状态的关系，同强度一样，满足 Hall-Petch 公式，与晶粒尺寸有关。晶粒尺寸越细小，硬度越高，即

$$HV = k_{HV} D^{-1/2} \tag{2-13}$$

式中，k_{HV} 是硬度系数；D 是晶粒直径。

显微组织为多相混合组织时，硬度符合线性混合规律，即混合组织的硬度为各相体积分数与该相硬度的和，即

$$HV = \sum_{i}^{n} f_i (HV_i) \tag{2-14}$$

式中，i 是相号；n 是相的数目；f_i 是第 i 相所占体积分数；HV_i 是第 i 相硬度，若为马氏体、贝氏体和铁素体，可分别按式（4-19）、式（4-21）式（3-15）估算。

适用于碳的质量分数小于 0.2% 且混合组织为马氏体和贝氏体时的硬度估算式（Pohjonen 等，2018）[82] 为

$$HV = f_B (c + a \lg V_r) + f_M HV_M \tag{2-15}$$

式中，c 和 HV_M 是测量数据的拟合参数；f_B 和 f_M 分别是贝氏体和马氏体的质量分数；V_r 是冷却速度，单位为 ℃/s；a 是材料常数，$a = 89 + 53 w_C - 55 w_{Si} - 22 w_{Mn} - 10 w_{Ni} - 20 w_{Cr} - 33 w_{Mo}$。

在式（2-13）~式（2-15）中，可根据实验条件和测量结果进行标定，然后用于预测焊接热影响区多相混合组织的硬度性能。

2.3.3 显微组织状态与韧性关系

韧性影响因素复杂，如强度高的材料不一定韧性好。大量实验数据表明，晶粒尺寸越细小，韧性也越好；铁素体钢中的大角度晶界，如针状铁素体，马氏体钢中的马氏体中块和束是韧性有效晶粒尺寸[83]。但韧性与显微组织状态目前没有统一的量化经验公式。由于冲击韧性对温度的强依赖性，如图 1-8 所示，人们对韧脆转变温度（ductile-brittle transition temperature，DBTT）与显微组织状态的关系观测较多。转变温度越低，表明材料的低温冲击韧性越好，因而采用韧脆转变温度量化评价材料韧性。

金属材料的韧脆转变温度 DBTT 与合金量、脆性组织种类和尺寸及其不均匀程度等因素有关[84,85]，即

$$DBTT = \sum_{i} k_{M_i} M_i + k_1 \left[\% (P + MA) \right]^{1/3} + k_2 \Delta \sigma_y + k_3 D_{avg}^{-1/2} + k_4 (D_{20\%}/D_{avg})^{1/2} + k_5 D_{MA}^{1/2} \tag{2-16}$$

式中，k_{M_i} 是系数；M_i 是合金 i 的质量分数；$\%(P+MA)$ 是硬质相珠光体和马氏体-奥氏体（MA）组元的体积分数；$\Delta \sigma_y$ 是沉淀强化和位错强化增量；D_{avg} 是平均有效晶粒尺寸；$D_{20\%}/D_{avg}$ 是晶粒尺寸不均匀因素，$D_{20\%}$ 表示偏离平均 80% 晶粒尺寸以外的 20% 晶粒平均晶粒尺寸；D_{MA} 是 MA 组元平均尺寸。可以看出，在显微组织尺寸中，平均有效晶粒尺寸 D_{avg} 越小，晶界数量越多，晶界曲折，消耗裂纹扩展能量，阻碍主裂纹的形成和扩展，韧性好；

组织晶粒粗细分布越均匀，$D_{20\%}/D_{avg}$ 越小，则材料的韧性好。$k_i (i = 1 \sim 5)$ 是系数，见表 2-9[59,84,85]。

表 2-9 冲击韧度系数

k_1	k_2	k_3	k_4	k_5
15	0.45	−13.7	39	46

在高强钢厚板的多层焊工艺中，粗晶区再加热时，极易形成 MA 组元，其尺寸和数量对韧性产生较大影响。

可以看出，材料力学性能的调节可通过多种强韧化方法，如工程上凝固工艺中的合金化方式（见第 3 章）、热处理以及塑性加工（见第 4 章）是各种强韧化机制的实现方式。值得说明的是，上述讨论的是理想情况下的强韧化方法，未考虑到工艺局限对显微组织不均匀性及力学性能各向异性的影响。

船舶与海洋工程材料需要综合的力学性能，因而往往是多个强化机制的组合，如 TMCP（thermo-mechanical control process）钢的高强度是合金化、合金化产生的第二相强化、热处理和塑性加工的晶粒细化以及加工硬化等多个机制的综合作用的结果。反之，在焊接热影响区的粗晶区，高温热循环使显微组织晶粒长大，降低了其强度和塑性等力学性能。

【知识拓展】 显微组织状态的观察与测量

材料性能从多个尺度观察，由大到小对应于宏观、介观、微观以及纳观，见表 2-10。

表 2-10 材料多尺度

尺度	宏观	介观	微观	纳观
范围/m	$>10^{-3}$	$10^{-4} \sim 10^{-3}$	$10^{-6} \sim 10^{-4}$	$10^{-9} \sim 10^{-7}$

材料是一个发展中学科，多尺度观察材料组织，有利于寻找微观组织的机理和材料力学性能的规律，为材料性能的调制提供方向。目前研究基本上集中在微观与宏观的组织结构与性能数学建模方面。在介观尺度的几何必须位错与宏观性能间关系方面的研究随观测手段的技术进步正日趋成熟，原子力测量已是现实。

显微组织的测量

借助于放大镜和对组织的腐蚀，可以观察显微组织。光学显微镜（optical microscopy，OM），放大倍数一般较低；扫描电镜（scanning electron microscope，SEM）、电子背向散射衍射（electron back-scattered diffraction，EBSD）以及透射电镜（transmission electron microscopy，TEM），放大倍数高，可以观察到纳米量级的组织结构。

晶粒尺寸测量

晶粒度目前采用 EBSD、TEM 以及 X 射线衍射（X-ray diffraction，XRD）均可测得。

晶体位向测量

XRD 和电子衍射是测定晶体位向关系的两种常用方法。X 射线衍射要求样品是尺寸不小于 0.1mm 的单晶，对金属和合金来说样品要求高。TEM 进行电子衍射测定位向关系，选区范围小到 1μm 以下，微衍射区域可以更小，这样的尺寸往往比常见的金属和合金的晶粒尺寸还小，因此无须制备单晶，多晶样品也可以检测。电子衍射图是晶体的二维倒易平面阵点排列图形的放大像，因此从两相合成的电子衍射图上有时可以直观地反映出两相的位向关系。利用 TEM 观察两相的形态，可以把位向分析和形态观察结合起来，在测定两相位向关系上得到了广泛的应用。

电子衍射图测定位向关系，既可以利用斑点衍射图也可以利用菊池衍射图。斑点衍射图测定位向关系，又可分为极图法和矩阵分析法。这两种是常用的测定两相位向关系的方法，其中菊池衍射图精度高。

由晶体位向进一步可计算晶粒位向差，即晶界角度，提取大小角度晶界信息。根据小角度晶界的分布，提取位错密度（dislocation density，DD）。

EBSD 可以提取几何必需位错（geometrically necessary dislocation，GND）。

此外，断口形貌采用 SEM 进行测量，判断断裂过程的韧脆性。

位错的测量

位错滑移到材料表面时出现露头，则交点处附近由于位错应力场的存在，其化学稳定性将低于表面的其他部分。经酸性腐蚀剂腐蚀后，位错露头处的腐蚀高于其他部分，形成腐蚀坑。采用 SEM、干涉显微镜等可直接观察。采用 TEM 直接观察材料位错时，由于位错附近晶格的畸变，其 TEM 衍射强度与等间距规则排列晶面形成衬度反差，由此观测位错。若观测过程中施加外力，使晶格发生变形，则可以观察每个外力作用下某一特定位错的不同位置，从而显示位错运动的轨迹。

晶格结构测量

晶格结构测量是指通过测量晶体的晶格常数，由此鉴定相。EBSD 和 XRD 可直接区别体心立方和面心立方相及其分布比例。

化学成分测量

能谱分析仪（energy dispersive spectrometer，EDS）采用单色光源（如 X 射线、紫外光）或电子束照射样品，使样品中电子受到激发而产生发射，通过对发射电子强度的能量分析，获得微区成分分布。采用 X 射线分析成分时，即为 XRD；采用电子束时，高速电子打到材料表面，激发俄歇电子（一种表征元素种类及其化学价态的二次电子）。测量俄歇电子的特征能量，定性地确定样品表面元素的分布。通过把未知样品的俄歇电子能谱与已知表面组分的标准样品的俄歇电子能谱进行对比，或与纯元素的俄歇电子能谱进行对比，可对成分进行定量分析。此时，结合 SEM、EBSD 以及 TEM 进行分析，采用入射电子能量为 $1 \sim 30\text{keV}$。测量时可以对点、线和面扫描，定性分析化学成分，如确定某线上的偏析现象。

可以看出，EDS 分析可得到样品表面浅层元素组成的比较精确的结果。

第3章　船舶工程用钢的合金化

由第 2 章可知，显微组织的状态对力学性能有决定性作用，而显微组织状态中，形成固溶体和化合物、减小晶粒尺寸和增大位错密度是四大增强材料力学性能，即材料提高性能或增强的途径。其中，形成固溶体和化合物需要向基体中添加合金元素。由多种合金元素组成的材料称为合金。例如：钢是以铁为基体，包含其他元素的合金；铝合金、铜合金和钛合金等分别以铝、铜和钛为基体。合金化是指在熔化状态下和结晶过程的条件下加入合金元素，利用元素间的相互作用（溶解或反应生成化合物）规律，从而在凝固后得到固溶体和化合物相，以此改变显微组织形态的工艺。合金化的工程实现方式是铸造或冶炼、凝固。铸造产品的抗振性和完整性好而得到广泛应用，如船舶工程中的铸铁件和铸钢件，均经过除去杂质元素和有意加入合金元素的处理。铸造工艺的应用更多地体现在使合金元素相互作用，为固态相变和形变工艺等后续力学性能和可焊接性的处理提供原型。可以说，工业上型材的生产始于铸造工艺的合金化。

合金化内容包括合金元素在凝固过程中相互作用，包括形成固溶体、化合物相及第二相，铸态显微组织状态，以及合金化在船舶工程用钢改性中的应用。

3.1　结晶

纯金属由液态凝固为晶体结构的过程称为结晶，结晶点又称为熔点，是固定的数值。在热力学条件下，金属在不同温度下的存在状态取决于其吉布斯自由能，并遵从能量最低原理。因此，在温度变化过程中，由吉布斯自由能结合热力学定律可以确定相变的方向。

受热力学条件驱动的结晶包括形核和长大两个过程。结晶态的显微组织呈现一定的特征，如晶粒尺寸和缺陷等。

3.1.1　结晶热力学条件

热力学第二定律表明，在等温等压条件下，系统总是自发地从自由能较高的状态向自由能较低的状态改变，这个改变一直进行到系统自由能最低为止。

1. 结晶热力学

结晶现象的机理在于体系自由能的变化，且随温度的降低，固态的自由能低于液态的自由能。吉布斯自由能 G 表示为焓减去熵与温度之积，即 $G=H-TS$，对其取增量，则

$$dG = dH - TdS - SdT \tag{3-1}$$

式中，T 是热力学温度；S 是熵，表征系统混乱程度；H 是焓，$H = U + pV$，取焓的增量，则

$$dH = dU + pdV + Vdp \tag{3-2}$$

式中，p 和 V 分别是外界压强和系统的体积；U 是系统内能。

热力学第一定律表明系统内能的增量为热量的增量 dQ 减去对外所做的功 pdV，即

$$dU = dQ - pdV \tag{3-3}$$

将式（3-3）代入式（3-2）得

$$dH = dQ + Vdp \tag{3-4}$$

考虑到熵与热量的关系 $dS = dQ/T$，将其与式（3-4）一并代入式（3-1）得 $dG = Vdp - SdT$。考虑恒压条件，有

$$dG = -SdT \tag{3-5}$$

系统熵值总为正值，因此，式（3-5）表明，随温度降低，系统吉布斯自由能升高。而且，由于固相熵值小于液相熵值，因此，在固液两相共存的温度即熔点或结晶点 T_0 邻近区域，液相原子排列的混乱程度 S 高于固相，即斜率较固相的更陡。由此，固、液两相吉布斯自由能随温度的变化规律，如图 3-1 所示。

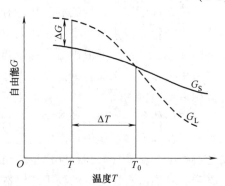

图 3-1 固、液两相吉布斯自由能与温度关系

可以看出，温度高于熔点 T_0 时，系统以液相存在时自由能低于固相的；反之，在温度低于熔点 T_0 时，固相的自由能低于液相的。此为温度降低时结晶的热力学原因。

再看温度应该低于熔点多少才开始结晶，即结晶的条件。设 $T = T_0 + \Delta T$，此时，固、液态自由能差由式（3-1）可表示为

$$\Delta G = G_S - G_L = (H_S - TS_S) - (H_L - TS_L) = \Delta H - T\Delta S \tag{3-6}$$

式中，$\Delta S = S_S - S_L$；$\Delta H = H_S - H_L$，如式（3-4），设结晶过程为等压过程，热量的增量为结晶潜热，用 q 表示，有

$$\Delta H = q \tag{3-7}$$

由图 3-1 可见，当 T 趋近 T_0 时，$\Delta G = 0$。代入式（3-6）得

$$T\Delta S = \Delta H \tag{3-8}$$

将式（3-7）代入式（3-8）有

$$\Delta S = \frac{\Delta H}{T_0} = \frac{q}{T_0} \tag{3-9}$$

式（3-9）是熵与热量间关系，代入式（3-6），并考虑在平衡结晶温度 T_0 的邻域 $T_0 + \Delta T$ 内，温度变化量 ΔT 是小量，温度 T 可略为 $T \approx T_0$，得

$$\Delta G = \Delta H - T_0 \Delta S = q - T \frac{q}{T_0} = q\left(1 - \frac{T}{T_0}\right) = q\frac{\Delta T}{T_0} \tag{3-10}$$

由于系统产生自发结晶的条件为 $\Delta G < 0$，式（3-10）表明，$\Delta T = T - T_0 < 0$，即实际结晶温度低于平衡结晶温度，ΔT 称为过冷度，过冷是结晶的必要条件。若 $\Delta T = 0$，则 $\Delta G = 0$，即

没有过冷就不会结晶。而且，过冷度大小决定了固态与液态自由能的差值，即结晶驱动力的大小。

2. 形核条件

结晶时自由能差除了克服结晶潜热外，结晶过程还要产生新固相表面，增加了表面能，这是结晶的另一个阻力。随着温度降低，液相出现能量起伏，在液相中能量低的微区域产生许多类似晶体中原子排列的小块，如图3-3所示，这些小块称为晶胚。在继续冷却过程中会长大为晶核。设晶胚是半径为 r 的球形，单位面积表面能，即比表面能，为 σ。单位体积的液、固两相自由能之差为 ΔG_V，则形成晶胚（结晶）时固液系统的吉布斯自由能变化量可表示为形成晶核时体积自由能 G_V 的降低与增加的表面能 $G_S(=S_r\sigma=4\pi r^2\sigma)$，式中，$S_r$ 为球形晶胚的表面积，有

$$\Delta G = G_S - G_V = 4\pi r^2\sigma - \frac{4}{3}\pi r^3\Delta G_V \tag{3-11}$$

由式（3-11）可知，系统自由能变化量与晶胚半径有关，如图3-2所示。可以看出，晶胚半径小时，总自由能 ΔG 以表面能为主；当 $r > r_c$ 时，总自由能以体积自由能为主，于是在曲线上出现一个极大值 ΔG^*。式（3-11）对半径求导，并求极值，即 $\mathrm{d}G/\mathrm{d}r=0$，得到自由能变化量最大值 ΔG^* 时的晶胚尺寸 r_c，称为临界晶胚半径，即

$$r_c = -\frac{2\sigma}{\Delta G_V} \tag{3-12}$$

将式（3-12）代入式（3-11），得临界晶胚半径对应的极大值 $\Delta G^* = \dfrac{16\pi\sigma^3}{3\Delta G_V^2}$，称这个极大值为形核功。将式（3-12）代入，得临界形核功的另一表达形式：$\Delta G^* = \dfrac{4\pi r_c^2}{3}\sigma = \dfrac{1}{3}\sigma S_r$。该式表明：形成临界晶核时，体积自由能的降低只能补偿表面自由能增加的 2/3，还有 1/3 的自由能必须从"能量起伏"中得到，该能量起伏提供了临界形核功。

因为式（3-12）中 ΔG_V 由体系自由能差 ΔG（图3-1）提供，因而代入式（3-10），得到临界晶胚半径 r_c 为

$$r_c = -\frac{2\sigma T_0}{q\Delta T} \tag{3-13}$$

由式（3-13）可以看出：临界晶核尺寸与过冷度有关，过冷度越大，临界晶核半径越小。将式（3-13）代入临界形核功 $\Delta G^* = 4\pi r_c^2\sigma/3$ 中，可知临界形核功与过冷度有关，过冷度越大，临界形核功就越小，形成临界晶核所需要的能量起伏就越小。

晶胚长大形成晶核，伴随原子的扩散过程。由原子扩散速度定义形成稳定晶核的速率为形核速率 I：

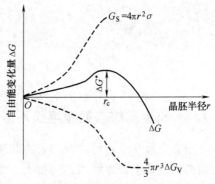

图3-2　结晶自由能变化示意图

$$I = C\exp\left[-\left(\frac{\Delta G^* + Q}{RT}\right)\right] \tag{3-14}$$

式中，Q 是原子迁移激活能，单位为 J/mol；C 是常数；R 是气体常数，单位为 J/(mol·K)；ΔG^* 为临界形核功。

式（3-14）为体系自发形核情况下晶胚数量影响因素，自发形核也称为均匀形核。在自发形核条件下，形核率与温度、临界形核功有关。临界形核功越小，形核率越高。为增加晶胚数量以细化晶粒，往往人为地干预形核过程，促进非自发形核。例如，增加液相中不溶杂质，如果杂质的晶格结构在某种程度上与基体金属的晶格相近时，液相以异质杂质为基底，以球冠形式形核而增加新表面，从而加速晶核的形成，促进铸态组织细化。这种在金属凝固时，有意向金属中加入某些晶格结构相近的异质晶核以使金属晶粒细化，达到改善金属性能的方法称为变质处理。所加入的杂质称为变质剂。一般认为微合金元素 Nb、V、Ti 和 B 等，在钢液凝固过程中，促进非均质形核，起变质剂作用。稀土元素的活性高，易形成氧化物，如 Ce 形成的氧化物与钢材基体错配度小于 6%，在 Fe-22Mn-0.65C 的钢液中成为非自发形核核心，使钢液凝固的晶粒尺寸由 $480\mu m$ 减小到 $130\mu m$，晶粒细化效果明显[86]。变质处理在铝、镁合金浇注中目前是成熟的配套技术。

3. 晶核长大条件

晶核形成以后，各晶核体积的增大为晶核的长大。同样，晶核的长大需要原子扩散、原子穿越界面，即形核功，形核功数值上等于晶核表面能的 1/3：$\Delta G_w = G_S/3$。

金属熔点高，在工程实际的凝固或结晶中，过冷度大，克服晶核长大所需的表面能和结晶潜热以及晶核长大所需形核功的要求易于满足。

3.1.2 结晶过程

结晶过程包括形核和长大两个过程，首先在熔体中出现晶核，随冷却进行，晶核长大，新的晶核不断增加，液态金属不断填充晶粒间缝隙，最终完全结晶，在不同热力学条件下形成不同晶粒尺度和位向的多晶体，各晶粒间因位向的不同形成晶界。纯金属结晶过程如图3-3 所示。

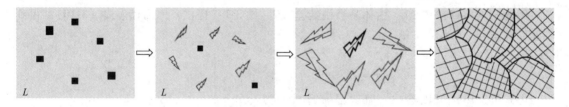

图 3-3　纯金属结晶过程

3.1.3 纯金属铸态显微组织形态

液态金属在冷却结晶时，若冷却速度无限缓慢将会出现一平衡结晶温度，冷却曲线在平衡结晶温度处出现停歇点或转折点，原因是结晶时释放的结晶潜热减慢了冷却速度。若冷却速度较快时产生过冷度，如图 3-4 所示。结晶时冷却速度越快，过冷度越大，实际结晶温度越低。由式（3-14）可以看出，越低的结晶温度，形核率 I 越高，晶核数量多，尽管晶核长大速度也增大，但晶核数量增加更快，铸态组织晶粒细小，如图 3-5 所示。由式（2-1）和式（2-13）可知，得到的金属晶体力学性能，无论是强度还是硬度，均得到增强。

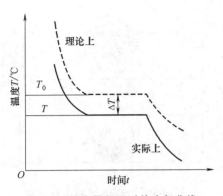

图 3-4　纯金属凝固时的冷却曲线

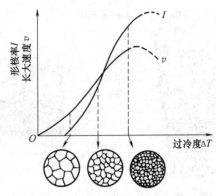

图 3-5　形核率和长大速度与过冷度的关系

结晶开始时，晶核内部的原子排列、晶核外形大小都较规则，随着晶核的长大，晶体产生了棱角。由于棱角部分更易散热，过冷度更大，在继续冷却过程中将会沿着散热最有利即过冷度最大的方向成长，如同树枝的生长：先长树干、再长树枝，然后把枝间填满。晶体的这种成长方式称为枝晶成长，如图 3-6 所示。然而，在结晶过程中，温度逐渐降低。枝间的间隙，若结晶时温度高，液态金属黏度低、流动性好，则枝间间隙易于被填满。相反，若冷却速度快，最后结晶时温度低，液态金属黏度大而流动性差，枝间间隙不易填充，易于形成疏松、缩孔或孔隙等铸造缺陷。

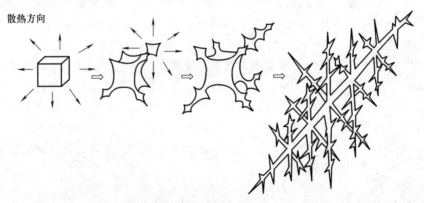

图 3-6　枝晶形成示意图

相反，若晶核各方向过冷度相同，晶核各方向成长速度相近，则形成等轴晶。枝状晶和等轴晶是两种晶粒形态，一般等轴晶组织均匀性和力学性能均匀性都较好，而枝状晶属于不均匀的组织形态，易引起不均匀甚至各向异性的力学性能。

晶粒形状的分布有一定区域性特征。如图 3-7 所示，熔融金属浇注至铸模后，铸模壁过冷度大率先结晶，形成表层细晶区；随温度继续降低时，垂直壁面过冷度最大，晶粒沿过冷度最大方向长大为柱状晶；结晶至中心区域时，各方向过冷度相当，因而长大程度相同，心部是等轴晶区。焊缝凝固组织的晶粒形状分布也有类似的区域不均匀性。晶粒自熔合线垂直于等温线方向结晶长大，单层焊时呈柱状晶分布，如图 3-8a 所示；多层焊时，第一层焊道的柱状晶受后层焊道的热作用而转化为较细的晶粒，如图 3-8b 所示，所以多层焊焊缝金属的力学性能较单层焊好。焊缝的显微组织状态还与焊接方法及其焊接规范参数有关，小的焊

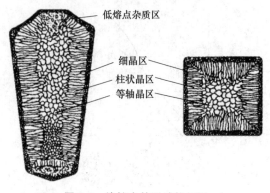

图 3-7　铸锭中的区域偏析图

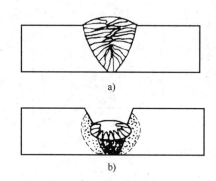

图 3-8　焊缝金属的结晶
a）单层焊　b）多层焊

接热输入进行单层焊时，冷却速度大，过冷度大，焊缝组织晶粒细小。

为消除枝状晶的不利影响，铸造或焊接过程中采用外加物理场，如电磁、超声波等，用于搅拌熔池，破碎枝晶，促进等轴晶的形成以及晶粒细化[87-89]，参见【知识拓展】。

【知识拓展】　细化显微组织方法

铸造工艺中增加形核率，加入变质剂的晶格结构与基体有一定近似程度时，才能起到促进形核的作用。采用错配度来表示变质剂效果，当加入的基底与凝固相间错配度小于6%时，基底可作为有效的形核核心；错配度为6%～12%时，可促进形核；大于12%则不能成为非均质形核核心。

除了变质处理细化凝固态显微组织和增加过冷度细化晶粒的方法之外，工程上还采取熔体的电磁搅拌、超声等外加物理场以细化晶粒和改善偏析，改变显微组织状态。

在结晶过程中，引入振动，振动使树枝晶破碎，增加晶核数量，促进晶粒细化。振动可以是机械振动和超声振动等。

在结晶过程中，熔体置于交变电磁场中，由于电磁感应，熔体金属会翻滚，冲断正在结晶的树枝状晶体，增加结晶晶核数量。

3.2　合金相图

大多数合金系由熔融的液相开始结晶到全部结晶是在一个温度区间完成的，合金由液相转为固相的过程称为凝固。凝固过程除了发生液相向固相的转变外，还会发生合金元素的相互作用，产生新相，包括固溶体和/或化合物。同时，产生新相种类还依赖于合金系的组成分数，因而合金凝固过程中相变的分析需以组元为变量。组元即组成元素，可以是纯金属或化合物。由两种或两种以上组元组成的一系列成分的合金称为合金系。研究合金系的相变，不仅可以指导合金系的铸造生产，并可根据相的变化预测其力学性能，从而指导材料设计。相图是分析凝固过程中相变化情况的工具。

3.2.1　相图

相是指合金中具有同一化学成分、同一结构和原子聚集状态并以界面互相分开的、均匀的组成部分。除了固溶体和化合物相外，纯金属在固态时是一个相，当温度升高到熔点以上，固态金属熔化成液态，为液相。在熔化过程中，固态与液态共存，两相有界面分开，且液态和固态的原子聚集状态不同，此时为两个相。

相图是以温度为纵坐标，以组元成分为横坐标，表明合金系中各合金在不同温度下由哪些相构成状态，因而相图又称为状态图。与相变或热处理控制冷却过程不同，相图是在缓慢冷却条件下得到的，相的成分通过充分的原子扩散达到了平衡状态，因而相图又称为平衡相图。与平衡相图对应的是，如果是在无等温过程即连续冷却条件下，表示合金在不同温度存在状态的相图，称为连续冷却相图。

相图是通过实验方法得到的。建立相图通常使用的方法是热分析法，以 Cu-Ni 合金的匀晶相图为例，说明相图的建立方法，如图 3-9 所示。匀晶相图是指两种组元在液态和固态都能无限互溶的情况。

1）配制不同成分的 Cu-Ni 合金代表合金系，图 3-9 中显示了 5 种成分。配制合金的数目越多，实验数据趋势性越明显，测出的合金相图越精确。

2）作每种合金的冷却曲线，标出各曲线上的临界点（或停歇点和转折点）。

3）作相图框线。以温度为纵坐标、合金成分为横坐标，横坐标一般以质量分数为单位，作相图框线。以横坐标中配制的成分点作垂线，把每种成分的合金冷却曲线上的临界点分别标在该成分合金的垂线上。

4）将各种成分的合金垂线上相同意义的临界点连接起来。根据已知条件和实际分析结果写上数字、字母和各区存在相的名称，得到二元合金相图。

由相图可知不同温度下合金存在的状态，如图 3-10 所示，aob 线称为液相线，表明温度高于该线的合金存在形态为液相，该线以上的区域称为液相区，用 L 表示；$ao'b$ 为固相线，表明该温度以下的合金以固相存在，称为固相区；在 aob 和 $ao'b$ 中间的区域为液相和固相共存，称为两相区。

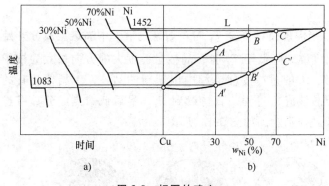

图 3-9　相图的建立

a）冷却曲线　b）相图

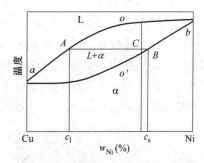

图 3-10　某温度下求解相的质量分数

由相图可知某种合金成分的合金某温度对应多相共存时各相的质量分数，如图 3-10 所示，设已知合金成分为 C 点，Ni 的质量分数为 c%。求解时，对应该温度画一条水平线，分别交液相线于 A 点和固相线于 B 点，可知在该温度下，合金有固相和液相两种相，且固相的 Ni 的质量分数为 c_s%，液相的 Ni 的质量分数为 c_l%，由此可求出固相和液相各自的质量分数。设各自质量分数分别为 v_s 和 v_1，且总的质量分数为 1，则满足：

$$\begin{cases} v_s + v_1 = 1 \\ v_s c_s\% + v_1 c_1\% = c\% \end{cases}$$

上面两个等式中有两个未知数，因而可求得两相的各自质量分数 v_s、v_1。上述两式的两相质量分数和成分之间的关系称为杠杆定理。

由合金相图，依据相图和冷却曲线的对应关系，可知冷却过程中不同温度下相变情况，如图 3-11 所示，并作冷却曲线。

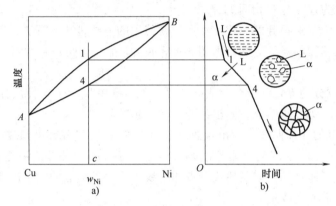

图 3-11　由相图作冷却曲线

a）相图　b）冷却曲线

3.2.2　连续冷却对铸态显微组织与合金相图的影响

在连续冷却条件下，一方面，合金来不及在平衡凝固温度凝固，实际凝固温度低于平衡凝固温度；另一方面，形成各种相原子扩散不充分，使相成分发生偏移，从而使相线偏离于平衡状态。

1. 连续冷却组织

温度 T_0 时，系统为熔融态金属；当温度持续降至 T_1 时，熔融的液态中高熔点成分开始形成晶核，晶核化学成分为 a_1；随温度继续降低至 T_2 时，晶核过冷度大的方向长大为枝干和枝晶，具有化学成分 a_2；与此同时，大的过冷度使液相中出现新的晶核，新晶核具有的化学成分也为 a_2；新的晶核出现和原晶核成长过程一直持续到 T_4，最后低熔点成分具有过冷度而凝固，具有成分 a_4。连续冷却过程示意图如图 3-12 所示。

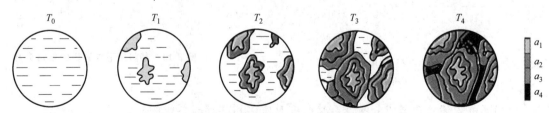

图 3-12　连续冷却过程示意图

可以看到，在连续冷却情况下，合金系中熔点差别，使熔体中先结晶的晶核与后结晶的晶粒表面甚至晶界的化学成分并不同，先结晶的晶核高熔点成分多，后结晶的晶粒表面或枝晶低熔点成分多。若冷却速度慢，晶粒长大时温度高，由式（3-14）可知原子扩散充分，这种结晶先后产生的成分不均匀性因原子扩散充分而得到弥补；若冷却速度过快，晶粒长大时温度低而原子扩散慢，这种成分不均匀性被保留下来。这种由于连续冷却导致铸锭组织化学成分不均匀的现象称为偏析。偏析发生在一个晶粒内，称为晶内偏析或枝晶偏析。若偏析发生在不同晶粒间，称为晶间偏析。铸锭表面为最后结晶区域，往往聚集了大量低熔点杂质和轻质量的成分，这种化学成分在区域分布的不均匀性称为区域偏析，也称为重力偏析，如图3-7所示。偏析与前述的疏松、缩孔是典型铸造工艺问题。

工程上为消除偏析现象，船用铸铁件和铸钢件等大型铸件往往进行保障原子充分扩散的热处理，即扩散退火。有关扩散退火的内容见4.3.3节。

2. 连续冷却相图

由于合金连续冷却导致的实际凝固成分偏离了缓慢冷却原子充分扩散的情况，使相线偏离平衡状态。以图3-10所示相图为例，连续冷却时原子扩散来不及充分进行即发生了凝固，先结晶的高熔点组元的质量分数高，因而凝固点右偏，看起来是相线发生向下的偏移，如图3-13所示。

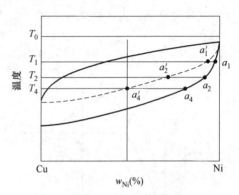

图3-13 连续冷却相图

3.2.3 典型合金相图

图3-10所示为匀晶相图，固相为无限固溶体，适用于合金系在液态无限互溶和固态时也能无限互溶的情况。当合金的组元在由液态冷却至固态时溶解度有限，或者液态时能互溶而在凝固时相互反应而形成化合物相时，相图的形式也不同。凝固的相图主要有匀晶相图、共晶相图和包晶相图三种。为方便介绍，钢铁中固态相变时的共析相图也一并给出。

1. 二元共晶相图

二种组元在液态无限互溶、固态有限互溶，凝固时发生共晶反应，这种二种组元的相图称为二元共晶相图。具有这类相图的合金系有 Pb-Sn、Pb-Sb、Cu-Ag、Pb-Bi、Cd-Zn、Sn-Cd、Zn-Sn 等。以 Pb-Sn 合金相图为例，如图3-14所示，*aeb* 为液相线，*acedb* 为固相线，*a* 为铅的熔点，*b* 为锡的熔点。共晶相图中有两种典型的有限固溶体：α 固溶体和 β 固溶体。其中，α 固溶体是指以相图左边的组元为溶剂，相图右侧组元为溶质的固溶体；反之，则称为 β 固溶体。具备 *e* 点成分的合金在该温度下，由液相同时结晶出 α 和 β 两种固溶体，称为共晶反应。*e* 点称为共晶点，*e* 点温度称为共晶温度。凝固中发生共晶反应的相图称为共晶相图，*ced* 线也是共晶反应线，即锡的质量分数在 *c~d* 之间的合金冷却时均会发生共晶反应。*cf* 和 *dg* 是析出线或溶解度线，其中，*cf* 是以锡为溶质的 α 固溶体的溶解度曲线，*dg* 是以铅为溶质的 β 固溶体的溶解度曲线。随温度降低，α 固溶体中溶解右侧组

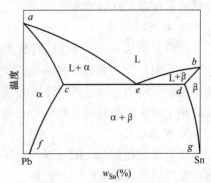

图3-14 二元共晶相图

元锡的溶解度沿 cf 线降低，多出的锡以 β 固溶体的形式析出至晶界。同理，β 固溶体中溶解左侧组元铅的溶解度沿 dg 线降低。对 Pb-Sn 合金而言，具有共晶点成分的合金称为共晶合金，合金成分位于共晶点左侧，称为亚共晶合金；反之，共晶点右侧成分的合金称为过共晶合金。

亚共晶合金冷却过程中相变情况，如图 3-15 所示。液态合金温度降至 1 点开始结晶出固相 α 固溶体。1→2 点之间是液相和固相的两相区，随着温度的降低，液相和固相的成分分别沿液相线 $1e$ 和固相线 ac 变化。温度降到 2 时，剩余的液相具有 e 点成分，在此温度下发生共晶反应，同时结晶出 α+β 固溶体。温度继续降低，在 2′→3 点时，由于 α 固溶体的溶解度沿 cf 线变化，即溶解度降低，故从 α 固溶体中析出 $β_{II}$ 相。$β_{II}$ 相与 β 相均为固溶体，是为区分析出相和结晶相的区别。两者形状一般不同，β 晶粒粗大，多数为树枝状晶体；$β_{II}$ 形成时温度低，大多数在 α 相的界面上。亚共晶合金常温组织为 $α+(α+β)+β_{II}$。

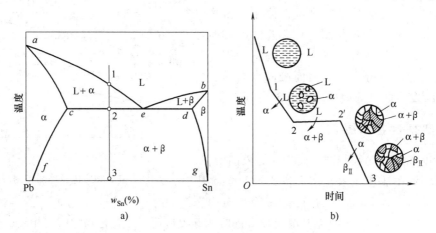

图 3-15 共晶相图与冷却曲线

a）相图 b）冷却曲线

同理可知过共晶合金结晶终了的成分为 $β+(α+β)+α_{II}$；锡的质量分数小于 c 合金，温度降至液相线以下，结晶出 α 固溶体。温度在固相线和溶解度线之间时，为均一的 α 固溶体。温度降至溶解度线以下，从 α 固溶体中析出 $β_{II}$，室温相为 $α+β_{II}$。

由共晶相图可以看出，相线将相图划分为六个相区，其中的两相区在某一温度下，两相质量分数可由杠杆定理求得。

2. 共析相图

共析是指从一种固相中同时析出两种固相的过程，也称为共析反应。含有共析反应的相图称为共析相图，所析出的固相可以是固溶体，也可以是化合物，如 $Fe-Fe_3C$ 合金系中，珠光体共析反应的产物是固溶体 α-Fe 和化合物 Fe_3C。注意共析反应与共晶反应的区别，共析是固相中析出两种固相，共晶是液相中结晶出两种固相。

3. 包晶相图

二种组元在液态无限互溶，当降至某温度下剩余液相与先析出的固相一起生成一种新固相的反应，称为包晶反应。例如，$Fe-Fe_3C$ 合金中液相和先析出固溶体相 δ-Fe 反应生成固溶体相 γ-Fe，即 γ 奥氏体。

3.2.4 相图的意义

由前述可知，根据相图可知各温度下不同成分合金的相存在状态、可作冷却曲线以及可知某成分合金各自组成的质量分数。相图作用还不止于此，由相图还可知随温度变化时是否有新的相以及何种相形成，因为相的力学性能属性，因此，可据相的变化判断温度改变对力学性能改性的意义，反过来可为合金成分设计提供参考。由相图还可以制定出铸造、锻造以及热处理的加工工艺。

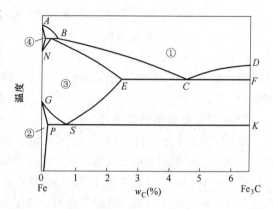

图 3-16 由相图分析合金间相互作用

1. 由相图分析相的状态

以铁-渗碳体二元相图为例说明，如图 3-16 所示，左侧组元为纯铁，右侧组元为渗碳体，因而相图有 Fe 和渗碳体共 2 种组元。与匀晶和共晶相图不同，此相图中有化合物相。相图中 $ABCD$ 为液相线，液相线以上为液相，即相区①；C 点应为共晶点，共晶产物为 E 点成分的合金和右侧组元 Fe_3C；S 点为共析点，产物为 P 点 Fe 的固溶体和相图右侧相，即 Fe_3C，从而知道了相区②为 Fe 的固溶体相。

2. 由相图分析合金间相互作用

由前述可知，固溶体和化合物是合金相互作用的主要形式，两者均有改性作用，但又各有侧重，因此，由相图可判断通过固态相变提高性能的可能性。

图 3-16 不同于匀晶和共晶相图之处，除了合金相互作用形成化合物相之外，还有相图左侧关于组元 Fe 的 3 个相区：②、③和④，这 3 种固相不仅存在温度区间不同，且碳的溶解度也不同，但都是 Fe 的固溶体。在 3.3 节中将看到是因为晶格结构的不同，使它们相不同。因此，合金间相互作用，还包括了晶格点阵的改变。

3. 由相图分析铸造工艺性

偏析和缩孔是主要铸造工艺性问题，由相图可以分析偏析和缩孔倾向。以匀晶相图为例，如图 3-17 所示，在相图中作垂线，垂线交液相线和固相线的两点，两点间的垂直距离称为温度间隔。温度间隔大，即开始凝固和最后凝固的温差大，也就是最后凝固的温度低。液体黏度的温度依赖性表明，温度越低，液体黏度越大，其流动性就差，枝晶间隙难以填满，疏松、缩孔的趋向增加。

在该成分线与液相线和固相线之间，取某一温度作水平线，水平线与液相线和固相线相交，两交点的水平距离称为成分间隔。大的成分间隔说明凝固的固相与液相成分差大，即先结晶和后结晶的成分差别大。考虑到连续冷却原子扩散不充分的情况，大的成分间隔将引起大的偏析倾向。

对于 $Fe\text{-}Fe_3C$ 相图来说，合金铸造性最好的成

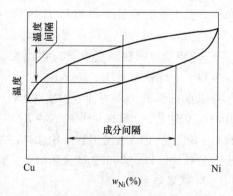

图 3-17 相图分析铸造工艺性

分点为共晶点，纯铁共晶生铁凝固区间小（凝固区间为零），流动性好，铸件在冷却凝固时分散缩孔小。故这种合金铸造时，可使缩孔集中于冒口中以形成铸件。因而由相图可知铸造工艺性。对于钢材来说，其碳的质量分数一般为 0.15% ~ 0.60%，垂直间隔大且成分间隔也大，有较大的偏析和缩孔趋向。

由相图可知浇注温度区间，以 Fe-Fe₃C 相图为例，如图 3-18 所示，浇注温度应在液相线 ABCD 以上。

4. 由相图分析锻造工艺性

第 4 章将看到，钢材处于相区③时，如图 3-16 所示，固相的强度低、塑性好，使其塑性变形所需力小，因而利于塑性加工，该相区对应的温度可为锻造温度范围。开始锻造时，温度不能过高以免钢材产生严重的氧化。锻造终止温度不能过低，以免钢材因塑性差而产生裂纹。

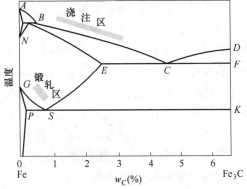

图 3-18　铸、锻造温度范围

3.3　碳素钢的相图、显微组织与力学性能

钢铁是工业中应用最广泛的金属材料。Fe-Fe₃C 相图说明铁碳合金组织随温度变化的规律，普通碳素钢和铸铁都是铁碳合金，合金钢和合金铸铁只是在铁碳合金中加入合金元素的合金，工业中钢和铸铁的产量比其他各种金属产量的总和还要多。

3.3.1　碳素钢的铸态相

铁碳合金是现代工业中最重要的合金，铁碳相图是研究铸态铁碳合金相状态的工具。铁碳合金由 Fe 和 C 两种化学元素组成，形成的系列化合物有 Fe₃C、Fe₂C、FeC 等，如图 2-20 所示。因而铁与碳相互作用结果可以是固溶体和化合物。本章介绍铸态的铁-碳合金化。

1. 铁

纯铁不独立存在，工业纯铁中常含有 0.1% ~ 0.2% 的杂质，其中碳的质量分数约 0.02%。铁的熔点为（1534±5）℃，在冷却过程中发生同素异构转变，如图 3-19 所示。其中，769℃ 为磁性转变温度，该温度以上，无磁性，该温度以下，纯铁呈磁性。

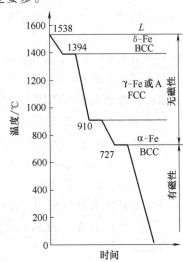

图 3-19　纯铁晶格结构转变

工业纯铁的力学性能为 $R_{eH} = 180 \sim 230MPa$，$R_{p0.2} = 100 \sim 170MPa$，$A = 30\% \sim 50\%$，$Z = 70\% \sim 80\%$，$a_K = 160 \sim 200J/cm^2$，50 ~ 80HBW。纯铁的塑性好，但强度低，结构工程实用性低。结构工程中最广泛应用的是铁碳合金，铁与金属元素形成置换固溶体，与非金属元素（C、N、H）形成间隙固溶体或化合物。

2. 铁素体

铁素体（Ferrite）是碳在 α-Fe 中的固溶体，常用 F 或 α-Fe 表示，具有 BCC 晶格结构。

温度不同，铁素体中碳的质量分数不同，最大的碳的质量分数是727℃时的0.0218%。铁素体中合金元素量相当少，因而晶格常数变化不大，a约为0.2861nm。

铁素体强度较低，塑性好，其硬度的经验估算式为[90]

$$HV_F = 42+223C+53Si+30Mn+7Cr+19Mo+12.6Ni+lgV_R(10-19Si+8Cr+4Ni+130V)$$

(3-15)

式中，V_R是冷却速度，单位为℃/h；其余是各合金元素质量分数。

若除碳外无其他合金元素时，铁素体屈服强度约为190~215MPa。

3. 奥氏体

奥氏体是碳在Fe中的固溶体，在不同温度区间有两种晶格结构：在910~1394℃间为FCC结构，用A或γ-Fe表示，其力学性能见4.2节；在1394℃以上为BCC结构，用A或δ-Fe表示。

4. 渗碳体

渗碳体Fe_3C是铁与碳的间隙化合物，晶格结构如图2-21所示，铁原子以金属键相结合。渗碳体中碳的质量分数为6.67%，熔点为1600℃。渗碳体硬度为800HBW，极脆，几乎零塑性。

5. 珠光体

珠光体是铁素体与渗碳体的机械混合物，质量百分数分别为88.7%和11.3%。用P表示。铁碳合金室温平衡组织力学性能见表3-1。

表 3-1　铁碳合金室温平衡组织力学性能

名称	符号	组成相	R_m/MPa	HBW	$A(\%)$	$a_K/(J/mm^2)$
铁素体	F 或 α- Fe	碳在 Fe 中的固溶体	190~215	80	50	2
渗碳体	Fe_3C	复杂的铁碳间隙化合物	30	800	≈0	≈0
珠光体	P	铁素体与渗碳体的机械混合物	750	750	20~25	0.3~0.4

值得说明的是，与其他没有同素异构转变的合金相比，铁的同素异构转变和溶解度变化使铁能够通过相变处理而改变其力学性能成为可能，即具备可热处理性，是铁在工程结构领域得到广泛应用的主要原因之一。铁同素异构转变的方向服从能量最低原理。纯铁温度高于1394℃以上时铁以BCC存在，较温度910~1394℃范围时以密排的FCC而言，高温时的疏排结构体系自由能更高，与体系自由能更低原则相符。然而当温度低于912℃（纯铁的A_3点）却以疏排形式（BCC）的α-Fe存在，显然不符合体系自由能更低的原则。有观点认为是γ-Fe的热容小的原因，另一种观点认为磁性导致自由能变化的原因。注意到图3-19中同素异构转变时磁性的变化，两者磁性导致的自由焓差异，在热力学零度时，γ-Fe自由能高于α- Fe的8062J/mol。因此，即使γ-Fe比热容小，但仍以α-Fe存在[91]。

3.3.2　Fe-Fe_3C相图

Fe-Fe_3C二元合金相图中有铁和Fe_3C两个组元，分别位于相图两侧。温度在熔点以下，Fe-Fe_3C相图如图3-20所示。该相图是在缓慢冷却的平衡状态下得到的。平衡状态下，原子扩散充分，因而图3-20也称为平衡状态图，简称为状态图。

相图中各相线将相图划分为不同的相区。相线由特征点连接，各特征点包括了横坐标成分和纵坐标温度的信息，其含义见表 3-2。

在相图中，*ABCD* 为液相线，*AHJECF* 为固相线，三条水平 *HJB*、*ECF*、*PSK* 为三个恒温反应。

1）*HJB* 水平线温度为 1493℃，为包晶反应线，即

$$L_B + \delta_H \leftrightarrow \gamma_J$$

包晶反应产物为奥氏体 δ-Fe，具有体心立方晶格，晶格常数约为 0.293nm。此反应只在碳的质量分数为 0.1%～0.5% 的铁碳合金中发生。

2）*ECF* 水平线温度为 1147℃，为共晶反应线，即

$$L_C \leftrightarrow \gamma_E + Fe_3C$$

共晶反应产物为莱氏体（奥氏体与渗碳体的共晶混合物），此反应只在碳的质量分数为 2.06%～6.67% 的铁碳合金中发生。

3）*PSK* 水平线温度为 727℃，发生共析反应，即

$$\gamma_S \leftrightarrow F_P + Fe_3C$$

共析反应产物为珠光体，碳的质量分数超过 0.02% 的铁碳合金均发生共析反应。*PSK* 线，在固态相变中也为 A_1 线。

图 3-20 中的固相溶解度线或析出线有 *ES*、*PQ* 和 *GS* 线。其中，*ES* 线为碳在奥氏体中的溶解度线或渗碳体析出线。在 727℃ 时，奥氏体中碳的质量分数为 0.77%；而在 1147℃ 时，奥氏体中最大碳的质量分数为 2.06%。凡碳的质量分数大于 0.77% 的铁碳合金自 1147℃ 冷到 *ES* 线时，均会从奥氏体晶界上析出渗碳体，为与结晶的渗碳体区别，该析出的渗碳体称为二次渗碳体 Fe_3C_{II}，下标 II 用于区分。*ES* 线在固态相变中也称为 A_{cm} 线；而碳的质量分数小于

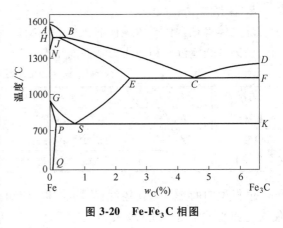

图 3-20　Fe-Fe₃C 相图

0.77% 的铁碳合金自奥氏体状态冷却到 *GS* 线时，从奥氏体晶界上析出铁素体，因而 *GS* 线即为铁素体析出线，该铁素体称为先析铁素体，以区别于共析反应的铁素体。*GS* 线在固态相变中称为 A_3 线；*PQ* 线为碳在铁素体晶格中的溶解度线，727℃ 时，碳在铁素体中最大溶解度为 0.0218%。室温时，碳的溶解度 0.006%。因而由 727℃ 冷至室温时，碳在铁素体晶界上以渗碳体的形式析出，该渗碳体称为三次渗碳体 Fe_3C_{III}。同样，下标 III 用于区分。

表 3-2　Fe-Fe₃C 相图各特征点含义

点	温度/℃	碳的质量分数（%）	说　明
A	1534	0	纯铁熔点
B	1493	0.50	发生包晶反应时液态合金中碳的质量分数
C	1147	4.30	共晶反应点
D	1227	6.67	渗碳体的熔点
E	1147	2.06	碳在 γ-Fe 中的最大溶解度

（续）

点	温度/℃	碳的质量分数（%）	说　明
F	1147	6.67	渗碳体
G	910	0	同素异构转变点，α-Fe→γ-Fe
H	1493	0.10	碳在 δ-Fe 中的最大溶解度
J	1493	0.16	包晶反应点
K	727	6.67	渗碳体
N	1390	0	同素异构转变点，γ-Fe→δ-Fe
P	727	0.02	碳在 α-Fe 中的最大溶解度
S	727	0.77	共析反应点
Q	室温	0.006	碳在 α-Fe 中的溶解度

3.3.3　Fe-Fe₃C 凝固过程与显微组织

1. 共析钢

碳的质量分数为 0.77% 的铁碳合金称为共析钢。钢液冷却时，凝固为奥氏体；进一步冷却至 727℃ 以下时，奥氏体发生共析反应形成珠光体。该过程示意图如图 3-21 所示。钢材试样经过 4% 硝酸溶液腐蚀后置于显微镜下观察，铁素体和珠光体均呈白亮色，两相界腐蚀后发黑，在高倍显微镜下可看到片状相间的混合物，如图 3-22 所示。在低倍显微镜下只能看到黑色的单一珠光体片。

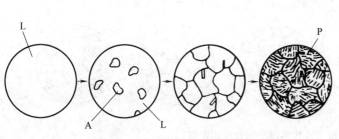

图 3-21　共析钢凝固过程示意图

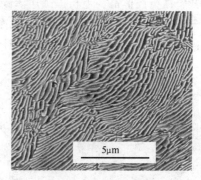

图 3-22　珠光体组织

由杠杆定理可求得两相的质量分数。铁素体和渗碳体中碳的质量分数各为 0.0218% 和 6.67%，设总质量分数为 1，铁素体质量分数为 x，则珠光体质量分数为 $1-x$，根据珠光体中碳的质量分数为 0.77%，则

$$0.0218x+6.67(1-x)=0.77$$

可求得 $x=88.7\%$，即珠光体含有铁素体的质量分数为 88.7%，渗碳体的质量分数为 11.3%。因此，图 3-22 中渗碳体片厚度约为铁素体片厚度的 1/7。

值得注意的是，图 3-22 所示珠光体片状相间的形貌是在热力学平衡状态下获得的，与 4.3 节中所述各种热力学条件下的珠光体形貌不同。

2. 亚共析钢

在冷却至 1493℃ 时，发生包晶反应，得到奥氏体。亚共析钢（碳的质量分数为 0.50%~0.77%）冷却过程中无包晶反应，直接由液体中结晶出奥氏体，如图 3-23 所示。

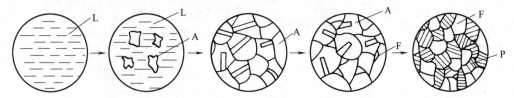

图 3-23　亚共析钢凝固过程示意图

奥氏体形成后，温度降至 GS 线，奥氏体晶粒中开始析出铁素体晶粒。剩余的奥氏体中含碳量逐渐增加，冷至 727℃ 时，剩余的奥氏体含碳量沿 GS 线增至共析点，发生共析反应生成珠光体。故亚共析钢常温组织铁素体+珠光体，如图 3-24 所示。若不知碳素钢含碳量时，亚共析钢中的含碳量根据显微组织中相的质量分数估算。因铁素体中含碳量很低，由珠光体所占面积近似求得合金的含碳量，即

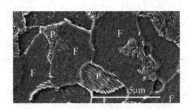

图 3-24　亚共析钢的显微组织
（$w_C = 0.45\%$）

$$C(\%) = P(\%) \times 0.77$$

3. 过共析钢

过共析钢（碳的质量分数为 0.77%~2.06%）高温凝固形成奥氏体。冷却至 ES 线时，开始在奥氏体晶界上析出二次渗碳体，二次渗碳体呈网状分布于晶界。随着温度继续下降，含碳量沿 ES 线降至共析点 S，剩余奥氏体发生共析反应生成珠光体，如图 3-25 所示。过共析钢冷却凝固得到的组织是珠光体+二次渗碳体，显微组织如图 3-26 所示。

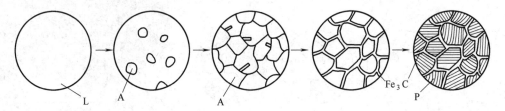

图 3-25　过共析钢凝固过程示意图

4. 共晶生铁（$w_C = 4.3\%$）

共晶生铁（白口铸铁，碳的质量分数为 4.3%）自高温冷至 1147℃ 时，发生共晶反应形成莱氏体。温度继续下降，奥氏体中的含碳量沿 ES 线变化，故随温度的降低会从奥氏体中析出二次渗碳体，冷至 727℃ 时，奥氏体中的含碳量为 0.77%。当温度低于 727℃ 时，剩余的奥氏体发生共析反应生成珠光体。共晶生铁的最终组织为珠光体+渗碳体+二次渗碳体（在显微镜下渗碳体和二次渗碳体连成一片分辨不出）。

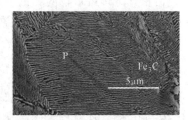

图 3-26　过共析钢的显微组织
（$w_C = 1.0\%$）

5. 亚共晶生铁（$w_C = 2.06\% \sim 4.3\%$）

亚共晶生铁（碳的质量分数为 $2.06\% \sim 4.30\%$）自高温冷至 BC 线时，开始结晶出奥氏体。随着温度下降，奥氏体量不断增加，剩余液体中的含碳量沿 BC 线增大。冷至 1147℃ 时，剩余液体中含碳量达到 C 点的浓度，发生共晶反应形成莱氏体。温度由 1147℃ 冷至 727℃ 时，奥氏体中析出二次渗碳体（一次奥氏体与莱氏体中的奥氏体发生同样的变化）。奥氏体中的含碳量沿 ES 线变化，在 727℃ 时，剩余的奥氏体发生共析反应形成珠光体，亚共晶生铁的最终组织是珠光体+二次渗碳体+莱氏体，显微镜下无法分辨渗碳体和二次渗碳体，只能看到珠光体+莱氏体。

6. 过共晶生铁（$w_C = 4.30\% \sim 6.67\%$）

过共晶生铁（碳的质量分数为 $4.30\% \sim 6.67\%$）首先结晶出一次渗碳体，一次渗碳体在以后的冷却过程中不发生成分和结构的变化。过共晶生铁的最终组织是一次渗碳体+莱氏体。

3.3.4　船舶工程用钢含碳量和碳素钢的力学性能

由前述铁碳合金的凝固过程可知：铁碳合金随含碳量的增加，不仅组织中的渗碳体数量增加而且渗碳体的形状、分布也随之变化，总体而言呈片状和块状方向趋势演变。渗碳体作为强化相，在含碳量（质量分数）$\leq 1.0\%$ 时，随着含碳量的增加，R_m 和 HBW 增加，A、Z 和 a_K 下降，如图 3-27 所示。

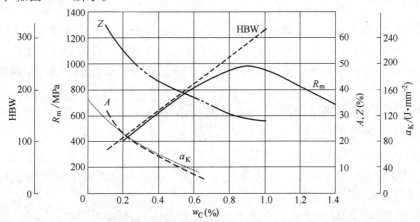

图 3-27　含碳量对钢力学性能的影响（热轧后）

当碳的质量分数 $>1.0\%$ 时，渗碳体呈片状和块状，渗碳体以网状分布于晶界。含碳量高，易于以垂直于晶界的方式向晶内分布，此渗碳体分布形态称为渗碳体魏氏体组织，如图 3-28 所示，合金的伸长率和韧度相当低。与工程结构需要的强度和塑性、韧性相比，碳的质量分数在 $1.3\% \sim 1.4\%$ 合金的性能显然已不满足。

根据第 1 章船舶工程用钢力学性能的要求，即满足塑性、韧性和可焊性的前提下，强

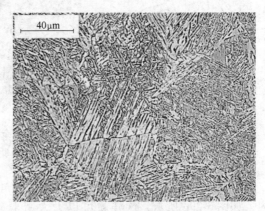

图 3-28　铸钢中魏氏体组织

度越高越好。由图 3-27 可知，若船舶工程用碳素钢需要满足塑性>15%和冲击韧度 a_K>17J/mm^2 的情况下，碳的质量分数不得超过 0.5%；再考虑可焊性要求，碳当量低于 0.4%时焊接性好，因而船体结构用碳素钢的碳的质量分数一般未超过 0.4%。

3.4 船舶工程用钢的合金元素

铁中除了碳参与合金化之外，还有其他合金元素。铁基材料中其他合金元素主要有两类：铁冶炼时难以去除的杂质和有意加入的合金元素。杂质元素如氮、氧、氢、硫和磷等，对钢材的性能产生不利影响，如形成缺陷，即偏析、气孔、裂纹，还会降低塑性和韧性，因而是要尽量去除的。有意加入的合金元素是利用与铁和碳的相互作用以获得各种有益的性能，以满足船舶工程力学性能要求和特殊场合要求，如高强韧性、低温冲击韧性、耐蚀性以及以焊接性为主的加工性能等。

为充分挖掘材料性能潜力，船舶工程材料一般为冶金与强韧化工艺相结合的最终供货状态，而铸造作为材料合金化或冶金工艺，是后续热处理和形变处理的物质基础。除了船用铸铁、铸钢件，船体结构材料中，铸造工艺并不作为最终的供货状态。船用铸钢件和铸铁件的力学性能见规范。

3.4.1 钢的杂质

杂质元素包括硫、磷、氧、氮和氢等，一般在铁矿石中存在且冶炼时难以去除，因而存留于钢铁中。其中的氧、氮和氢在冶炼时以气体形式侵入熔体，或与合金产生冶金反应而难以去除，或溶解于液相中而难以逸出以去除的。杂质元素一般降低钢铁的力学性能。

1. 硫

硫常以 FeS 的形式存在于钢中，钢液结晶时由于 FeS 熔点（985℃）低，因而最后结晶，沿晶界分布，如图 3-29a 所示，因而 FeS 为典型的分隔晶粒的晶间夹杂物。硫夹杂的结构在温度 800~1200℃ 区间工作时，如轧制、锻造或焊接工艺中，在拉应力作用下极易发生沿晶开裂，即钢的热脆或热裂纹，也称为夹杂脆性。断口形貌上可见完整的晶粒，如图 3-29b 所示，成分测量时含硫量高。

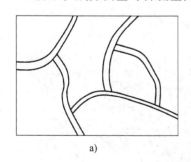

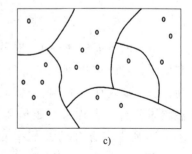

a)   b)   c)

图 3-29 夹杂物分布示意图

a）FeS 沿晶界分布　b）断口形貌　c）MnS 弥散分布

若钢材中有适量的锰，则可形成高熔点 MnS（1600℃），而在结晶时呈颗粒状分布于晶内，如图 3-29c 所示，这样就可以大大减弱硫的危害。硫作为有害杂质，钢中常限制其

≤0.04%。

2. 磷

磷对钢材性能影响有两个方面。钢中的磷能全部溶解于α-Fe中，使α-Fe在室温下的强度升高，塑性下降，产生冷脆。磷与铁和镍可形成低熔点共晶，如 $Fe_3P + Fe$（熔点为1050℃），$Ni_3P + Ni$（熔点为880℃），一般热处理也不易使磷均匀化。在奥氏体分解时铁素体首先在富磷区析出，而珠光体多处于贫磷区，轧制后呈带状，易诱发层状撕裂和各向异性。

除上述有害方面外，磷对钢有很高的强化作用。磷提高钢的屈服强度比镍高10倍，比铬高5倍，比锰高5倍，比铜高2.5倍，比硅高2倍，比钛高1.7倍；极限强度比镍高6倍，比锰高5倍，比铬高3倍，比硅高1.3倍，比铜高1.1倍，稍低于钛。此外，磷、铜共存时可大大提高钢的耐蚀性。

针对磷使钢脆化、降低冲击韧性，船舶工程上采用把碳的质量分数控制在0.12%以下，钢中加入铝、钛细化晶粒，这样既可消除冷脆，又能显著提高钢的塑性和韧性。根据磷的双面作用，一方面作为有害杂质控制其质量分数≤0.04%，另一方面也有磷的质量分数为0.07%~0.15%的磷钢。

3. 氧

炼钢和焊接的高温使铁和合金元素氧化。在炼钢和焊接过程中，钢中一部分铁氧化成FeO。氧化物使钢材硬度、强度和塑性明显下降，尤其是使低温冲击韧性急剧降低。此外，它还引起红脆、冷脆和时效硬化。氧对焊缝金属的物理和化学性能也有影响，如降低焊缝的导电性、导磁性和耐蚀性等。在焊接有色金属、活性金属和难熔金属时，氧的有害作用则更加突出。通常使用锰铁、硅铁或铝进行脱氧。

4. 氮

氮是以溶解的形式侵入钢材中的。冶炼和焊接的液态金属中，氮溶解度由1600℃时的0.045%降为1500℃凝固结晶为δ相时的0.014%；当转变为γ相时溶解度稍有增加，而在α相中溶解度又一步降低，如图3-30所示。特别是在200~300℃加热过程中氮因溶解度急剧下降，以氮化物形式时效析出，使钢的强度升高，塑性和韧性下降。由于断口呈蓝色，因而氮引起的脆化称为蓝脆，也称为时效脆化。焊接热影响区也存在时效脆化的现象。钢材少量的铝与氮形成稳定的氮化物AlN，可消除蓝脆。

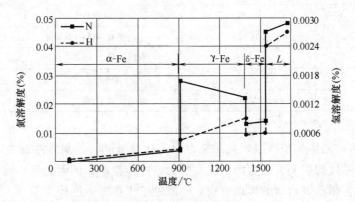

图 3-30　氢、氮溶解度变化（1atm）

5. 氢

钢材中的氢来自于高温时的溶解，其溶解度与氮类似，在不同温度溶解度相差很大（在 α-Fe 中的溶解度小，在 γ-Fe 中的溶解度大），如图 3-30 所示。钢材冶炼或熔融焊缝的冷却速度太快，氢来不及扩散到金属外部而滞留。氢在面心立方晶格中溶解度高于体心立方晶格结构，如在钢中氢溶解度为 1.5×10^{-7} mol/cm^3，而在面心立方的 304 奥氏体钢中的溶解度达 100×10^{-4}%（质量分数）；若氢是材料的服役环境，如钢制材料作为氢的运输管道时，由于氢是在压力状态下（>10MPa）输送的，氢从材料表面以物理或化学方式侵入材料，材料中氢的溶解度大大增加，如常温下 X70 管中氢的溶解度约为 1wppm，即 8.9×10^{-6} mol/cm^3；另外，氢的溶解度还与工作应力或焊接残余应力等环境因素相关。

氢对材料力学性能影响大。力学性能试验结果表明，钢材中氢浓度小于 0.7×10^{-4}%（质量分数）时，氢对塑性影响不大。但氢易发生偏集，引起塑性和韧性等力学性能下降的现象，即氢脆（hydrogen embrittlement，HE）或氢致裂纹（hydrogen induced cracking，HIC），钢材伸长率与含氢量关系如图 3-31 所示，在氢脆断口中存在典型的撕裂棱和解理形貌。氢还会导致屈服强度、疲劳强度等的降低，诱发冷裂纹。

氢在钢中的分布不是均匀的，即偏聚，以原子形态富集于各类陷阱中，陷阱是指这些部位易于"捕获"氢。氢与陷阱结合后，系统能量降低。将氢占据缺陷位置后能量的降低值称为结合能 E_b。陷阱有物理陷阱和吸附型陷阱两类。在晶格间隙和各晶体缺陷中，如空位、位错、晶界、第二相粒子、夹杂物以及微孔洞等，称为物理陷阱；而应力场、电场和温度场等称为吸附型陷阱。各陷阱的结合能不同，列于表 3-3。

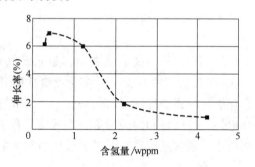

图 3-31　钢材伸长率与含氢量关系

表 3-3　晶体缺陷的结合能

陷阱类型	结合能 E_b/(kJ/mol)	数据采集技术	出　　处
C（间隙原子）	9	第一性原理	Counts 等（2010）[92]
微孔	40	渗透实验	Lee 和 Lee（1983）[93]
线位错，应变场	12~27	渗透实验，TDA	Choo 和 Lee（1982）[94]
晶界	9~49	力学分析，TDA	
第二相非共格 TiC	60~129	渗透实验，TDA	Lee 和 Lee（1986）[95]
渗碳体/铁素体相界	11~18	渗透实验，TDA	Choo 和 Lee（1982）[94]
MnS 界面	64	TDA	Lee 和 Lee（1986）[95]
ε 碳化物	12~65	渗透实验，TDA	Hsu 等（2020）[96]

注：TDA 为 thermal desorption analysis 简称。

结合能 E_b 大的陷阱诱捕或吸附氢的能力强，从而引起氢的聚集或富集，而氢的富集进一步增强晶格缺陷处的应变、应力场，应力得到进一步集中，因而是氢具有移动性或偏聚的主要原因。显然，驱动氢运动的机理有别于一般原子扩散的浓度梯度驱动。

氢从一个陷阱运动至另一个陷阱的形式有三种：扩散、捕获和逸出，如图 3-32 所示，

E_b 是指结合能，E_t 是指激活能。其中，扩散是指氢由晶格间隙点克服势垒至相邻晶格间隙点的过程。势垒是指陷阱中的氢跃出所需的能量。该过程系统总能量不发生变化，但氢运动需要克服激活能。捕获是指氢由晶格间隙点克服激活能 E_t 至陷阱点的过程，该过程的系统总自由能降低，是放热过程。逸出是指氢从陷阱点克服势垒 E_{de} 至晶格间隙点的过程。

势垒越大，氢逸出陷阱越不容易，称此类陷阱为不可逆陷阱。常见的不可逆陷阱有微裂纹、大角度晶界和非共格的沉淀相等。此类氢脆开裂时有确定的界面。反之，小的势垒陷阱称为可逆陷阱。常见可逆陷阱有溶质原子、微孔洞、小角度晶界、位错以及共格沉淀相等。氢脆发生时裂纹路径不确定。界定可逆与不可逆陷阱的势垒阈值，有的认

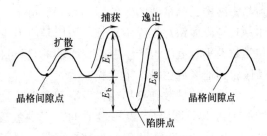

图 3-32　氢扩散示意图

为是结合能 E_b 为 35 kJ/mol，有的认为是 60~70kJ/mol。可逆陷阱中的氢在回火时一般能获得足够能量跳出陷阱而成为扩散氢。

氢脆的机理，讨论的主流有 5 种。

1）氢化物机制。与氢结合力强的金属，氢进入金属，在裂纹尖端与金属组元形成氢化物，使氢化物相周围产生应力集中，诱发脆性。由于氢是偏聚的，氢脆只是局部，因而断口呈韧-脆混合形貌。该理论可解释纯钛、铌等氢脆现象。在钢无钛、铌等元素时，氢与铁难以形成氢化物，因而钢材中较少有因氢化物的氢脆[97]。

2）氢压机制或氢偏集和逃逸机制。在一定条件下，氢的存在形式是原子态和分子态的平衡：$2H \leftrightarrow H_2$。在氢气环境下氢气分解为氢原子，$H_2 \rightarrow 2H$，进入金属中，其浓度 C_H 与氢气压力 P：$C_H \propto \sqrt{P}$；反之，氢在陷阱中富集时，氢原子复合成氢分子，$2H \rightarrow H_2$，产生氢压，该处的氢气压力与氢浓度成正比：$P \propto C_H^2$。氢压产生应力场，氢原子在应力场诱导下继续向应力场陷阱偏聚，使氢压进一步增加。当氢压等于金属的原子键合力时，该区域原子键断裂，产生微裂纹。引起氢脆的压力约在几至几十 MPa 量级。该理论可以解释氢脆处壁面光滑、断口的微孔、沿晶开裂的气泡、白点和焊接冷裂纹的断口形貌。

3）吸附机制或氢降低表面能机制。金属吸附氢后，表面自由能降低，根据 Griffith 理论，参考式（1-2），临界断裂应力降低，或应力强度因子下降，促进了微裂纹的形成和扩展，产生氢脆。该理论可解释脆性材料的开裂。

4）晶格弱化机制。晶格中的氢使晶格膨胀，导致原子键合力下降。设 $\sigma_0(c)$ 是氢浓度 c 时原子键合力，$\sigma_0(0)$ 为无氢时的原子键合力，则溶解氢情况下原子键合力变为 $\sigma_0(c) = \sigma_0(0)[1+(\xi-1)c]$，其中 $\xi \leqslant 1$ 是软化参数。可见溶解氢后其原子键合力是下降的。考虑到应力集中的影响，所需的临界外应力集中下降，当临界外应力达到下降的原子键合力时，原子键断裂，形成微裂纹。典型断口形貌呈微孔的塑性和沿晶界或沿相界的解理的混合特征。其中的韧窝中心无夹杂物，是减聚力和分离晶界的特征。HEDE（hydrogen-enhanced decohesion，HEDE）断口还常见 MA 组元或 MnS 夹杂物。

5）氢致局部塑性（hydrogen-enhanced local plasticity，HELP）变形机制。金属中的氢促进位错运动，即局部塑性变形，位错启动所需的外应力下降。当局部塑性变形发展到临界状态时，应力集中降低了原子键合力，从而导致微裂纹在应力集中处（也是氢聚集处）形核。

微裂纹形核后，氢原子进入微裂纹形成氢气产生氢压。特别是间隙固溶的氢向大应变或应力区域聚集[97]，类似于 Cottrell 气团，促进位错在应力作用下的滑动，而位错滑移时带着氢，产生微孔及随后的微孔合并的断口形貌，呈韧窝、撕裂带以及解理的混合形貌。该机制综合考虑了局部塑性变形、氢压和氢键原子键合力，是比较完善的氢脆机理。可以看出，氢脆受到晶格结构、晶格缺陷等的影响。一般情况下，强度高的钢氢脆倾向大、针状铁素体和贝氏体钢较马氏体钢对氢脆不敏感，原因是应力应变场会因塑性好而得到释放和松弛。晶格方向和晶粒大小对氢脆也产生影响，影响的趋势目前还有争议。在焊接接头中，邻近熔合线的粗晶区较其他区域更易产生氢脆。

利用氢的扩散和聚集规律以降低和消除氢的影响。脱氢热处理是工程常用工艺，如将钢材加热到 200℃ 以上保温一段时间，提供氢运动的激活能，使氢逸出而减少材料中的含氢量；采用冶金方法避免氢的扩散与聚集，利用不可逆陷阱诱捕氢，如纳米沉淀相、软相或位错，以降低氢的扩散和偏聚。纳米沉淀相如非共格的纳米量级（Nb，V，Ti）C 沉淀相以及 Cu 沉淀相，激活能高（见表 4-4，氢在非共格纳米沉淀相 TiC 中扩散所需结合能为 86.9kJ/mol），降低氢的扩散，从而减缓氢脆；或具有大应变能力的塑性相"诱捕"氢，如马氏体板条间的奥氏体相、纳米尺度的贝氏体等；低能位错胞吸收氢原子，成为有效氢陷阱，分散氢的分布而降低脆性裂纹率[98]。

氢与金属作用机制复杂，且缺乏精确的测试手段，自 1875 年氢脆问题的提出，有关氢脆的机理至今仍存分歧。

3.4.2 钢的合金元素

钢中合金元素，有碳和其他合金元素。按合金元素种类来分，钢材分为碳素钢和合金钢。

以碳为主要合金元素的铁基材料称为碳素钢。碳素钢的冶炼、加工比较方便，性能较好，经过热处理后力学性能进一步提升，如图 3-27 所示。碳素钢经济性好，在工业中应用广泛，产量占钢材总产量的 90%。碳素钢可分为三类：普通碳素钢、优质碳素结构钢和碳素工具钢。其中优质碳素钢主要用于工程结构，包括船舶工程的材料，碳的质量分数以万分之一为单位表示。如 45 号钢表示平均碳的质量分数为 0.45%。随含碳量增加，碳素钢强度、硬度升高，塑性下降，在特殊性能要求方面如耐大气腐蚀、耐酸、耐热、耐磨等方面较弱，特别是焊接性变差。

除碳以外，含有一种或多种合金元素的钢材，称为合金钢。合金元素的质量分数低于 5% 时称为低合金钢，在 5%～10% 范围称为中合金钢，超过 10% 时称为高合金钢。船舶工程用钢采用碳的质量分数+合金元素符号+合金元素的质量分数表示，其中，碳的质量分数以万分之一为单位表示，合金元素的质量分数在 1.50%～2.49%、2.50%～3.49%、……、10.50%～10.49% 应写成 2、3、……、11；含合金元素不少于 15% 时，牌号中仅标明元素符号。为满足船舶工程用钢性能要求，船用钢材中常加入的合金元素有 Si、Mn、Cr、Ni、W、Mo、V、Ti 等，形成的合金化相参见 2.2.3 节。船用低温用钢、不锈钢、低磁钢等以特殊性能要求为主进行合金化。

3.4.3 合金元素对 Fe-Fe₃C 相图的影响

由于合金元素与 Fe 和 C 相互作用机制不同，因而钢中加入合金元素后，合金元素对

Fe-Fe$_3$C 相图产生影响，体现在临界点和相区，如 A_1 点的成分、温度等。

1）影响奥氏体区。合金元素 Mn、Ni 能使奥氏体稳定，因而使奥氏体单相区扩大；Cr、Mo、Ti、Si 等元素能促使铁素体的形成，使单一奥氏体区缩小甚至消失。

2）影响共析点成分。合金元素 Co、Ni、Si 等是溶于铁中并且不生成碳化物的元素，减小共析合金的含碳量。合金元素 Cr、Mn 能形成碳化物，碳化物大部分溶于铁素体中或少数碳化物能参与共析体生成，减小共析合金的含碳量。合金元素 Ti、Nb、V 形成稳定的碳化物，加热时很少溶解并且不参与共析体生成，增加共析合金的含碳量。

3）影响临界点。合金元素对钢铁临界点的影响，一般而言扩大奥氏体相区的合金元素都能降低 Fe-Fe$_3$C 相图的共析温度，如 Ni 和 Cr，当 $w_{Cr}>13\%$ 或 $w_{Ni}>9\%$ 时，S 点降至 0℃ 以下，室温下为单相奥氏体组织，称为奥氏体钢，如 12Cr18Ni9。

3.4.4 船舶工程用钢的合金化及其力学性能

船用铸钢的化学成分主要有碳和锰元素，其 $w_C \leqslant 0.23\%$，$w_{Mn} \leqslant 1.6\%$。一般强度船体结构用钢中碳的质量分数不超过 0.21%，含一定量的锰和硅，锰有固溶强化、消除热脆的作用，合金总的质量分数低于 5%。高强度钢与一般强度船体钢合金成分相比，碳的质量分数低于 0.18%，除含一定量锰和硅外，还含有少量其他总的质量分数不超过 1% 的合金元素。420~960MPa 强度系列焊接用淬火回火钢中碳的质量分数为 0.2% 左右，除了锰和硅外，其他合金成分中，含镍量稍高，主要用于低温要求场合。一般强度船体钢和高强度船体钢化学成分对比见表 3-4。

由表 3-4 可以看出，随强度级的提高，杂质元素得到进一步限制。

船用钢材低温性能以冲击韧度温度表示，一般强度钢按冲击韧度的 20℃、0℃、-20℃ 和 -40℃ 分为 A、B、D 和 E 四级，高强度钢的各强度级以 A、D、E 和 F 四级表示，对应冲击韧度温度为 0℃、-20℃、-40℃、-60℃。不同冲击韧度级钢合金元素不同，见表 3-5。

表 3-4 一般强度船体钢和高强度船体钢化学成分对比

钢类型	化学成分（质量分数，%）										
	C	Mn	Si	S	P	Cr	Ni	Mo	V	Nb	Cu
一般强度钢	≤0.21	≥2.5C	≤0.5	≤0.035	≤0.035	—	—	—	—	—	—
A32 钢	≤0.18	0.9~1.6	≤0.5	≤0.035	≤0.035	≤0.2	≤0.4	≤0.08	0.05~0.1	0.02~0.05	≤0.35
420 钢	≤0.2	1.0~1.7	≤0.6	≤0.03	≤0.025	≤0.3	≤0.8	≤0.1	≤0.2	≤0.05	≤0.55

表 3-5 32 钢不同冲击韧度级钢的合金成分比较

温度	化学成分（质量分数，%）										
	C	Mn	Si	S	P	Cr	Ni	Mo	V	Nb	Cu
0℃	≤0.18	0.9~1.6	≤0.5	≤0.035	≤0.035	≤0.2	≤0.4	≤0.08	0.05~0.1	0.02~0.05	≤0.35
-60℃	≤0.16	0.9~1.6	≤0.5	≤0.025	≤0.025	≤0.2	≤0.8	≤0.08	0.05~0.1	0.02~0.05	≤0.35

由表 3-5 可以看出，低温韧性钢的合金元素杂质得到限制，而含镍量增加，镍是船舶工程材料中保障低温性能的主要合金元素。

船用低温性能钢用于液氧、液化天然气、液化石油气的储存与运输。使用性能方面，要求低温下强度和韧性，凡是体心立方晶格的金属都有冷脆性，随着温度降低出现韧-脆转变温度，材料的断裂行为从韧性转变为脆性，其低温缺口韧度要求不低于 $25J/cm^2$（三个试样平均值），还需要一定的耐蚀性；从建造工艺看，要求其可焊性。典型低温性能钢的主要化学成分和相见表 3-6。

表 3-6　典型低温性能钢的主要化学成分和相

牌号	温度 /℃	化学成分（质量分数,%)							主要相
		C	Si	Mn	S	P	Ni	Cr	
CL-Ⅱ-2	−35	≤0.18	0.10~0.50	0.70~1.60	≤0.025	≤0.025	≤0.80	≤0.25	铁素体
5Ni	−100~−150	≤0.12	0.10~0.35	0.30~0.90	≤0.02	≤0.025	4.70~5.30	—	铁素体
9Ni	−196	≤0.10	0.10~0.35	0.30~0.90	≤0.02	≤0.025	8.50~10.0	—	奥氏体

不锈钢按其化学成分分为铬不锈钢和铬镍不锈钢，铬不锈钢的主要牌号有 12Cr13、20Cr13、30Cr13、40Cr13 等。铬镍不锈钢主要为奥氏体相，其强度和硬度较低、塑性和韧性均较铬不锈钢好，无磁性。奥氏体不锈钢适合冷作成形，焊接性好；但切削加工性差，在一定的条件下会产生晶间腐蚀。钢中铬的质量分数为 18% 的主要作用是产生钝化，提高阳极电位、增加耐蚀性；镍的质量分数为 9% 的主要作用是扩大奥氏体区，降低 A_1 至室温以下，使钢材在室温时具有单相奥氏体。典型不锈钢的主要化学成分和相见表 3-7。

表 3-7　典型不锈钢的主要化学成分和相

钢号	化学成分（质量分数,%)							相
	C	Si	Mn	Cr	Ni	S	P	
12Cr13	≤0.15	≤1.00	≤1.00	11.50~13.50	—	≤0.03	≤0.040	铁素体-马氏体
20Cr13	0.16~0.25	≤0.60	≤0.60	12.0~14.0	—	≤0.03	≤0.035	马氏体
06Cr19Ni10	≤0.08	≤1.0	≤2.0	18.0~20.0	8.0~11.0	≤0.03	≤0.045	奥氏体

第4章 船舶工程用钢的固态相变与塑性加工

由 2.3 节可知，相的种类和显微组织状态，如尺寸和分布规则性，是影响材料力学性能的因素。固态相变就是通过相的变化，即相的种类和晶粒尺寸、位错密度以及第二相尺寸和分布等显微组织状态参数发生改变，实现材料力学性能（包括强度、硬度、塑性和韧性）的改变，即改性的目的。热力学条件下的固态相变示意图如图 4-1 所示，即需将材料加热到临界温度以上，保温一段时间，再冷却下来。这一过程需要热的驱动，工程上称固态相变为热处理。塑性加工是使材料发生塑性变形的工艺，不仅将铸件加工成形，而且与热处理结合在一起，改变晶粒尺寸、第二相分布形态和位错等显微组织形态。

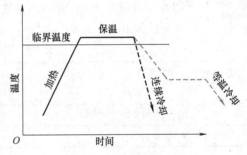

图 4-1 固态相变示意图

固态相变与塑性加工和第 3 章的合金化工艺相比，材料的化学成分并不发生改变。钢的固态相变以热力学理论和扩散规律为基础。本章在合金化的基础上，进一步阐述船舶工程材料显微组织状态的改变，包括各固态相变热力学理论、工程实现、显微组织状态特征以及改性机理和该工艺对焊接性的适应性。

4.1 固态相变

4.1.1 概述

固态相变加热和保温的目的是使材料化学成分均匀化（同时要避免高温下的化学反应，包括脱碳和氧化，并抑制奥氏体的长大等不利因素），而冷却的目的使钢处于过冷状态转变为需要的显微组织（而不是铸造时的平衡状态）。

如同相图是分析凝固过程相变化的工具一样，固态相变的定性分析采用连续冷却组织转变图。不同铁碳合金，其转变图不同，如图 4-2 为共析钢的连续冷却组织转变图。将共析钢从奥氏体状态冷却下来时，其连续冷却转变曲线包括两条：左侧的奥氏体分解开始线和右侧的奥氏体分解结束线。两条曲线将组织转变图划分为三个区域：曲线左侧的过冷奥氏体区、两曲线中间的奥氏体转变区和曲线右侧的奥氏体转变终了区。转变图的上、中和下部对应珠光体 P 转变、贝氏体 B 转变和马氏体 M 转变。其中，Ms 和 Mf 分别为马氏体开始转变温度和转变终了温度，Ms 以下马氏体开始转变，Ms 和 Mf 之间则为过冷奥氏体的马氏体转变区。

过冷奥氏体的转变或冷却产物的显微组织状态取决于冷却曲线，即加热温度和冷却速度。对于加热温度在临界点以上，图 4-2 所示三种冷却速度，定性为连续慢冷、连续快冷和快冷至中间温度后等温，

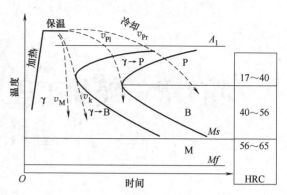

图 4-2　共析钢的连续冷却组织转变图

冷却速度分别是小于 v_{Pl}、大于 v_k 和在 v_{Pl} ~v_k 之间。这三种冷却速度分别对应于扩散型 $\gamma \rightarrow P$ 的固态相变、切变型 $\gamma \rightarrow M$ 的固态相变和半扩散半切变型（又称为混合型）$\gamma \rightarrow B$ 的固态相变，转变产物分别为珠光体 P、马氏体 M 或 α'-Fe 和贝氏体 B，见表 4-1 所列。

表 4-1　过冷奥氏体转变产物

冷　却　速　度	转变温度/℃	转变类型	相变产物
$\leq v_{Pl}$，连续慢冷	A_1 ~550	扩散型	珠光体 P
$>v_{Pl}$ 且 $<v_k$，快冷后中温等温	550~Ms	混合型	贝氏体 B
$>v_k$，连续快冷	Ms~室温/Mf	切变型	马氏体 M/α'-Fe

根据加热温度和冷却速度的不同，工程上热处理工艺有退火、正火、淬火和回火，即热处理"四火"。其中，淬火即马氏体的切变相变，正火和退火对应于扩散型相变，回火一般是针对淬火之后的工艺。此外，2003 年出现的淬火 & 配分（quenching & partitioning，Q&P）中的配分处理，是对淬火后的材料进行配分的工艺。热处理并不限于工件整体的处理，还可应用于工件局部，如工件的表面淬火以提高表面硬度而心部保持韧性。热处理还可以结合化学方法对工件进行处理，如工件表面的渗碳和渗氮，称为表面化学热处理。

4.1.2　相变热力学

室温时系统以自由能最低的母相存在。相变需要能量驱动，相变的方向取决于相变驱动力与相变阻力的差。相变驱动力来自新相和母相自由能的差，而相变阻力来自于新相和母相间晶格重构时体系的界面能和弹性应变能的差。当驱动力大于阻力时，相变发生。

1. 相变驱动力

相变驱动力是新相和母相的自由能差，单位体积自由能差 ΔG_V 为

$$\Delta G_V = G_n - G_\gamma = (H_n - TS_n) - (H_\gamma - TS_\gamma) \tag{4-1}$$

式中，下标 n 代表新相；下标 γ 代表奥氏体相；G、H、S 分别是自由能、焓和熵。

相变发生时，新相和母相所处温度 T 相同且同为固相，因而熵值相同，式（4-1）变为

$$\Delta G_V = H_n - H_\gamma = \Delta H \tag{4-2}$$

式（4-2）表明，在相变过程中，新相和母相自由能的差也为自由焓之差，驱动相变发生。固态相变自由能变化示意图如图 4-3 所示。可以看出，新相和母相的自由能差是由温度

差产生，即过热度或过冷度。

2. 相变阻力

固态相变有新相晶核的形成和成长两个过程，因而需要产生新界面，还要克服弹性应变能，因此，固态相变阻力来自于新相和母相界面能差和弹性应变能差。界面能差用 $S_r\Delta\sigma$ 表示，其中，$\Delta\sigma$ 为单位面积界面能差，S_r 为总面积；弹性应变能差用 $V_r\Delta G_e$ 表示，其中，ΔG_e 为单位体积应变能差，V_r 为总体积。

3. 晶核临界形核功

新相的形核有两种方式：均匀形核和非均匀形核。在均匀形核情况下，系统自由能差值可表示为

$$\Delta G = -V_r\Delta G_V + S_r\Delta\sigma + V_r\Delta G_e \tag{4-3}$$

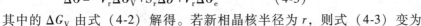

图 4-3　固态相变自由能变化示意图

其中的 ΔG_V 由式（4-2）解得。若新相晶核半径为 r，则式（4-3）变为

$$\Delta G = -\frac{4}{3}\pi r^3\Delta G_V + 4\pi r^2\Delta\sigma + \frac{4}{3}\pi r^3\Delta G_e \tag{4-4}$$

式（4-4）与结晶能量变化表达式（3-11）相比，式（4-4）多出弹性应变能项，是固态相变的特征。奥氏体向珠光体和马氏体转变时体积膨胀，弹性应变能差为正，因而相变阻力大于结晶阻力；反之，加热过程由常温组织向奥氏体转变时，体积减小，弹性应变能为负。

将式（4-4）对晶核半径求导 $\mathrm{d}\Delta G/\mathrm{d}r = 0$，得临界晶核半径 $r_c = 2\Delta\sigma/(\Delta G_V - \Delta G_e)$。当晶核半径为临界晶核半径时，对应的能量差 ΔG 称为形核功 ΔG^*，即

$$\Delta G^* = \frac{16\pi}{3}\frac{\Delta\sigma^3}{(\Delta G_V - \Delta G_e)^2} \tag{4-5}$$

与结晶过程的临界半径和形核功表达式相比，固态相变多了弹性应变能项。

4. 形核率

对于过冷奥氏体转变过程有原子扩散的相变，原子迁移使晶格点阵重构，因而要克服各晶格点阵的势垒，也称为激活能 Q，如图 4-4 所示。不同晶格点阵的激活能见表 4-4。

从统计的角度将形成稳定晶核的概率称为形核率，对于相变的两个过程，形核率是形成晶核的概率和原子克服势垒束缚的概率两部分的乘积，即

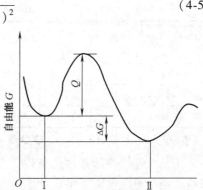

图 4-4　激活能示意图

$$I = nv\exp\left(-\frac{\Delta G^*}{RT}\right)\exp\left(-\frac{Q}{RT}\right) = nv\exp\left(-\frac{\Delta G^* + Q}{RT}\right) \tag{4-6}$$

式中，n 是单位体积母相中原子数；v 是原子振动频率；R 是气体常数，值为 8.314J/（mol·K）；Q 是原子扩散的激活能或势垒，单位为 J/mol；T 是热力学温度，单位为 K。

大的过冷或过热度，相变动力大，由临界晶核半径公式可知临界晶核半径 r_c 小，由式（4-5）可知形核功减小，由式（4-6）可知新相形核率增加。高的形核率，有利于晶核数量增多和晶粒的细化。常温相的临界参数见表 4-2。

表 4-2　常温相的临界参数

相	过冷度 ΔT	临界晶核半径 r_c/nm	临界形核功 ΔG^*/(J/mol)
P	小	70~150	$(1.6~2.9)\times10^2$
B	中	16~25	$(2.6~2.7)\times10^2$
M	大	8~21	$(3~6)\times10^2$

可以看出，通过控制形核率可有效调节晶粒尺寸，进而也可以控制第二相分布形态。形核率是控制显微组织状态的重要参数。可调节的参数包括过冷度和温度。

值得注意的是，固态相变的形核方式中，均匀形核几乎不可能，但有助于理解相变理论。固态相变几乎都为非均匀形核。非均匀形核使形核率进而显微组织状态的控制更为复杂和精细，特别是晶格缺陷产生的形核，加上合金的影响，使新材料新性能的发展呈现勃勃生机。

4.1.3　相变产物的显微组织状态与力学性能

与铸态相同的是，固态相变用于改变显微组织状态中晶粒尺寸。不仅如此，固态相变改变了相的种类，而且，大的过冷度伴随新相形成时的体积变化，使新相显微组织的位错密度改变，见 4.4 节。新相的组织状态与力学性能见表 4-3。力学性能不同，即实现了改性，而这正是进行固态相变和塑性加工的意义。值得注意的是，表 4-3 中均为常温相，甚至均为亚共析钢，是基于图 4-1 所示的连续冷却条件。第 3 章所述的 Fe-Fe$_3$C 相图中常温组织（如珠光体）是在近似平衡的热力学条件下得到的，相的种类显然不同于连续冷却条件，需要辨别理解。

表 4-3　新相的组织状态与力学性能

奥氏体分解温度/℃	相变动力	相变类别	新相	新相结构	晶粒粗细	位错密度	硬度 HRC
A_1~550	小	扩散型	珠光体 P	F+Fe$_3$C 混合物	★★★	★	17~40
550~Ms	中	混合型	贝氏体 B	贝氏体	★★	★★	40~56
Ms~室温/Mf	大	切变型	马氏体 M/α'-Fe	过饱和固溶体	★	★★★	56~65

注：★表示小；★★表示较大；★★★表示大。

正是在连续冷却或加热条件，由于过冷或过热的影响，相变温度偏离了平衡状态，相变往往是在一定的温度区间进行。以最大相变速度时的温度作为临界温度，加热时向上偏移后的相线以 Ac 表示；冷却时向下偏移的相线以 Ar 表示，如图 4-5 所示。而且，受合金种类、加热和冷却速度的影响，显微组织还有不均匀性问题。

【知识拓展】　可热处理性与原子扩散

1. 可热处理性

比较两种相图，Fe-Fe$_3$C 相图如图 3-20 所示，与

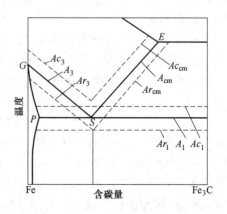

图 4-5　临界点的偏移

共晶相图（图3-14）相比，Fe-Fe$_3$C中不仅有同素异构转变（晶格点阵的变化），而且碳的溶解度也发生了改变，而共晶相图只有溶解度变化无同素异构转变，纯金属更是无溶解度变化。

可热处理性是指能否通过热处理而改变力学性能的能力。从相图看，只有在加热或冷却过程中发生溶解度显著变化或发生类似纯铁同素异构转变的相图，才有可能通过改变显微组织状态而实现改性，即有固态相变价值或可热处理的价值。纯金属、单相合金等不能通过固态相变进行强化，其改性只有依赖于加工硬化。钢具有同素异构体，且各固溶体相的碳和合金元素的溶解度伴随变化，可固溶强化、相变强化以及析出第二相，即可热处理改性。这正是钢铁除了储量丰富之外的又一大获得广泛应用的优势。

2. 奥氏体不同过冷度下的相变机理

式（4-6）的形核率从晶体学角度描述了相变过程中影响形核数量进而显微组织状态的因素。表4-3列举了不同过冷度下的相变种类，那么，为什么过冷度不同时相变种类不同呢？已知奥氏体是固溶体，相变需要相晶格点阵的重构，即需要原子扩散，原子有能力扩散则可能形成新晶格点阵甚至化合物，没有能力扩散，如大过冷度冷却后的低温下，只能以能量更低的相（晶格点阵）存在。正是由于不同温度下不同晶格中原子扩散能力的不同，使相变种类不一样。

金属原子在平衡位置振动，吸收能量、克服势垒的束缚而产生迁移，即原子扩散。原子扩散进程可由 Arrhenius 公式计算，将式（4-6）中第二项独立出来，即

$$D = D_0 \exp\left(-\frac{Q}{RT}\right) \tag{4-7}$$

式中，D 是扩散率，D_0 是扩散系数，单位为 m^2/s；其他参数同式（4-6）。

上式表明原子扩散的影响因素众多。首先是温度，温度越高，扩散加快；其次是 D_0，不同致密度的晶体结构中，低致密度的晶体中溶质原子的扩散系数较高致密度的大，因而溶质原子扩散速度快；溶质原子浓度越高，扩散越快；一般晶体缺陷（如点、线）和晶界缺陷会增大扩散系数，但也有例外，如间隙溶质原子进入位错中心或空位中心，会对缺陷产生所谓的"钉扎"作用，扩散不易通过缺陷；间隙固溶体中溶质原子扩散容易；加入其他组元与溶质原子形成化合物，阻碍扩散。最后就是激活能 Q，激活能或势垒对原子扩散产生影响，例如，高温下，碳、铁和合金原子都具备扩散能力，使化学成分均匀化，如奥氏体。在中温的区间内，碳原子具有扩散能力，铁和合金原子则基本上限制于晶格点阵中而无法被激活，因而碳原子的扩散方向不再是浓度差驱动，而受晶格激活能控制。例如，碳素钢在400℃左右，碳原子在马氏体（体心正方，近似于 BCC）中扩散较奥氏体（FCC）中扩散的激活能低，因而碳原子在马氏体中扩散快于在奥氏体中，呈现由马氏体向奥氏体的"定向"扩散，即使奥氏体中碳的质量分数大于马氏体的（这种由低浓度区域向高浓度区域的扩散，金属学中称为上坡扩散），这就是淬火＆配分的原理。在低温区域，温度不能使几乎所有原子具备克服势垒的能量，因而形成又一化学成分均匀相。此时，晶格点阵的重构不能通过碳原子扩散，而只能以消耗能量最小的切变方式完成，即形成一种新的室温较为稳定的过饱和固溶体，即马氏体。

又如，碳原子在 FCC 中激活能为 84kJ/mol，较铁原子激活能 239kJ/mol 低，因此高温下奥氏体中主要为碳原子的扩散而铁原子和合金原子几乎"不动"。

利用原子的迁移受浓度差控制和能量障碍控制的定向迁移，淬火后接着进行配分工艺（加热到 400℃ 左右），即淬火+配分工艺，得到以马氏体+奥氏体混合的又一组织状态。

原子激活能与扩散系数见表 4-4。

表 4-4 原子激活能与扩散参数

溶质原子	相	激活能 $Q/(\text{kJ/mol})$	扩散系数 $D_0/(\times 10^{-5}\,\text{m}^2/\text{s})$	温度 /℃	出 处
C	γ-Fe	140	2.0	—	—
	α-Fe	84	0.23	—	—
Fe	γ-Fe	270	1.9	—	—
	α-Fe	239	19	—	—
Mn	γ-Fe	277	5.7	—	—
Ni	γ-Fe	283	4.4	—	—
	α-Fe	283.9	—	—	参考文献[99]
		234.9	—	—	参考文献[27]
Cr	—	73~89	$0.86 \sim 8.34 \times 10^{-12}$	—	参考文献[100]
P		142.1	—	—	参考文献[27]
B	—	193~198	—	—	参考文献[101]
Ti	γ-Fe	60000	1.5	—	
	α-Fe	59200	31.5	—	
V	γ-Fe	63100	2.5	—	参考文献[57]
	α-Fe	57600	1~39.2	—	
Nb	γ-Fe	82300	5300	—	
	α-Fe	70000	4000	—	—
N	α-Fe	75	—	—	
H	α-Fe	13	—	105	参考文献[94]
	TiC 非共格	86.9	—	750	含 Ti 铁素体钢中[95]

由表 4-4 可以看出，Ti、V 和 Nb 等合金元素在奥氏体和铁素体中激活能相当高，这些合金元素往往与 C、N 和 S 等结合后以化合物形式有限固溶于奥氏体，多余的则以沉淀相形式存在于晶界，随温度降低，固溶部分的溶解度降低[102]，以化合物形式析出于晶界，形成沉淀强化。但沉淀相尺寸超过 4.93μm 则诱发脆化。因此，Ti、V 和 Nb 等合金元素在高强钢中只是微量。尺寸在纳米量级的固溶碳化物在冷却过程中钉扎位错，沉淀部分则钉扎晶界，抑制奥氏体晶粒长大。

3. 扩散的方向性

在式（4-7）中，扩散系数 D_0 的大小受浓度的影响。实际上，系统内部的浓度梯度、化学位梯度、应力梯度甚至电场梯度都会影响扩散系数，使原子、电子等各类质点在热驱动下的无序运动（扩散）出现了有序，即定向迁移，从宏观上表现为物质的定向输送。例如，香水在空气中由高浓度的区域向低浓度区域的定向扩散。

固相原子处于平衡位置，即能量最低状态，是一种稳定状态，而原子由一个位置跳到另一个位置，必须越过中间的势垒，因此，原子迁移需要能量驱动。原子的热运动有能量起伏，有原子被激活（获得较高能量而越过势垒，如图4-4所示）而发生跃迁，无数个原子的跃迁就形成了物质的定向迁移，即扩散。

其中在浓度梯度推动下，原子扩散服从 Fick 第一定律，即

$$J = -D \frac{\partial C}{\partial x} \tag{4-8}$$

式中，J 是扩散通量，表示单位时间内单位截面上通过的质点数；D 是扩散系数，单位浓度梯度的扩散通量，单位为 m^2/s；C 是体积百分浓度，质点数$/cm^3$；x 是扩散距离，单位为 m；"−"表示质点从高浓度向低浓度扩散，即逆浓度梯度方向扩散；$\frac{\partial C}{\partial x}$ 是浓度梯度。

例如，碳原子在浓度梯度驱动下向低浓度方向扩散。又如，氢在各陷阱中的扩散，是各陷阱的诱捕能力，而不是浓度梯度的驱动。实际上，扩散方向遵从体系自由能最低原理，自由能除了热能外，还包括了化学能、电能等。

4.2　加热时钢的相变

前面述及的钢的相变是加热温度超过临界点以上。实际上，加热温度低于临界点时，热力学条件引起了体系自由能的改变，显微组织状态也随之变化。显微组织状态的变化依赖于加热温度。随加热温度由低到高，除了原子受热而振动加剧之外，显微组织状态发生的改变依次为恢复、再结晶、晶粒长大和相变。

1）恢复。对应的加热温度较低，金属原子活动能力不大，晶粒大小无明显变化，但晶格扭曲、内应力（晶格畸变产生的）基本消失，因而硬化和强化的现象部分恢复，即硬度和强度降低。

2）再结晶。再结晶温度约为 $0.4T_{熔}$，加热到此温度时，晶格排列整齐，晶核重新形成和长大，内应力完全消失，金属强度下降，塑性增加。对加工硬化材料来说，加工硬化现象完全消失。

3）晶粒长大。加热温度大于 $0.4T_{熔}$ 低于临界温度，或高温长时间保温，晶粒开始长大，其原因是细晶粒显微组织的自由能高，粗晶粒显微组织的自由能低，高温时显微组织倾向于以自由能低的粗晶存在，如图4-3所示。

4）加热温度超过 A_1 线以上，珠光体转变为奥氏体；若是亚共析钢，显微组织中的铁素体保持不变；若是过共析钢，渗碳体保持不变。若加热温度超过 GS 或 ES 线，则发生完全奥氏体化，包括铁素体和渗碳体。

各加热层次在工程上的应用为：1）和2）应用于消除残余应力，如加工硬化、焊接场合；3）应用于再结晶或低温退火。该温度热处理时，由于温度较低，原子扩散阻力较大，需要一定时间的保温，实现原子扩散进行充分；4）应用于固态相变，如完全退火、正火或淬火等。

加热时发生的奥氏体转变，为与结晶过程形成的奥氏体相区别，加热时的奥氏体转变也称为逆奥氏体转变。加热形成的奥氏体组织状态对常温组织来说有"遗传"性，如显微组织的粗细和均匀性，甚至在非扩散相变中，奥氏体的晶粒位向也会得到保持，进而对材料的

力学性能产生影响。因此，近年来在材料研究方面，关于影响奥氏体组织状态的研究越来越多，如合金元素、加热速度、温度和保温时间等。

4.2.1 奥氏体的形成

奥氏体具有 FCC 晶格结构，致密度较 BCC 大，为铁碳固溶体中紧密排列方式。

在加热状态下，热提供了原子扩散需要的激活能和扩散能；其次，奥氏体是面心立方的紧密排列，具有较高自由能。当加热温度超过共析温度 A_1，产生了过热度 ΔT，由于高温时奥氏体自由能低于珠光体，产生了自由能差 ΔG，如图 4-3 所示右侧高温部分，足以克服形成奥氏体时的弹性应变能和界面能的差值时，发生珠光体向奥氏体的相变，即

$$F_{(w_C = 0.02\%)} + Fe_3C_{(w_C = 6.67\%)} \longrightarrow A_{(w_C = 0.77\%)}$$

1. 形成过程

珠光体为固溶体和化合物的两相混合物，两相含碳量差异大，而奥氏体为含碳量均匀的固溶体，因而在加热过程中，发生晶格结构重构和碳原子传输（扩散），其相变为奥氏体的形核、长大和均匀化三过程。

（1）形核 珠光体中铁素体和渗碳体的含碳量差异大，两相晶界的高晶格畸变能促进了非均匀形核，即在铁素体和渗碳体的相界面上通过碳原子的扩散而率先形成奥氏体晶核。

（2）长大 奥氏体晶核产生了奥氏体/铁素体和奥氏体/渗碳体的相界面，奥氏体自两个相界面向母相推移而长大。相界面的推移通过原子扩散实现，原子扩散的速度可由 Arrhenius 公式计算[103,104]，即

$$D = D_0 \exp\left(-\frac{Q}{RT}\right) \tag{4-9}$$

式中，D 是扩散率；D_0 是初始扩散率；Q 是激活能；其余参数见式（4-6）。

原子扩散距离采用三维均方根方法估算[105]，即

$$X_{3D} = (6Dt)^{-\frac{1}{2}} \tag{4-10}$$

式中，D 是式（4-9）中的扩散率；t 是扩散时间。

例：求在 760℃ 和 $t = 1s$ 情况下，碳原子扩散距离。已知：$D_0 = 6.2 \times 10^{-7} \, m^2/s$，$Q = 80kJ/mol$。

解：由式（4-9）可算得 $D = 5.4 \times 10^{-11} \, m^2/s$；由式（4-10）可算得时间 1s 内，碳原子扩散距离为 $X_{3D} = 18.3 \mu m$。

由于奥氏体/铁素体相界面的碳浓度差比奥氏体/渗碳体相界面的碳浓度差小，故对于钢来说，铁素体的消失总比渗碳体消失早，也就是说奥氏体向铁素体推移较快。

（3）均匀化 渗碳体全部溶解后，碳在整个体积内并不能立刻均匀分布，因为原渗碳体区中碳的浓度高于原铁素体区中碳的浓度。继续保温使原子充分扩散、碳在奥氏体中均匀分布。

奥氏体的形成过程示意图如图 4-6 所示。

2. 形成温度

形成温度提供了形成奥氏体时体系最小自由能差。统计数据对合金元素影响临界点进行了定量估计，列出常见的两例，一估计式为[106]

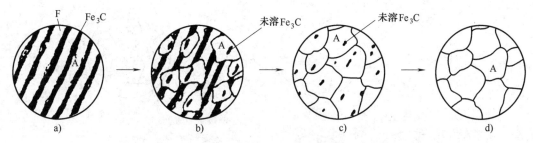

图 4-6 奥氏体的形成示意图
a) 形核 b) 长大 c) 残余 Fe₃C 溶解 d) 均匀化

$$Ac_1 = 723 - 10.7Mn - 13.9Ni + 29Si + 16.9Cr + 6.38W + 290As \tag{4-11}$$

$$Ac_3 = 910 - 203C^{\frac{1}{2}} - 15.2Ni + 44.7Si + 104V + 31.5Mo + 13.1W \tag{4-12}$$

另一估计式为[107]

$$Ac_1 = 739.3 - 22.8C - 6.8Mn - 15Ni + 18.2Si + 11.7Cr - 6.4Mo - 5V - 28Cu$$

$$Ac_3 = 937.3 - 224C^{\frac{1}{2}} - 17Mn + 14Ni + 34Si + 41.8V + 21.6Mo - 20Cu$$

式中，Ac_1 和 Ac_3 分别是指加热时共析线 A_1 和 GS 线温度，如图 4-5 所示。

4.2.2 加热时的显微组织状态

奥氏体组织呈块状，位错密度小，约为 $10^{13}/m^2$ 量级，显微组织如图 4-7 所示。奥氏体组织状态对冷却组织的影响主要体现在两个方面，即晶粒度与化学成分的均匀性。其中，奥氏体的晶粒度有 3 种表示方法：晶粒度、本质晶粒度和实际晶粒度。

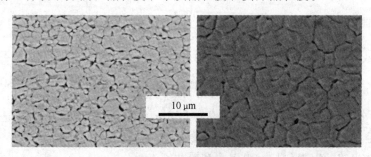

10 µm

图 4-7 奥氏体显微组织
a) 晶粒尺寸 2.3μm b) 晶粒尺寸 3.2μm

奥氏体晶粒的大小用晶粒度表示，常用单位体积（或单位面积）内晶粒数量或晶粒的平均直径表示。GB/T 6394—2017 和 ASTM E112 等规定了钢材的晶粒度测定方法。设 n 为放大 100 倍时每 $645mm^2$（即 $1in^2$）面积内的晶粒数，采用 N 表示晶粒大小的级别，即晶粒度，晶粒数量与晶粒度的关系为：$n = 2^{N-1}$。可以看出，晶粒越细，n 越大，N 也越大。

其中晶粒度 1~4 级（平均直径为 0.25~0.088mm）为粗晶粒，5~8 级（平均直径为 0.062~0.022mm）为细晶粒，8 级以上为超细晶粒（晶粒平均直径小于 $10μm$）。将显微镜观察到的组织与标准评级图对比，可确定奥氏体晶粒度，如图 4-8 所示。

奥氏体的晶粒度采用本质晶粒度来描述，本质晶粒度反映奥氏体长大倾向。在碳酸钠或

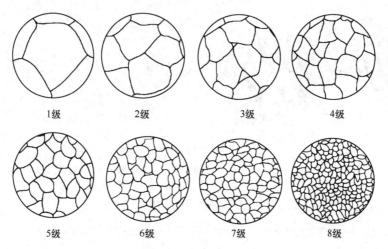

图 4-8 标准晶粒度 1~8 级

碳酸钡渗碳剂中，加热至 930±10℃、保温 3~8h，然后缓慢冷却。此时，形成的奥氏体会被腐蚀过后的白色网状渗碳体包围，借助于渗碳体网来测量奥氏体晶粒尺寸。与标准晶粒大小比较，得到材料的本质晶粒度。本质细晶粒钢在 950℃ 以下加热时，晶粒长大倾向很小。这类钢材的淬火加热温度范围可宽幅度变化，工艺要求较为宽泛。相反，对本质粗晶粒钢必须严格控制加热温度，以防止过热引起奥氏体晶粒粗大。因此，本质晶粒度是合金性能的描述，并非是指具体的晶粒尺寸。

奥氏体的实际晶粒度是指钢在具体热处理或热加工条件下得到的奥氏体晶粒大小，侧重反映热处理或热加工条件对晶粒的影响。一般不做特别说明，晶粒度是指实际晶粒度。

4.2.3 奥氏体组织状态的影响因素

奥氏体组织的晶粒度由长大模型（Anelli 模型）描述，即

$$d = d_0 + Bt^m \exp\left(-\frac{Q}{RT}\right) \tag{4-13}$$

式中，d 和 d_0 分别是最终和初始奥氏体晶粒尺寸；t 是保温时间；B 和 m 是与试验条件有关的常数；Q 是晶粒长大的激活能；T 和 R 参见式（4-6）。

影响奥氏体组织的因素包括材料因素和工艺因素。

1. 材料因素

合金元素和原始组织状态影响奥氏体形成速度，进而对奥氏体组织状态产生影响。

（1）合金元素对奥氏体形成速度的影响 该影响是通过与碳的作用来实现的：Cr、Mo、W、V 等强碳化物形成元素与碳亲和力大，形成难溶于奥氏体的合金碳化物，显著减缓奥氏体形成速度，不利于奥氏体组织的均匀化；Co 和 Ni 等部分非碳化物形成元素，增大碳的扩散速度，使奥氏体形成速度加快，有利于奥氏体组织的快速均匀化；Al、Si 和 Mn 等合金元素对奥氏体形成速度影响不大。

（2）合金元素对奥氏体晶粒度影响 奥氏体晶粒的长大需要碳原子扩散，钢中含碳量越高，铁素体完全消失的时间越短，渗碳体全部消失的时间相对增加，奥氏体形成速度减慢，晶粒长大倾向增加。大多数合金元素在晶界上形成弥散的化合物，如碳化物、氧化物、

氮化物等，对晶界的迁移起着"钉扎"作用，因而阻碍钢奥氏体晶粒的长大。强阻碍效果的合金元素有 V、Ti、Nb 和 B 等；有阻碍作用的合金元素有 W、Mo 和 Cr；影响不大的元素有 Si、Ni 和 Cu 等；而 Mn、P 起促进奥氏体晶粒长大的效果。其中，碳化物钉扎奥氏体晶界的前提是碳化物相粒子尺寸在纳米量级。

（3）原始组织状态的影响　原始组织作为起始组织，其晶粒尺寸越小，依据非均匀形核理论，高熔点碳化物的弥散度就越大，奥氏体的晶粒度就越细小。片状的原始组织较颗粒状原始组织的奥氏体长大速度快，且片层越薄，奥氏体长大速度越快，致使奥氏体晶粒粗大；而粒状晶粒不易因过热而粗大。正因如此，高碳工具钢材料的热处理工艺，要求其原始组织为具有一定分散度的球化组织。针对晶粒粗大的原始组织，如铸造、锻造、轧制、焊接件，先将其加热至临界点稍上温度，使奥氏体重新形核并长大形成球化组织，之后再进行需要的热处理。而对晶粒粗大的亚共析钢件，可用完全退火或正火的工艺来细化。也正因如此，工程上有多次热处理以细化晶粒的工艺，即"百炼成钢"。

2. 工艺因素

工艺因素包括奥氏体化的加热温度和保温时间。加热速度快，实际奥氏体形成温度高，过热度大，依据式（4-9）的扩散规律，形核率高。与此同时，加热温度一定时，奥氏体晶粒随保温时间延长而长大，见式（4-13）。也就是说，随加热温度的升高，奥氏体形核率和长大速度均增加，但增加趋势有区别，见表 4-5。刚开始时奥氏体晶粒长大较快，然后逐渐减慢。加热持续一定时间后，即使时间再延长，晶粒尺寸的变化也不大，即保温时间对晶粒长大的效果不如温度大。

表 4-5　共析钢奥氏体的形核率、长大速度和温度的关系

温度/℃	730	740	756	760	780	800
形核率 个/$(mm^2 \cdot s)$	—	2280	6600	11000	51500	61600
长大速度 mm/s	0.0005	0.0022	0.004	0.010	0.260	0.410

在加热速度快和避免大过热的情况下，奥氏体中合金元素和碳的扩散不充分，奥氏体易在沿轧制方向的珠光体片形核为粗大岛状，引起逆奥氏体组织不均匀[108]。

4.2.4　奥氏体的力学性能

奥氏体为固溶体，合金元素溶解在其晶格结构中，引起晶格畸变，因而晶格常数与合金元素的溶解度有关。在碳素钢中，奥氏体晶格常数可依据经验公式进行估算[109]，即

$$a = 3.578 + 0.033C_\gamma$$

式中，a 是奥氏体晶格常数，单位为 Å；C_γ 是奥氏体中碳的质量分数。

对于合金钢，奥氏体晶格常数的估算式[110] 为

$$a = 3.578 + 0.033C_\gamma + 0.0009Mn_\gamma + 0.0056Al + 0.022N$$

式中，a 和 C_γ 意义同上，Mn_γ 是奥氏体中锰的质量分数；Al 和 N 是合金中的质量分数。

奥氏体屈服强度除了服从 Hall-Petch 等式外，还与温度相关。准确估算其屈服强度可对塑形加工中的轧制力提供依据。根据实验数据进行多项式拟合的温度依赖性公式主要有：

如估算式[60] $R_{\mathrm{p0.2}} = \sigma_{\mathrm{y0}} c$，其中

$$c = 1 - 0.26 \times 10^{-2} T + 0.47 \times 10^{-5} T^2 - 0.326 \times 10^{-8} T^3 \tag{4-14}$$

式中，T 是实际加热温度与室温差值，σ_{y0} 见表 2-5 中的 σ_0。

另一估算式[111] 为

$$c = 1 - 0.22 \times 10^{-2} T + 0.42 \times 10^{-5} T^2 - 0.3 \times 10^{-8} T^3 \tag{4-15}$$

指数形式的估算式[112] 为

$$R_{\mathrm{H}} = \sigma_{\mathrm{y0}} c$$

$$c = \left[1 + 0.001 \ln\left(\frac{\varepsilon}{0.001} \right) \right] \left[1 - \left(\frac{T - T_0}{T_{\text{熔}} - T_0} \right)^{0.658} \right] \tag{4-16}$$

式中，$\sigma_{\mathrm{y0}} = 52.3 + 47\mathrm{C} + 31.3\mathrm{Si} + 1(\mathrm{Mn} + \mathrm{Cr}) + 31.3\mathrm{Mo} + 1.3\mathrm{Ni} + 10.7\mathrm{N} + 3.8\mathrm{Al} + 16.8\mathrm{Cu} + 15.2\mathrm{Ti} + 53(\pm34)$，其中（$\pm34$）项对应晶粒尺寸为 $10 \sim 200 \mu\mathrm{m}$ 变化范围；ε 是塑性应变；$T_{\text{熔}}$ 和 T_0 分别是钢材熔点和室温，单位为℃。

可以看出，式（4-16）对奥氏体力学性能的温度依赖性中兼容了塑性应变的影响，因而可作为奥氏体相的本构模型，是塑性形变加工工艺参考（见 4.6 节）。经验式（4-14）～式（4-16）中以温度依赖性为系数，系数随温度变化如图 4-9 所示。可以看出，随温度升高，奥氏体屈服强度显著下降，轧制时所需轧制力小，而这正是钢材的高温塑性加工的优势之一。

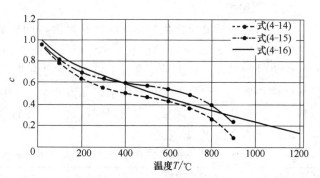

图 4-9　奥氏体屈服强度与温度关系

【知识拓展】　非均匀形核与显微组织的形状

非均匀形核是相对于均匀形核来说的。空位、位错、亚晶界和晶界等晶体缺陷，具有高的晶格畸变能，储存了畸变能，作为相变驱动力，促进形核。如固态相变时形核在晶界上，临界晶核尺寸与均匀形核情况相同。形核率与新旧两相表面能有关。此外，固态相变的形核在位错上时，位错的伯格斯矢量影响临界晶核尺寸、形核功以及形核率。所需形核功由小到大的排序为晶界形核 < 位错形核 < 空位形核 < 均匀形核，因此，非均匀形核是固态相变的主要形核方式。

晶格缺陷提供的能量对相变能量的影响可用式（4-4）右侧增加一项 $-\Delta G_{\mathrm{d}}$ 进行修正，即 $\Delta G = -4\pi r^3 \Delta G_{\mathrm{V}}/3 + 4\pi r^2 \Delta \sigma + 4\pi r^3 \Delta G_{\mathrm{e}}/3 - \Delta G_{\mathrm{d}}$。对空位而言，空位加速溶质原子扩散、聚集成位错以及利用自身的能量为形核提供能量；位错线消失、分解、降低界面的应变能以及溶质原子在位错线上偏聚等方式为形成新相提供能量；晶界促进形核是利用自身的能量为形核提供动力。

固态相变的阻力由界面能和弹性应变能两部分组成。界面共格时，界面能小，但弹性应变能高。界面不共格时：盘（片）状新相的弹性应变能最低，界面能高；球状新相的界面能低，弹性应变能高。

相变产物的组织状态服从能量最低原理。当过冷度大时，临界晶核尺寸很小（表4-2），单位体积新相的界面面积大，界面能起主导作用。因而相变时新母相通过共格界面以降低界面能和总形核功的方式形核，即取共格切变式相变，如奥氏体向马氏体的相变；当过冷度小时，临界晶核尺寸较大，界面能不占主导地位，新相有通过非共格界面形核趋势。

相变的弹性应变能有两项：第一项是新相和母相间共格界面或者半共格界面引起，产生共格应变能，若新相与母相形成非共格界面，则没有这一项；另一项是新相和母相的比容差。比容不同时，相变时体积变化，母相对新相产生约束而不能自由伸缩，从而产生弹性应变能和应力。单位体积的不同新相形状，具有不同表面积。计算表明，单位体积的盘/片状、针状和球状相比，以盘/片状的弹性应变能（如板条状马氏体）最低，针状居中，球状最大。

4.3　冷却时钢的扩散型相变

过冷奥氏体通过原子扩散实现的固态相变称为钢的扩散型相变。与非扩散型相变相比，扩散型相变的冷却速度较慢，奥氏体过冷度小，高温停留时间长，碳原子和铁原子均有足够时间和能量进行扩散，晶格重构因而所得产物接近热力学平衡状态。共析钢的扩散型相变产物为珠光体类型，扩散型相变也称为珠光体转变。珠光体之名来源于其显微珍珠形状。根据加热温度和保温时间的长短，扩散型相变有正火、重结晶以及退火之分。

4.3.1　珠光体的形成

以共析碳素钢为例，讨论扩散型相变过程中珠光体的形成。

共析成分奥氏体过冷至 Ar_1 线以下发生珠光体转变。珠光体转变的驱动力是珠光体与奥氏体的自由能差。珠光体转变温度较高，原子能够长距离扩散；形核阻力小，只需较小的过冷度驱动。自由能差示意图如图4-3所示左侧冷却部分。γ/α 界面能为 $193\sim198kJ/mol$，而 γ/γ 界面能约为 $283.9kJ/mol$，即 γ/α 界面自由焓差控制了由 γ 向 α 的扩散过程。

共析成分的奥氏体冷却到低于 Ar_1 温度转变为铁素体和渗碳体的混合组织，即珠光体转变，反应表达式为

$$\gamma(w_C = 0.77\%) \rightarrow Fe_3C(w_C = 6.69\%) + F(w_C = 0.0218\%)$$

可见，从内容来看，珠光体的形成包括两个：一是晶格点阵的重构，即由FCC奥氏体转变为BCC的铁素体和正交点阵的渗碳体；另一是碳的扩散，即由碳均匀分布的奥氏体转变为高碳的渗碳体和低碳的铁素体。

从时间维度来看，珠光体转变包括形核和长大两个过程。珠光体是两相混合物，形核和长大有个先后的问题，一般认为渗碳体相为领先相（也有认为是铁素体的），转变过程如图4-10所示，均匀奥氏体冷却至 Ar_1 点以下时，由于能量、成分和结构起伏原因，在缺陷处，如奥氏体晶界或较多未溶渗碳体的晶粒内部，以非均匀形核方式，率先形成渗碳体晶核。因过冷度小，自由能差小，以弹性应变能最低的方式形核，即晶核呈片状。

渗碳体晶核的形成聚集了高浓度的碳，使周围奥氏体区贫碳，化学自由能差促使其周围形成铁素体晶核。两侧铁素体晶核的形成，限制了渗碳体块向两侧的长大，使其只能向纵深扩张而长大为片状。而且，铁素体两外侧面出现奥氏体的富碳区，其高的含碳量又利于形成新的渗碳体晶核。如此反复，成为一组片层大致平行珠光体团。珠光体晶粒逐渐由晶界向晶

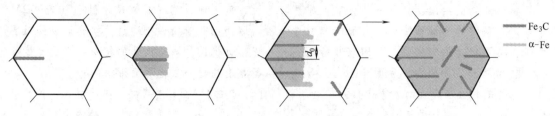

图 4-10 珠光体转变过程

内推进，直至相变全部完成。典型共析钢的珠光体片层相间组织状态如图 3-22 所示。

奥氏体晶粒越粗大，转变后形成的珠光体晶粒也粗大。基于珠光体中铁素体和渗碳体呈片状，通常把珠光体中的铁素体和渗碳体片的厚薄称为珠光体的分散度，片间距离 d_0 作为珠光体显微组织状态粗细的参数。片间距离越小，分散度越大，显微组织的晶粒越细。

4.3.2 珠光体转变的影响因素

在连续冷却条件下，珠光体转变是在一定温度范围形成的，转变进程采用转变图分析，因其形似 C 状，转变图也称为 C 曲线。为获得连续转变图，先作等温转变图。

1. 珠光体转变的 C 曲线

珠光体等温转变（TTT）曲线是基于实验方法，通过测量多份试样在不同温度等温过程中珠光体的转变进程而获得的，转变过程依据试样磁性或体积膨胀，如图 4-11 所示了 3 份共析钢试样的转变过程。这 3 份试样均加热至 Ac_1 以上进行奥氏体化，然后分别将试样放置于不同恒定温度的盐中。若测量的是磁性，则记录试样的磁性大小和对应的时间点（注：奥氏体无磁性，珠光体有磁性，如图 3-19 所示）。例如，置于温度 T_1 盐中试样开始出现磁性，说明珠光体转变开始，记录下时间点 a_1；磁性增加时继续记录时间点，直至出现 100% 的磁性，记录下时间点 b_1，说明此时奥氏体全部转变为珠光体。同样，记录置于温度 T_2 和 T_3 试样的转变过程。这样，点 a_i 有珠光体开始转变的含义，点 b_i 有转变终了的含义，分别连成线，得到开始转变线 a 和转变终了线 b，这两条曲线即为 TTT 曲线。两条 TTT 曲线将时间-温度坐标分为三个区域：开始转变线 a 左侧称为过冷奥氏体孕育区，在此区域内奥氏体无显著变化，称没转变的奥氏体为过冷奥氏体。孕育区时间的长短标志着

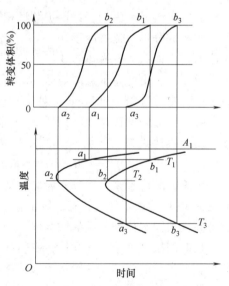

图 4-11 不同过冷度下共析钢的等温转变

过冷奥氏体的稳定性；两条 C 曲线的中间区域为珠光体转变区，此时为过冷奥氏体和珠光体的两相混合物；珠光体转变终了线右侧的区域为珠光体转变终了区。

在等温转变图上，作加热温度与冷却速度曲线，根据与 C 曲线的交点，判断扩散相变的种类和产物。

2. 影响 TTT 曲线的因素

图 4-11 所示为共析钢 TTT 曲线。材料和工艺两方面均对 TTT 曲线产生影响。

材料因素首先是含碳量。亚共析钢或过共析钢的 TTT 曲线形状与共析钢相似，不同之

处在于奥氏体在等温转变时，在 Ar_3 或 Ar_{cm} 温度以下首先析出铁素体或二次渗碳体，称先析铁素体或先析渗碳体，其 TTT 曲线上有一条先共析相的析出线。亚共析钢的 TTT 曲线如图 4-12 所示。

亚共析碳钢发生扩散型相变时，若奥氏体化温度区间在 $Ac_1 \sim Ac_3$，则原铁素体未发生固溶。未溶铁素体晶粒充当核心促进非自发先析铁素体、贝氏体和马氏体的形核；若是 Ac_3 以上的加热，铁素体先行形核，其含碳量低，所需原子扩散少，孕育期短，铁素体析出速度快，促进珠光体转变，使 TTT 曲线左移，如图 4-12 所示实线。对于过共析碳钢，若加热温度在 $Ac_1 \sim Ac_{cm}$ 区间，随含碳量增加，奥氏

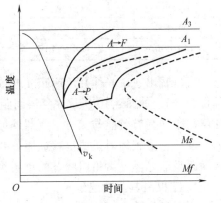

图 4-12 亚共析钢的 TTT 曲线

体中渗碳体未溶，作为晶核，促进珠光体的非自发形核，降低奥氏体的稳定性，即 TTT 曲线左移；若加热温度在临界区 Ac_{cm} 以上，随含碳量增加，奥氏体中含碳量高，渗碳体形核率增加，先共析渗碳体与珠光体孕育期缩短，转变速度增加，使 TTT 曲线左移。因此，对碳钢来说，共析钢的过冷奥氏体最为稳定，其 TTT 曲线处于最右的位置。

其次是合金元素。合金元素对 TTT 曲线的影响比较复杂，一般的规律是：除 Co 和质量分数大于 2.5% 的 Al 外，所有溶于奥氏体的合金元素均增加过冷奥氏体的稳定性，使 TTT 曲线右移。

一般认为，合金元素在奥氏体中扩散速度小，并且碳原子受到碳化物形成元素的影响扩散速度减慢，降低了碳的扩散速度，减缓珠光体转变，TTT 曲线右移。

工艺因素对 TTT 曲线的影响，首先是奥氏体化温度和保温时间的影响。奥氏体化时加热温度越高或保温时间越长，奥氏体晶粒越粗大，晶界减少，奥氏体成分趋于均匀，未溶碳化物数量减少，则降低奥氏体转变的形核率，增加过冷奥氏体的稳定性，TTT 曲线右移；反之，TTT 曲线左移。

其次是冷却速度。上述为奥氏体等温分解情形，轧制或锻造等工艺过程的过冷奥氏体往往属于连续冷却状态。冷却速度大，则大的过冷度产生大的自由能差，TTT 曲线形状改变，TTT 曲线向右向下移，称为过冷奥氏体的连续冷却转变（CCT）。

4.3.3 扩散型相变的显微组织状态

珠光体转变产物取决于材料的 TTT 曲线和冷却速度。慢速冷却时，冷却曲线与珠光体转变终了线的交点在高温区，完成珠光体转变，如退火；快的冷却速度，冷却曲线与转变终了线相交于低温区，显微组织以低温转变产物为主，如正火。各转变产物显微组织的晶粒尺寸不同，但珠光体均呈现 Fe_3C 和 $\alpha\text{-Fe}$ 相片状相间形貌，见表 4-6。若冷却曲线只与开始转变线相交而与转变终了线无交点，则部分奥氏体发生了珠光体转变，而剩余的过冷奥氏体将保持至室温或发生中温的贝氏体转变，或低温的马氏体转变，这取决于与冷却速度和转变图

中 Ms 和 Bs 点的关系。

表 4-6　珠光体类型转变组织

奥氏体分解温度/℃	过冷度 ΔT/℃	显微组织	Fe_3C 和 α-Fe 片间距/nm	硬度 HBW
$Ac_1 \sim 650$	$0 \sim -70$	珠光体 P	$150 \sim 450$	$170 \sim 250$
$650 \sim 600$	$-70 \sim -120$	索氏体 S	$80 \sim 150$	$250 \sim 320$
$600 \sim 550$	$-120 \sim -170$	屈氏体 T	$30 \sim 80$	$300 \sim 420$

可以看出，珠光体片层间距 d_0 与过冷度有关，用经验公式表示为：$d_0 = 8.02 \times 10^3 / \Delta T$，单位为 nm，如图 4-10 所示。片层间距越小，强度和硬度越高，符合 Hall-Petch 关系，其中片层间距即为有效晶粒尺寸。塑性方面，片状珠光体的塑性变形基本上发生在铁素体片层内，硬质相渗碳体对位错滑移起阻碍作用，位错最大滑移距离等于片层间距 d_0。因此，片层间距是珠光体显微组织状态的重要控制参数。

1. 正火及其显微组织

正火是加热至 Ac_3 或 Ac_{cm} 以上 $30 \sim 50℃$，保温一段时间后，然后在空气中冷却。该冷却速度较退火的冷却速度快。经正火后，钢材的组织较退火和热轧 AR 钢材的组织细小，正火组织主要为索氏体和屈氏体，见表 4-6。正火组织力学性能较好，可以作为普通零件的最终热处理状态。

对于过共析钢，如果二次渗碳体沿晶界网状分布引起硬脆的情况，如图 3-28 所示，采用正火处理，加热温度高于 Ac_{cm} 以上 $30 \sim 50℃$，然后在空气中冷却，可以改变渗碳体沿晶界的网状分布状态（正火后一般需进一步球化退火）；对于亚共析钢材料过软的情况，正火可以作为预先热处理，提升材料的硬度至适于切削加工。

正火工艺如图 4-13 所示。

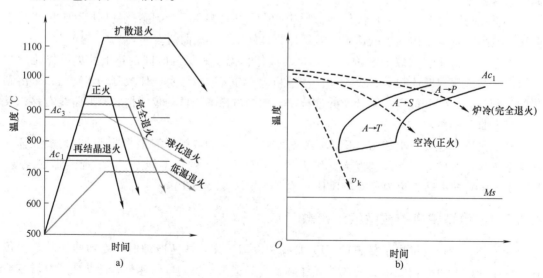

图 4-13　退火、正火工艺
a）工艺示意图　b）冷却速度与转变曲线

2. 退火及其显微组织

热提供给原子能量，助其克服激活能而发生扩散。而且，热作用下晶格缺陷开始恢复，晶格缺陷产生的应力应变场因而减弱。因此，退火不仅与正火一样用于产生相变，而且应用于细化晶粒、均匀化化学成分以及减小和消除内应力等。退火工艺如图4-13所示。

对亚共析钢中存在粗大的铁素体或魏氏体组织情况，完全退火以细化晶粒的工艺为：加热至 Ac_3 以上 $20\sim30℃$，保温一定时间后随炉冷却，冷至 $500℃$ 以下，从炉中取出随空气冷却。若亚共析钢中只是珠光体的晶粒粗大，则加热至 Ac_1 以上 $20\sim30℃$，使组织中的珠光体重新结晶一次而铁素体基本不变，这种退火称为不完全退火或再结晶退火。完全退火的工艺特点是时间长。

对于铸锭或大型铸件枝晶偏析的情况，扩散退火以均匀化化学成分的工艺为：加热至 $1015\sim1150℃$，保温 $10\sim20h$，然后缓慢冷却。扩散退火可改善钢材的热加工性能和力学性能。但扩散退火后金属的晶粒显著长大，所以退火后还要经过重结晶退火以细化晶粒。

对于铸和锻件、焊接件、热轧或冷拉工件的残余应力，低温退火以减小和消除残余应力的工艺为：将工件随炉缓慢加热（速度为 $100\sim150℃/h$）至 $500\sim650℃$ 以下，保温一段时间后随炉缓慢冷却（速度为 $50\sim100℃/h$）至 $200\sim300℃$ 以下出炉。船体分段焊缝的低温退火处理无法采用炉子加热，而一般采用火焰加热。

4.3.4　船舶工程用珠光体类型钢

船舶与海洋工程结构用钢含有一定量的碳和锰，提供了固态相变的合金化条件。在钢材各强度级中，热处理状态凡标记"N"的钢材，无论是独立或与形变处理字母符号的组合形式，其最终热处理状态为正火。正火工艺与热锻或热轧 AR（as-rolled）相比，冷却速度更快，得到软相固溶体的铁素体和硬相化合物的渗碳体组合，且晶粒更细小，因而正火钢的综合力学性能优异，不仅强度高，而且塑性和冲击韧性好，见表4-7。正火钢中有 Nb、Ti 和 V 等强碳化物形成元素，热稳定性好，有良好的焊接性。

表 4-7　不同供货状态的钢材性能

供货状态	R_m/MPa	R_e/MPa	$A_{10}(\%)$	$Z(\%)$	$a_k/(J/cm^2)$
热锻 AR	$640\sim735$	$295\sim390$	$5\sim15$	$20\sim40$	$20\sim40$
正火 N	$685\sim785$	$340\sim440$	$15\sim20$	$45\sim55$	$50\sim80$

4.4　冷却时钢的切变型相变

钢材加热至奥氏体后，将奥氏体以冷却速度大于临界冷却速度冷至马氏体开始形成温度 Ms 和马氏体形成终了温度 Mf 之间时，沿奥氏体特定晶面以共格切变方式形成马氏体，称为切变型相变或马氏体相变。马氏体的命名来自德国冶金学家 Adolf Martens。与扩散型的过冷奥氏体分解相比，马氏体相与奥氏体相为共格晶界，马氏体转变时晶格点阵的重构是通过位移实现的，而无原子的传输，也就是没有时间维度和溶解度的变化。

马氏体是碳在 α-Fe 中的过饱和间隙固溶体，简写为 α'-Fe 或 M。碳的质量分数最大为 2.11%，即奥氏体中碳的最大溶解度。当碳的质量分数<0.2%时，碳原子在位错、空位处偏集，晶格没有明显畸变，晶格仍为体心立方；当碳的质量分数>0.2%时，80%碳原子优先占据 c 轴方向的八面体间隙位置，20%碳原子占据其他两个方向的八面体间隙位置，使晶格产生不对称畸变：短轴 c 伸长，长轴 a 稍有缩短，呈体心正方结构（$a=b\neq c$；$\alpha=\beta=\gamma=90°$）。当碳的质量分数低于 0.6% 时，两晶格常数比值由 $c/a=1.005+0.045C$ 或 $c/a=1+0.031C$ 估算，式中，C 是碳的质量分数。

工程上称过冷奥氏体的马氏体转变为淬火。淬火后组织经回火或配分处理后综合性能优异，因而切变型相变得到马氏体是金属材料热处理提高性能的重要先行工艺。切变型相变不仅在钢材中发生，在许多金属及合金中都会发生，如 Al、Co、Ti、Cu-Al、Cu-Al 和 Fe-Ni 合金等。

4.4.1 马氏体的形成

1. 转变条件

马氏体转变要大过冷度。冷却速度大于临界冷却速度（图 4-2 所示的 v_k），使过冷奥氏体中的碳来不及扩散而不发生扩散型转变。马氏体转变时新旧两相自由能差值为相变驱动力。Ms 点代表了马氏体转变所需最小自由能差的温度，过冷奥氏体与马氏体自由能差可表示为

$$\Delta G = G^{\gamma} - G^{\alpha'} = \Delta G^{Ms} + \Delta S^{Ms}(T - Ms)$$

式中，T 是绝对温度；ΔG^{Ms} 是化学自由能差，近似为 -1250J/mol；ΔS^{Ms} 为熵差，近似为 6.8 J/（mol·℃）[113]。

可以看出，自由能差 ΔG 相当大。

马氏体转变时阻力包括界面能与弹性应变能两部分。马氏体转变为共格界面的转变，要克服的界面能小。马氏体与奥氏体比体积差大，相变过程中：①维持切变需要克服弹性应变能；②宏观均匀切变需做功；③不均匀切变时，马氏体的高密度位错和孪晶等晶格缺陷需要能量；④邻近过冷奥氏体基体需要协调变形而做功。由本节【知识拓展】可知，弹性应变能大。由此可见，马氏体转变时需要消耗大量能量，因此转变阻力大。这就需要大的驱动力。

2. 转变方式

马氏体切变示意图如图 4-14 所示。试样表面的直线 ACB，在相变后变为折线 $ACC'B'$，其中 C' 发生切变而凸出于表面，而 C' 所在的界面为新相马氏体和母相奥氏体所共有，称为切变共格界面或晶面，也称为惯析面。惯析面两侧原子位置相对应，使马氏体与奥氏体保持严格的位向关系，位向关系与碳的质量分数有关：当碳的质量分数 < 0.5% 时，惯析面为 $\{111\}\gamma$；当碳的质量分数为 0.5%～1.4% 时，惯析面为 $\{225\}\gamma$；当碳的质量分数为 1.5%～1.8% 时，惯析面为 $\{259\}\gamma$。还有更多影响惯析面的因素正被研究者发现。可以看到，马氏体形成时，原子只做有切向的规则迁移，各原子

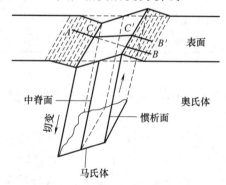

图 4-14 马氏体切变示意图

的相邻关系不变，且马氏体与母相奥氏体晶界的共格关系不变，化学成分不变。

马氏体的形成速度快，约 $10^{-3}\sim10^{-4}\text{s}$，不需要孕育时间。在马氏体开始形成温度（$Ms$ 点）以下，随着温度的下降，马氏体量的增加不是通过马氏体的长大，而是通过形成新马氏体的方式。因此，一个马氏体晶粒即为原奥氏体的晶粒，其晶界即为原奥氏体晶界。

马氏体转变有特定的温度区间，开始转变温度 Ms 和转变终了温度 Mf。由于马氏体不长

大，因而恒温停留对马氏体的形成无影响，马氏体的含量只取决于冷却到的温度。

3. 转变工艺

淬火工艺是加热至 Ac_3 或 Ac_1 温度以上，以大于临界冷却速度的冷却速度冷却以得到马氏体。工艺参数主要有淬火温度和淬火冷却介质。

1）淬火温度。亚共析钢淬火温度在 Ac_3 以上 30~50℃，淬火后得到均匀细小的马氏体。淬火温度过高会得到粗大的马氏体组织，并引起严重的变形，称为过热或过烧；温度过低时钢材组织不能全部转变为奥氏体，冷却后组织中含有铁素体造成淬火钢材硬度不够。过共析钢淬火温度为 Ac_1 以上 30~50℃，淬火后得到细小的马氏体和粒状渗碳体。如果淬火温度过高，会得到片状马氏体，引发淬火变形，且淬火后组织中残留奥氏体量将增加；淬火温度低一些可减少和避免脱碳和氧化现象。合金钢的淬火温度，由于除 Mn、P 外其他合金元素均有阻碍晶粒长大的能力，再考虑到合金元素的均匀化，其淬火温度比碳素钢稍高。

2）淬火冷却介质。在 TTT 曲线尖端附近的冷却速度要大于临界冷却速度 v_k，曲线尖端所处的温度约在 600~550℃ 之间。而从高温冷至 650℃ 及在 400℃ 以下的冷却速度可以慢些，为钢的理想淬火冷却速度，如图 4-15 所示的折线。达到此冷却速度的介质有水、水+氢氧化钠（或氯化钠）和油三种。

水作为冷却介质的特点是：在 600~500℃ 和 300~200℃ 两个温度区间的冷却速度大。前者是因为水开始汽化需要大量的热，而后者正是奥氏体转变为马氏体的温度。冷却速度快产生大的热应力，与形成马氏体产生的组织应力叠加，使工件开裂倾向大。

水和氢氧化钠（或氯化钠）作为冷却介质的特点是：在 600~500℃ 时冷却速度大（>600℃/s）。原因在于氢氧化钠（或氯化钠）在工件表面爆裂破坏了汽化膜，使冷却速度加快；而在 300~200℃ 时仍具有相当大的冷却速度。

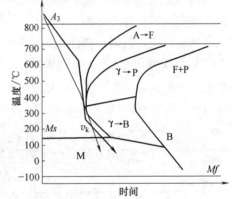

图 4-15　钢的理想淬火冷却曲线

油（豆油、机油）作为冷却介质的特点是：冷却速度慢。

比较而言，若工件在 650~550℃ 时 18℃ 水中的冷却能力为 1，那么在 50℃ 机油中的冷却能力为 0.25；如果工件在 300~200℃ 时 18℃ 水中的冷却能力为 1，那么在 50℃ 机油中冷却能力仅为 0.1。工程上常采用梯度冷却，如水快冷后在 300~200℃ 时转为油冷。

4.4.2　马氏体转变的影响因素与钢的淬透性

由马氏体形成条件可知，冷却速度大于材料的临界冷却速度且冷至 Ms 点以下才能形成马氏体。影响 Ms 温度和 v_k 的因素包括材料因素和工艺因素。

1. 影响临界点的材料因素

Ms 点是发生马氏体转变需要的最小驱动能量的温度。碳素钢的含碳量高，Ms 温度低，如图 4-16 所示。合金元素对 Ms 点产生影响：Al、Co 使 Ms 升高；Si、Cu、Ni、Cr 使 Ms 下降；而 Mn 可使 Ms 显著下降。合金元素对 Ms 点的影响可以量化为[114]

$$Ms = 539 - 423C - 30.4Mn - 17.7Ni - 12.1Cr - 7.5Mo \tag{4-17}$$

而文献［115］给出的公式为 $Ms=565-(31Mn+13Si+10Cr+18Ni+12Mo)-600(1-e^{-0.96C})$；从列举的文献可以看出，碳对降低 Ms 影响最大，Mn 次之。

除了合金元素的影响，奥氏体组织状态对 Ms 点也有影响[116]：$Ms=545-423C-30.4Mn-7.5Si-60.5V_\gamma^{-1/3}$。其中，各元素以质量分数计算；$V_\gamma$ 是平均奥氏体晶粒的体积（μm^3）。或者考虑奥氏体晶粒尺寸 d_γ 对 Ms 温度的影响时[117]：$Ms=550-361C-39Mn-17Ni-10Cu+30Al-56.5(2d_\gamma)^{-1/2}$。

合金元素对 Mf 产生影响。对于碳素钢而言，低碳钢的马氏体转变在室温下即可完成；高碳钢 Mf 温度低，马氏体的转变在室温下不会完成。为了使马氏体转变完成，需把工件冷至室温以下，即为冷处理。

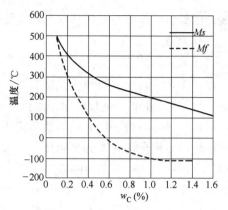

图 4-16　含碳量对 Ms 影响

2. 影响临界点的工艺因素

（1）冷却速度对 Ms 的影响　如 22MnB5 钢实验结果表明，冷却速度较慢时，Ms 随冷却速度降低而向下偏移，如图 4-17a 所示；而当冷却速度快时，随冷却速度增大，Ms 向上偏移，且偏移量随热处理或塑性加工处理不同而变化[118]。

（2）奥氏体化程度对 Ms 的影响　内临界奥氏体化和 Ac_3 以上的完全奥氏体化对 Ms 产生影响，如图 4-17b 所示[119]，完全奥氏体后化学成分均匀，碳的质量分数为 0.15% 的双相钢（60% 马氏体+40% 铁素体）的 Ms 点要高于内临界奥氏体化的。

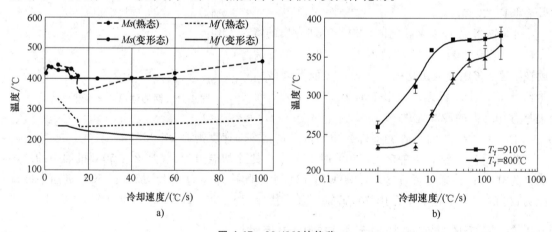

图 4-17　Ms/Mf 的偏移

a）冷却速度　b）奥氏体化程度

3. 影响临界冷却速度的材料因素

（1）钢材种类对钢材临界冷却速度 v_k 的影响　为说明钢材的临界冷却速度随钢材种类的不同，设有直径相等两种圆柱形钢材 1 和 2，如图 4-18 所示，忽略导热性差异，当外界冷却速度相同时，钢材径向心部与外表面冷却速度并不同。材料 1 的临界冷却速度 v_{k1} 较小，转变为马氏体层厚度 δ 大（$\delta_1>\delta_2$）；而材料 2 的马氏体的临界冷却速度 v_{k2} 较大（$v_{k1}<v_{k2}$），转变为马氏体层厚度薄，即材料 1 的淬透性高于材料 2。可见材料淬透性可以采用临界冷却

速度 v_k 表示，临界冷却速度小的钢材淬透性高。

（2）含碳量对临界冷却速度的影响　如图 4-19 所示，亚共析钢随含碳量的增加，临界冷却速度降低；而过共析钢随含碳量增加，临界冷却速度增加。

合金元素对临界冷却速度的影响，除 Co 外，大多数合金元素如 Mn、Mo、Al、Si、Ni 使 TTT 曲线右移，从而降低临界冷却速度，使钢的淬透性得到显著提高。因而合金钢的淬透性高，临界冷却速度小，因而慢的冷却速度即能产生马氏体相变。

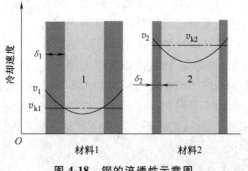

图 4-18　钢的淬透性示意图

4. 其他因素

如以 0.07 /s 的应变速率产生 40% 应变时，其 Ms 随变形量的改变和冷却速度的改变如图 4-17a 所示[118]。随冷却速度增加，热态 Ms 是先降低后回升；而有外加压应力场时，慢冷时 Ms 点较热态向下偏移，而快冷时 Ms 发生向上偏移。即在 Ms 点温度以上的塑性变形会诱发马氏体转变，所形成的马氏体称为形变马氏体，形变马氏体转变点 Md 大于 Ms。原因是形变引起位错密度增加，晶格缺陷增加，从而使系统自由能增加，提高 Ms 点。近年来形变马氏体引起关注。

另据报道，外加物理场对 Ms 点产生影响。外加物理场包括磁场和电场[120]，物理场能量的输入改变了相变的热力学自由能差，从而影响 Ms 点。但得到的结果还较为发散，规律性尚需实验观察。

外加物理场以及应力状态对 Ms 点的影响增加了铁素体和马氏体双相钢的内临界轧制和快冷工艺控制难度，特别是外加应力场，如过冷奥氏体的塑性加工，见 4.6 节。

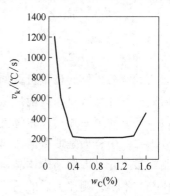

图 4-19　含碳量对临界冷却速度的影响

4.4.3　切变型相变的显微组织状态

1. 显微组织状态

马氏体的显微组织状态与含碳量、合金元素以及 Ms 点有关。碳的质量分数小于 0.3% 的碳素钢，淬火组织可全部为板条状或孪晶马氏体；碳的质量分数大于 1.0% 的碳素钢，淬火组织可全部为片状马氏体；碳的质量分数在 0.3%～1.0% 之间，常同时含两种形态马氏体，另有透镜片状、蝴蝶状、薄片状及 ε 马氏体。

板条状马氏体的显微组织如图 4-20a 所示，可见成群的板条（Lath），如图 4-20b 所示，板条尺寸约为 $0.5\mu m \times 5\mu m \times 20\mu m$，惯析面为 $\{111\}$ γ。板条与奥氏体的位向绝大多数符合 K-S 关系，如晶面族间平行，$\{111\}\gamma // \{111\}\alpha'$，每一个板条为一个马氏体单晶体。几个不同取向小于 15° 的板条组成马氏体块（Block），块间角度为 55°～65°。多个块组成束（Packet），束间角度为 45°～55°。多个束即组成先析奥氏体晶粒。先析奥氏体的晶界角度在 15°～45°。这些板条、块、束统称为马氏体的亚结构（Sub Structure），如图 4-20c 所示。马氏体亚结构为板条，因晶界小角度，因而也称为位错，因而称为位错型马氏体。稠密的马氏体板条缝隙充满连续的高度变形的残留奥氏体薄膜。残留奥氏体的含碳量高，能在室温下稳定存在。虽然改变奥氏体温度可以显著改变奥氏体晶粒大小，但对马氏体板条宽度几乎不影响；板条群的大小随奥氏体晶粒的增大而增大，两者之比大致不变。所以在一个奥氏体晶粒内生成的马氏体板条群的数量基本不变。随淬火冷却速度增大，马氏体板条群厚度和同位向束宽同时减小。因此，淬火时加速冷却有细化板条马氏体组织的作用。

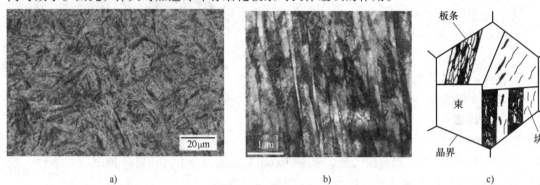

a)　　　　　　　　　　　b)　　　　　　　　　　　c)

图 4-20　板条状马氏体

a）显微组织　b）板条　c）亚结构示意图

　　针状马氏体的显微组织如图 4-21 所示，常见于碳的质量分数大于 1.0% 的高碳钢。马氏体截面呈针状或双凸透镜片状，称为透镜状或针状马氏体。当奥氏体过冷到 Ms 点以下时，最先形成的第一片马氏体将贯穿整个奥氏体晶粒（一般不穿过晶界），成为中脊，将晶粒一分为二。中脊面是惯析面，厚度大约为 $0.5 \sim 1\mu m$。后面生成的马氏体由于受到中脊面的限制而被隔开，因此马氏体晶粒尺寸大小不一，最大尺寸取决于原奥氏体晶粒大小。原始奥氏体晶粒细小，则淬火后的马氏体针也很细小，以致一般光学显微镜下无法分辨出马氏体针的形状，只观察到布纹状，被称为隐晶马氏体，针状马氏体的亚结构主要是 $\{112\}\alpha'$孪晶，因此又称为孪晶马氏体，针间角度约为 60° 或 120° 而不互相穿过。这种形态当奥氏体晶粒粗大时特别明显。在马氏体周围往往存在残留奥氏体，由于含碳量高，残留奥氏体很稳定，因此针状马氏体转变也不完全。

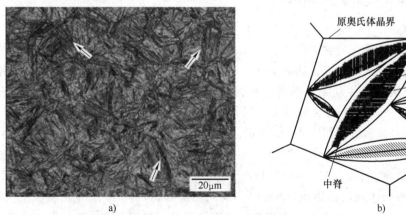

a)　　　　　　　　　　　　　　　　　　b)

图 4-21　针状马氏体

a）显微组织　b）示意图

淬火组织中除了马氏体外，过冷奥氏体不能全部转变为马氏体而残留下来，称为残留奥氏体（retained austenite，RA）。淬火组织中含有残留奥氏体的原因：①RA 与最终冷却温度有关，如果冷却温度没达到 Mf，则 RA 存在，若温度继续降低则残留的过冷奥氏体能继续转变为马氏体；②RA 与含碳量有关，若碳的质量分数高于 0.5% 时，存在残留奥氏体，且随含碳量增加，残留奥氏体量增加；③奥氏体为面心立方固溶体，为密排列方式，故在奥氏体转变为马氏体时会伴随有体积膨胀，产生相变应力。这种在组织转变过程中在金属内部形成的应力称为组织应力，与晶格畸变应力场一样，属于内应力。随马氏体转变量的增加，残留奥氏体受到的压应力越大，以致使剩余少量奥氏体受到大的压应力约束，即便冷却至 Mf 以下也无法转变为马氏体。在压应力作用下的 RA 稳定，称为机械稳定。因此，淬火组织总是马氏体和残留奥氏体的混合。据统计，碳素钢在第一次淬火后马氏体质量分数约为[121]

$$f_M = 1 - \exp\left[c(Ms - T_Q)\right] \tag{4-18}$$

式中，Ms 和 T_Q 分别是马氏体开始形成温度和第一次淬火温度，单位为℃；c 是常数。

此外，合金元素影响残留奥氏体。其中，Mn、Cr、Ni 等元素由于可以降低 Ms，因而增加残留奥氏体的含量；Co 可降低残留奥氏体的含量；Si 对残留奥氏体的含量影响不大。

淬火组织的位错密度是其重要的显微组织状态参数。马氏体中固溶的碳原子使马氏体晶格产生畸变，碳原子钉扎位错以及马氏体的孪晶子结构，使马氏体位错密度高，如图 4-22 所示碳的质量分数小于 0.3% 时板条马氏体形态，可见高密度的位错分布。另外，马氏体晶粒细小也是位错密度高的原因。

图 4-22　马氏体中位错

2. 马氏体的力学性能

马氏体的晶格畸变产生的应力场阻碍位错运动，碳原子钉扎位错产生固溶强化；合金元素在马氏体中多形成置换固溶体，产生的晶格点阵畸变效果不如碳原子强烈，因而产生的固溶强化效应较小。马氏体的孪晶结构能阻碍位错运动，故孪晶结构也能强化马氏体。随含碳量增加，马氏体亚结构中孪晶量增多。因此，马氏体的位错、孪晶等亚结构有增强、增硬效果。此外，马氏体在淬火过程或淬火后在室温停留过程中，碳原子可能发生偏聚甚至弥散地析出碳化物，产生时效第二相强化效应，如图 4-23 所示。

另外，原奥氏体晶粒越细小，则马氏体晶粒尺寸也细小。以冷却速度、原奥氏体晶粒尺寸或亚结构，如块、束或板条的尺寸进行统计，可估算马氏体的强度，见表 2-2 和式（2-1）。量化表达式为

$$HV_M = 127 + 949C + 27Si + 11Mn + 8Ni + 16Cr + 21\lg V_R \tag{4-19}$$

式中，V_R 是冷却速度，单位是℃/h；其余是各合金元素质量分数。

式（4-19）适用于 C 的质量分数小于 0.5%、Si 的质量分数小于 1%、Mn 的质量分数小于 2%、Ni 的质量分数小于 4%、Cr 的质量分数小于 3%、Mo 的质量分数小于 1%、V 的质量分数小于 0.2% 的低合金钢，包括热影响区、轧制等热工艺过程的硬度估算。随含碳量增加，淬火钢 HRC 增加，但达到碳的质量分数为 0.6% 时，硬度基本上趋于定值。

因此，马氏体的高强度和硬度是固溶强化、相变（亚结构）强化和时效第二相强化等多因素

共同作用的结果，且呈现的规律是：碳的质量分数小于0.8%时，随含碳量增加而提高。

马氏体韧性取决于其含碳量和亚结构（孪晶或位错）。板条状马氏体中，马氏体块和束尺寸与断裂韧性直接相关，如图4-24所示裂纹沿马氏体束扩展，因而其是影响韧性的显微组织有效参数。

强度相同的马氏体钢，位错型马氏体的断裂韧性高于孪晶马氏体，原因在于孪晶马氏体滑移系少，位错不易开动，容易引起应力集中，降低了断裂韧性。

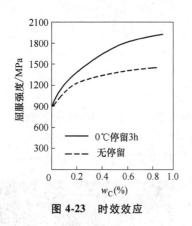

图4-23　时效效应

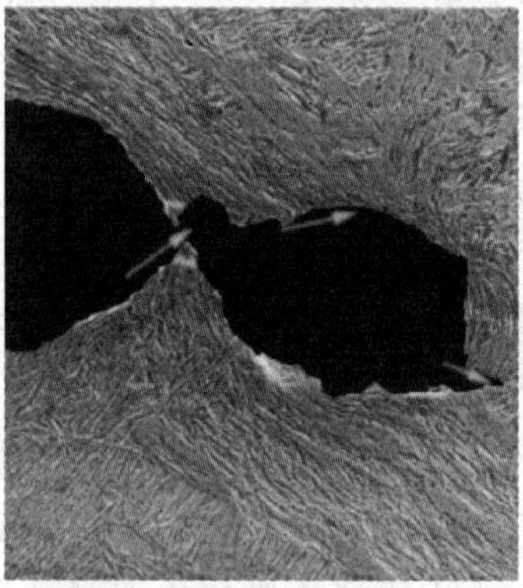

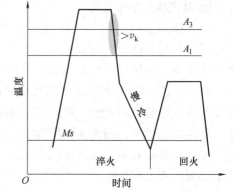

图4-24　裂纹沿马氏体束扩展

4.4.4　淬火组织的稳定化与钢的回火

淬火虽然得到了晶粒细小的马氏体，但有组织应力的马氏体的脆性大，且残留奥氏体不稳定，因而热力学条件下的淬火一般不作为最终热处理状态，而是在淬火后紧接稳定化工艺。稳定工艺有两种：一种是经典的热稳定法，即淬火后的回火；另一种是配分，是2003年后发展起来的。

回火是加热到Ac_1以下某个温度保温一定时间、然后冷却到室温的热处理工艺。淬火+回火工艺示意图如图4-25所示。回火的目的是减小或消除内应力，稳定组织，还根据回火温度不同，调节力学性能，特别是冲击韧性的恢复。

1. QT钢的强度和硬度

钢材回火时的组织转变仍采用测量体积或磁性的变化。采用热膨胀法时，若奥氏体体积为1，则转变为珠光体和马氏体时，体积增量分别2%和4%。按回火温度区间的不同，回火组织见表4-8。

图4-25　淬火+回火工艺示意图

表4-8　钢的回火组织

回火温度/℃	组织名称	组织状态	硬度HRC
727~650	珠光体	球状珠光体	7~20
650~500	回火索氏体	球状细小Fe_3C和F	20~30
500~300	回火屈氏体	极细小弥散Fe_3C和F	30~40
<300	回火马氏体	部分分解了的马氏体和马氏体成共格的碳化物	—

（1）低温回火　低碳钢为150~250℃、高碳工具钢为200℃，在此温度以下的回火称为低温回火，得到的组织与具体回火温度区间有关。低于100℃回火时，碳原子从马氏体中脱溶析出而偏聚；在100~250℃之间回火时，随回火温度升高以及回火时间延长，富集的碳原子发生有序化，继而以亚稳的ε碳化物析出，即马氏体发生分解。马氏体中的过饱和碳降低，正方度c/a减小，体积减小，转变为立方马氏体，并且立方马氏体的含碳量与淬火钢的含碳量无关。称立方马氏体和ε碳化物的混合组织为回火马氏体。此时，钢材的硬度降低，脆性减小，但耐蚀性差。

在200~300℃区间的回火，残留奥氏体分解为回火马氏体，此过程将引起体积增大。一般钢中的残留奥氏体在150℃即可分解，低于Ms点等温保持时，残留奥氏体则等温转变为马氏体。合金钢中的残留奥氏体要在较高的温度才可分解。

回火马氏体硬度为58~64HRC，高硬度和耐磨性得到保留，脆性降低，残余应力小。

（2）中温回火　在300~400℃回火时，过饱和固溶体分解，马氏体中的过饱和碳全部析出，并发生Fe_xC-Fe_3C的转变，体心正方晶格的畸变消除；回火温度达到400℃时，α'相回复后仍为板条状，只是板条宽度由于相邻板条的合并而增大，形成了铁素体和渗碳体的混合物，即珠光体；随回火温度升高，原子活动能力增强，晶内缺陷及各种内应力逐渐下降至基本消除；回火温度未超过Ms时，残留奥氏体转变为马氏体；回火温度超过Ms时，残留奥氏体转变为贝氏体。

在400~500℃间回火，α'中的位错胞和胞内位错线将通过滑移和攀移逐渐消失，晶体中的位错密度降低，剩余位错重新排列成二维位错网络，形成由它们分割而成的亚晶粒。析出的碳化物开始聚集和球化式长大，如图4-26所示，形成类似屈氏体的组织，称为回火屈氏体。材料韧性好，弹性和屈服极限高，硬度约35~45HRC。因而中温回火主要用于齿轮和各种弹簧的处理。

（3）高温回火　温度超过600℃回火时，α'相发生再结晶。碳化物不呈低温时细颗粒状的弥散分布状态，而是聚集长大而球状粗化，

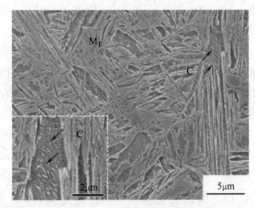

图4-26　马氏体中碳化物析出

其成长为小颗粒溶解、大颗粒长大的机制。一般将等轴铁素体和尺寸较大的粒状渗碳体的混合组织称为回火索氏体，其具有较高的强度和冲击韧性。将淬火+高温回火称为调质处理。

回火索氏体和回火屈氏体与索氏体和屈氏体没有本质区别，只是回火索氏体和回火屈氏体中的渗碳体为球状，而珠光体类型中的索氏体和屈氏体中的渗碳体为片状。一些位错密度很低的脆块将长大成等轴α'相晶粒。经过再结晶，板条特征完全消失。

高碳工具钢在150~300℃温度区间回火，即能得到屈氏体和马氏体，钢材的硬度没有显著下降而内应力却显著减小。如果应用于冲击环境，则要在500~650℃回火，经调质处理后，钢材性能较正火索氏体好。某些高合金钢在640~680℃进行回火以软化。量具类的精密工件，为了保证淬火后的高硬度和尺寸稳定，在100~150℃保温10~50h，称为尺寸稳定回火。

合金元素对淬火回火钢的显微组织和力学性能产生影响。合金钢在淬火后得到合金马氏体和合金奥氏体，组织在回火时主要发生三种类型的转变：①合金马氏体分解；②合金奥氏体分解；③合金碳化物形成和聚积。又由于合金元素不仅自身难以扩散，而且对碳原子的扩散有不同阻碍作用，故这三类转变速度慢。Cr、V、Ti、Mo 等碳化物形成元素及 Si 都能非常显著地减缓马氏体的分解，使马氏体在较高的回火加热温度仍保持过饱和状态。因此在相同的回火温度，合金钢较碳素钢有较高的硬度；Mn、Cr、Si、Co 对残留奥氏体分解的影响较大，Ni、Mo、W 对残留奥氏体分解的影响较小。V、Mo、W、Cr 等碳化物形成元素及 Si 能阻碍碳化物的聚积，含有这些元素的合金回火后碳化物更细小，有利于沉淀强化。

2. QT 钢的韧性

淬火回火钢的韧性随回火温度的变化较为复杂，虽然总的趋势是回火温度越高，韧性越好。但在两个温度区域容易出现韧性下降的现象，分别称为第一类回火脆性和第二类回火脆性，如图 4-27 所示。钢的断口呈沿晶断裂形貌。

第一类回火脆性又称为低温回火脆性，是淬火钢在 250~400℃ 之间回火时产生的，几乎所有的钢均存在第一类回火脆性，其原因是在此温度范围内，碳化物沿马氏体晶界析出（图 4-26）并不断增厚，形成脆性薄壳。由于碳化物的比表面能 γ_s 小，由式（1-3）可知断裂韧度低。焊接接头在该温度区间的热影响区则易产生裂纹，正因为是碳化物析出引起的。因而高碳钢第一类回火脆性敏感性大于低碳马氏体钢的，高碳钢在低于 300℃ 回火时其塑性几乎为零。合金元素的存在能减小硬度和强度降低的趋势，因而有增加回火稳定性的作用。第一类回火脆性不易消除，因而也称为不可逆回火脆性。工艺上应避免在此温度区间的回火。

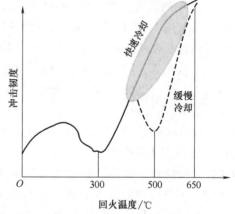

图 4-27　40Cr 钢在不同温度回火后的力学性能（$D = 12\text{mm}$ 油淬）

第二类回火脆性又称为高温回火脆性。含 Cr、Mn、Ni 以及 P 等元素的钢在 450~550℃ 区间回火时，各元素向原奥氏体晶界集聚，其中，Cr 和 Ni 不仅自身偏聚，还会促进 P 等杂质元素的偏聚而诱发脆性。更高温度回火后缓冷也会因此引起脆性。这类回火脆性可以通过重新回火加热并快速冷却至室温来消除，因而也称为可逆回火脆性。显微组织粗大会进一步加剧合金元素的偏聚效应。正因为第二类回火脆性是合金元素的偏聚引起的，因而第二类回火脆性常见于高强钢，而碳素钢一般不会发生。

强碳化物形成合金元素可抑制晶粒粗化和杂质元素的晶界集聚，因而有助于抑制回火脆性。合金元素 Mo 也不偏聚，对抑制杂质元素向奥氏体晶界集聚有作用。

除了淬火组织的热稳定化外，2003 年提出的配分工艺也可对残留奥氏体进行稳定化，其思想是使马氏体中过饱和的碳向残留奥氏体中扩散，增加残留奥氏体的碳量使其稳定，而马氏体中过饱和的现象得到缓解，组织应力得到消除。配分是将淬火的材料加热至 400℃ 左右，在该温度下，碳有足够的扩散能力而铁无扩散能力。淬火 & 配分钢材的综合力学性能好，特别是塑性，因而冷加工成形性好，广泛应用于车辆用钢。

除了淬火马氏体的热稳定化外，形变处理也有利于淬火组织的稳定。形变处理是指在

Ms 点稍高温度范围使过冷奥氏体变形，促使 M 转变，在 Ms 点以上温度（称为形变马氏体形成温度，Md）即可形成一部分的马氏体，即形变诱发马氏体，相当于提高了 Ms 点。变形量达到一定程度，随后冷却时 M 转变困难，使 Ms 点下降，残留 A 量增多，从而达到 RA 的稳定化。此外，采用电焦耳热对淬火马氏体处理后，残余应力显著下降，位错密度降低，而残留奥氏体得到稳定，韧性得到提高（Xiong et al.，2022[122]），其工程实用性有待进一步验证。

4.4.5　船舶工程用淬火回火钢

船用铸钢件一般以完全退火、正火、正火+回火或淬火+回火等热处理状态供货，广泛应用于船的曲轴、螺旋桨、锅炉、受压容器与管系，还有低温用的铁素体钢和奥氏体不锈钢。铸钢件的最小抗拉强度不小于 400MPa 和屈服强度不小于 200MPa。船体结构、机械、锅炉、受压容器和管系的灰铸铁、球墨铸铁或其他高强度铸铁件，以完全退火、正火或淬火（油冷）和回火等作为供货状态；在机加工前，进行退火消除内应力。

在船舶结构用的屈服强度范围 420~960MPa 共 8 个强度级的 H 系列高强度钢中，交货状态为 QT（Quenching & Tempering）类钢材，或强度后加 QT 的钢材，经过淬火得到马氏体或贝氏体，回火后得到晶粒细小显微组织，位错密度较淬火马氏体大幅降低，马氏体的晶粒位向基本保持，韧性和塑性部分恢复；回火过程中微合金（为提高钢铁某些特定性能而在原有成分的基础上加入一般质量分数不超过 0.2% 的少量合金）元素沉淀于晶界。QT 高强度钢力学性能见表 4-9。

表 4-9　QT 高强度钢力学性能（$t<50$mm）

钢级和交货状态	屈服强度/MPa 不小于	抗拉强度 /MPa	断后横向伸长率 （%）	夏比 V 型缺口横向冲击吸收能量/J
H420QT	420	520~680	19	28
H460QT	460	540~720	17	31
H500QT	500	590~770	17	33
H890QT	890	940~1100	11	46

注：890 强度级钢冲击韧度级为 A、D、E 三级，其余为 A、D、E、F（0、−20℃、−40℃、−60℃）四级。

高强度钢主要有细晶强化、位错强化、固溶强化以及第二相强化等提高性能机制。微合金元素 Nb、V 和 Ti 等形成热稳定的化合物相，沉淀于晶界并钉扎晶界，有效抑制焊接热影响区因晶界的推移而形成的晶粒粗大，细晶效果好，有效避免焊接热影响区的过热软化和脆化等焊接性问题。

【知识拓展】　钢的淬火配分工艺

钢材淬火后组织为马氏体和残留奥氏体（RA），如前所述，RA 稳定性差，极易分解。回火可有效稳定化 RA。此外，淬火配分工艺（Q&P）是淬火后迅速在一定温度下保持一段时间的工艺，是美国学者 Speer 等（Speer et al.，2003）[124] 于 2003 年提出的。与过冷奥氏体相变不同的是，淬火配分工艺是复合工艺，如同淬火后回火是复合工艺一样。这部分内容列于此处，原因是配分工艺与过冷奥氏体的中温转变有相似之处，即等温过程的非浓度导向的碳原子定向扩散，巧妙地利用了铁原子与碳原子扩散激活能的差异。

Q&P 工艺包括淬火和配分两个工艺过程，如图 4-28 所示。淬火过程包括加热至奥氏体化和随后冷却到 $Ms \sim Mf$ 温度或室温，这个温度称为淬火温度，得到一定质量分数的一次过饱和马氏体和残留奥氏体，两者都不稳定。配分过程包括加热至配分温度、保温一段时间后冷却。在配分温度下，碳原子从过饱和的一次马氏体相中扩散至 RA 中，使 RA 富碳而室温稳定。配分温度下碳仍具有相当的扩散能力，而铁和合金原子难以移动。同时，碳向 FCC 的 γ-Fe 中扩散使其富碳，而不是浓度差驱动地向马氏体中扩散，原因在于：对于一个晶格而言，

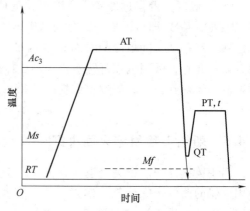

图 4-28　Q&P 工艺示意图

碳在奥氏体中扩散需要克服的能量障碍为 1 个，约 1.5eV，而向体心正方晶格结构的马氏体扩散则需要克服 2 个约 0.9 eV 的能量障碍[125]。碳扩散的能量障碍见表 4-10。也有观点认为配分温度取 Ms 点以下，此时奥氏体因 FCC 结构，碳溶解度大，马氏体溶解度小，两相间存在碳原子热动力差，在热动力驱动下，碳由过饱和马氏体相向残留奥氏体界面及晶内扩散。马氏体则因碳溶解度降低而晶格畸变程度降低，强度随之下降。

表 4-10　碳扩散的能量障碍[125]

温度/℃	γ-Fe/eV	α/α'- Fe/eV
175	1.66	0.9×2
350	1.36	0.89×2

为使所有残留奥氏体能获得足够含碳量而室温稳定，因而需适当调节淬火配分工艺各参数。其中，淬火温度影响一次马氏体质量分数，配分温度与时间长短影响最终奥氏体化学成分和质量分数。不同种类的材料，其化学成分和应力状态也不同，均对淬火配分工艺参数产生影响。配分温度一般在 175 ~ 350℃，配分温度不高于 Ms 点可以避免贝氏体组织的形成，温度过低则碳倾向于形成碳化物[126]。

淬火配分工艺不仅保持了一定量室温稳定的残留奥氏体，而且奥氏体一般以薄膜状存在于马氏体板条间，淬火配分组织的室温组织为马氏体和稳定化的残留奥氏体，有时保留一定量的铁素体。该工艺综合利用铁素体的塑性、马氏体强度以及奥氏体产生的相变诱导塑性（transformation-induced plasticity，TRIP）效应和阻碍裂纹扩展效应，使材料获得高的强度和良好的塑性及韧性，是提高冲击韧性的重要手段。例如，3Mn-1.6Si-0.3C 钢经淬火配分处理后屈服强度可达 1500MPa，而伸长率能达到 15%。

淬火配分钢典型组织为马氏体和铁素体以及残留奥氏体，如 QP1180 钢化学成分为 0.19C、2.76Mn、1.6Si、0.039Al、0.003S、0.01P，经 Q&P 处理后显微组织如图 4-29 所示。组织内铁素体、残留奥氏体的质量分数分别为 11.7% 和 7.8%，其余为马氏体相，晶粒尺寸为 0.6μm。该钢材激光焊和 TIG 焊后热影响区的内临界区马氏体和奥氏体均产生分解，碳化物析出，硬度为母材的 80% ~ 84%，即软化；随着残留奥氏体的分解，塑性随之下降。

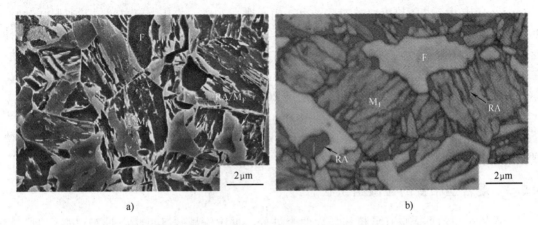

图 4-29　马氏体+铁素体和少量残留奥氏体的 QP 组织
a）组织　b）相

4.5　冷却时钢的混合型相变

过冷奥氏体在珠光体与马氏体相变之间的中温区（550℃~Ms）停留时，将发生中温转变，又称为贝氏体转变，如图 4-2 所示。中温转变产物称为贝氏体，来源于 20 世纪 40 年代的美国物理冶金学家 Bain。热处理工艺示意如图 4-1 所示折线。

4.5.1　贝氏体的形成

贝氏体由高含碳量的碳化物相和低含碳量的铁素体相组成。一方面，与母相奥氏体均匀分布的碳相比，贝氏体转变发生了如同扩散型相变的碳原子的扩散，但又不同的是：在中温区，合金元素和铁原子由于激活能高而不扩散或不长程扩散，只有碳原子因激活能低而有能力扩散。另一方面，贝氏体转变又类似于马氏体的切变式：贝氏体形成时有表面浮凸，与母相奥氏体有确定的位向关系，铁素体的惯析面为 {111}γ，与奥氏体之间的位向接近 K-S 关系；碳化物惯析面为 {227}γ。因此贝氏体转变也称为半扩散型相变或混合型相变。

4.5.2　贝氏体转变的影响因素

1. 材料因素

（1）化学成分　碳素钢的贝氏体转变开始温度 Bs，约为 550℃左右，低合金钢的可由下式估算[115]，即

$$Bs = 839 - (86Mn + 23Si + 67Cr + 33Ni + 75Mo) - 270(1 - e^{-1.33C})\qquad(4\text{-}20)$$

过冷奥氏体的含碳量增加，转变时需扩散的原子数量增加，减缓转变速度；合金元素中，除了 Co 和 Al 加速贝氏体转变，其他合金元素如 Mn、Ni、Cu、Cr、Mo、W、Si、V 和少量 B 要么直接阻碍碳的扩散，要么通过形成碳化物沉淀阻碍扩散，因而增加过冷奥氏体的稳定性，降低 Bs。又有研究表明 Si 和 Al，降低贝氏体形成温度。

（2）原始组织状态　奥氏体晶粒越粗，晶界面积越少，形核部位越少，孕育期越长，贝氏体转变速度下降；奥氏体化温度越高，奥氏体晶粒越粗，转变速度先降后增。

（3）应力状态　随拉应力增加，贝氏体相变速度提高，尤其当应力超过其屈服强度时，贝氏体转变速度显著加快；压应力的效果较复杂，在高温区（1000~800℃）的奥氏体塑性变形，延长贝氏体相变孕育期，其TTT曲线右移，且相变速度减慢，相变不完全程度增加；在中温区（600~300℃）的奥氏体塑性变形，缩短贝氏体相变孕育期，相变速度加快，Bs点上升，40%的变形量时约对应于Bs点上升20℃[118]。

2. 工艺因素

尽管贝氏体是在等温停留时得到的，但在高强钢的焊接热影响区、形变热处理钢等连续冷却组织中也常见。

4.5.3　混合型相变的显微组织状态

贝氏体组织的形成也有形核和长大两个过程。贝氏体显微组织状态具有"混合型"特征：在某些方面与马氏体相似，如铁素体为针、棒状（亚共析钢中的铁素体呈块状）；在某些方面又与珠光体的相似，如铁素体和渗碳体相间的形态。一般来说，贝氏体为具有一定过饱和的铁素体基体与碳化物的混合物，为非层状组织。

由于转变温度的不同，且受含碳量的影响，贝氏体显微组织形态有无碳化物贝氏体、上贝氏体、下贝氏体、粒状贝氏体等几种。

1. 无碳化物贝氏体

在高温区Bs线以下等温停留时或小过冷度冷却时，得到无碳化物贝氏体，又称为铁素体贝氏体BF。一般地，伴随无碳化物贝氏体的还有其他相，因而无碳化贝氏体是多种相共存的混合组织。它的形成过程如下：转变伊始，贫碳区形成铁素体晶核，铁素体中过饱和的碳通过F/A相界面扩散至奥氏体中，直至铁素体含碳量降至平衡浓度；F晶核附近含碳量减少，因而F晶核向A一侧成束长大并形成平行的板条束。当一个条状铁素体长大时，由于自促发作用，在其两侧也有条状铁素体形成。碳扩散能力强，进入奥氏体中的碳很快向其内部扩散，使奥氏体的含碳量很高而不至于聚集在界面附近析出碳化物。随着条状铁素体的长大，奥氏体量逐渐减少，奥氏体晶内的含碳量不断升高。形成温度越高，碳的扩散越充分，奥氏体的含碳量就越高，稳定性增加，使贝氏体转变不完全，结果得到条状贝氏体和富碳奥氏体的F+A组织，这种混合组织称为无碳化物贝氏体（图4-30）。富碳的奥氏体有可能在继续等温以及冷却过程中转变为珠光体、其他类型的贝氏体、马氏体或保留至室温成为残留奥氏体。此时，B与γ位向关系为K-S关系，惯析面为｛111｝γ。

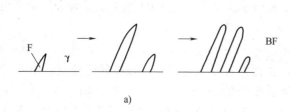 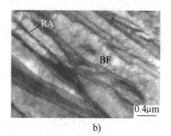

a)　　　　　　　　　　　　　　　　b)

图4-30　无碳化物贝氏体

a）形成过程示意图　b）显微组织

对含Cr、Ni、Mo和B的低碳合金钢研究表明，无碳化物贝氏体也可以在连续冷却时形成。无碳化物贝氏体由大致平行的条状铁素体所组成，板条较宽，间距较大。板条间为由富碳的奥氏体转变的马氏体、残留的奥氏体或其他转变产物。

2. 上贝氏体

过冷奥氏体在较高温度停留时得到上贝氏体。对中、高碳钢来说，这个温度区间为 350~550℃。上贝氏体为条状铁素体和渗碳体的两相混合组织，其形成过程是：在奥氏体贫碳区形成铁素体晶核，铁素体中多余的碳越过 F/A 界面向 A 扩散。F 成排地向奥氏体晶内长大。由于碳在铁素体中的扩散速度大于其在奥氏体中的扩散速度（表 4-4），且碳扩散速度慢，向奥氏体内的扩散已很困难，因而聚集在晶界附近的奥氏体中。当碳的质量分数升至 6.67% 时，便足够形成 Fe_3C 而析出，形成典型的上贝氏体组织，如图 4-31 所示。由于得不到奥氏体中碳原子的补充，这些在铁素体条间析出的渗碳体并不连续，呈断续短杆状形态。可见，上贝氏体的转变速度是受碳在奥氏体中的扩散所控制的。铁素体内亚结构为位错（位错缠结），密度约为 $10^{13} \sim 10^{14}$ m^{-2}。

图 4-31 上贝氏体

a）形成过程示意图　b）显微组织

随形成温度降低，条状铁素体变薄变细，铁素体条间析出的渗碳体更是颗粒细小。但是，如果材料中含有较高含量的 Si 和 Al 等合金时，这些元素有延缓渗碳体沉淀的作用，使上贝氏体中铁素体板条间的奥氏体富碳而易稳定至室温，因此很少或基本不会形成渗碳体相。

3. 下贝氏体

下贝氏体的形成温度低于上贝氏体，大致为 350℃ 以下。下贝氏体也是铁素体+碳化物的两相混合物，如图 4-32 所示，其形成过程是：在中、高碳钢中，在奥氏体晶界或晶内贫碳区形成铁素体晶核，并按切变共格方式长大成片状或透镜状。由于相变温度低，碳原子不能越过 F/A 界面而扩散至奥氏体中，但在铁素体内尚有短程扩散能力，却又难以扩散至相

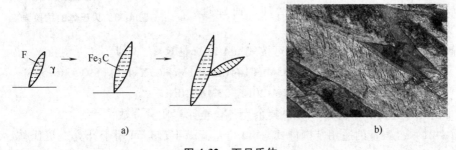

图 4-32 下贝氏体

a）形成过程示意图　b）显微组织

界面。因此，当铁素体长大时，碳原子在铁素体晶内沿一定晶面或亚晶界偏聚，析出细片状碳化物。与马氏体相变类似，当一片铁素体长大时，其他方向会形成片状渗碳体，因而形成典型的下贝氏体。与上贝氏体中渗碳体在铁素体片或针间不同，下贝氏体中的短杆状碳化物仅分布在铁素体针内，排列成行，与长轴呈 55°~60° 的角度，成分为 Fe_3C 或 $Fe_{2.3}C$。可见，下贝氏体转变速度受碳在铁素体中扩散所控制。

材料中含碳量低时下贝氏体呈板条状；含碳量高时，呈片状。奥氏体晶粒度和均匀化程度对下贝氏体的组织形态影响较小，形成温度为主要影响因素。

4. 粒状贝氏体

低、中碳及其合金钢在上贝氏体转变区的上部 ~ Bs 点，在一定冷却速度范围内，如热轧后空冷或正火的连续冷却中得到粒状贝氏体，其组织为铁素体和奥氏体的两相混合物。粒状贝氏体呈大块状或针状，其形态为铁素体基体内沿一定方向分布的、聚集性的颗粒状或长条状的小岛，小岛为富碳的奥氏体。在随后的冷却过程中有三种可能的转变：部分或全部分解为铁素体和碳化物，或部分转变为马氏体，或全部得到保留。

由以上可见，不同形态贝氏体中的铁素体通过切变机制形核长大，形成温度不同，铁素体中碳脱溶以及碳化物形成方式不同，使贝氏体组织形态不同。贝氏体转变一般不完全，转变结束时总有一部分残留奥氏体，继续冷却时一部分奥氏体转变为马氏体，一部分残留下来，形成 B+M+RA 的复相组织。

5. 贝氏体的力学性能

贝氏体性能取决于其组织形态，其中铁素体和渗碳体是主要组成相，铁素体为基本相，对贝氏体力学性能影响明显。

1）强度和硬度。贝氏体的抗拉强度随形成温度的升高而降低，如图 4-33 所示。硬度分布与强度的类似。

贝氏体强度与铁素体粗细符合 Hall-Petch 公式，形成温度越低，铁素体条（片）越细，晶界越多，强度越高；碳化物颗粒大小与分布对强度的影响方面，碳化物颗粒越细小，量越多，分布越弥散，根据弥散强化理论，下贝氏体强度越高。一般下贝氏体强度高于上贝氏体。铁素体过饱和度越高，位错亚结构密度越高，贝氏体强度也越高。原因是贝氏体形成温度越低，碳原子扩散不易通过界面扩散，铁素体过饱和度增加，位错密度增加，使强度增加。

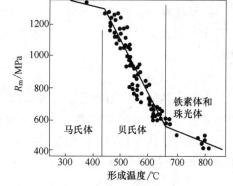

图 4-33　贝氏体的抗拉强度

合金元素对贝氏体钢硬度的影响可按式（4-21）估算[90]，即

$$HV_B = -323 + 185C + 330Si + 153Mn + 144Cr + 191Mo + 65N + \lg V_R(89 + 53C - 55Si -$$
$$22Mn - 20Cr - 33Mo - 10Ni) \qquad (4\text{-}21)$$

式中，V_R 是冷却速度，单位为℃/h；其余为各合金元素质量分数。

式（4-21）含碳量的适用范围同式（4-19）；式（4-21）可用于计算上贝氏体、块状贝氏体组织的硬度。下贝氏体硬度计算参考马氏体硬度计算式（4-19）。

2）韧性。从韧脆转变温度来看，如图 4-34 所示，上贝氏体和下贝氏体韧脆转变温度存在突变，且下贝氏体冲击韧性优于上贝氏体的。原因在于上贝氏体的 Fe_3C 分布于铁素体条间，形成裂纹扩展的脆性通道；其次，上贝氏体由彼此平行的铁素体条构成，其对韧性的作用相当于一个晶粒，而下贝氏体铁素体片彼此位向差很大，故每一片贝氏体铁素体片均能分割晶粒，将原奥氏体晶粒分割成多个小晶粒，下贝氏体铁素体片尺寸即为Hall-Petch 公式中有效晶粒尺寸，晶粒尺寸小，因而韧性好。

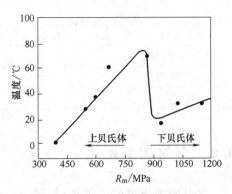

图 4-34　贝氏体的韧脆转变温度
（C% = 0.1% ~ 0.5% 的 05MoB 钢）

在高强度钢中，强度相同的下贝氏体韧性往往高于淬火+回火钢的，但其韧脆转变温度也常高于后者；强度相同的低碳贝氏体钢的冲击韧性稍低于板条状淬火+回火钢的。而在高碳钢中，下贝氏体的冲击韧性则优于回火孪晶马氏体。贝氏体显微组织状态与力学性能列于表 4-11。

表 4-11　贝氏体显微组织状态与力学性能

等温温度/℃	新相	显微组织状态	硬度 HRC
>550	无碳化物贝氏体	条状 F 和 A	—
550 ~ 350	上贝氏体($B_\text{上}$)	过饱和的 F 和细小的 Fe_3C 混合物，羽毛状	40 ~ 46
350 ~ Ms	下贝氏体($B_\text{下}$)	过饱和的 F 和细小的 Fe_3C 混合物，针状	46 ~ 56
<Ms	粒状贝氏体	—	—

4.5.4　船舶与海洋工程用贝氏体钢

以贝氏体作为主要显微组织相的钢塑性优异，强度较高，有良好的冷加工成形性和冲击韧性。在船舶与海洋工程中，组织以贝氏体相为主的钢种主要是管线用钢，其供货状态不仅是相变处理，还结合了形变处理，其显微组织是以贝氏体为主的混合组织。

【知识拓展】　过冷奥氏体的转变

过冷奥氏体三类转变产物的力学性能见表 4-3，三类转变特征比较见表 4-12。

表 4-12　过冷奥氏体的三种转变特征比较

项目	珠光体转变	贝氏体转变	马氏体转变
温度区间	高温	中温	低温
上限温度	A_1	Bs	Ms
领先相	渗碳体或铁素体	铁素体	—
形核部位	奥氏体晶界	上贝氏体在晶界，下贝氏体多在晶内	晶内
转变时的点阵重构方式	扩散型	扩散型+切变型	切变型或位移型
碳原子的扩散	有	部分	基本上无
铁和合金的扩散	有	无	无

（续）

项目	珠光体转变	贝氏体转变	马氏体转变
转变的完全性	完全	与转变温度有关	不完全
显微组织	$F+Fe_3C$	$F+Fe_3C$ 或 $\varepsilon\text{-}Fe_{2.3}C$	M
铁素体组织状态	层状	条状	凸镜状或板条状

4.6 钢的加工硬化

材料所受应力超过弹性极限后，材料发生不可逆的永久变形，称为塑性变形。以塑形变形为目的的加工工艺，称为塑性加工。塑性加工的工程应用相当广泛，如锻、轧、挤压、拉拔以及成形等。在低温甚至室温下，材料屈服强度高，塑性变形需要大的设备容量，塑性变形量一般较小，如冷轧。在高温下，钢材力学性能的温度依赖性（图5-12）降低了塑性加工设备容量要求，且优异的塑性，允许大的变形量而不破坏。高温下的塑性加工，与固态相变相结合，称为形变热处理。形变热处理供货状态已是当前船舶工程用钢的主体。

塑性变形改变了材料的显微组织状态，包括晶粒尺度和形貌、位错组态以及强化相的分布形态，从而改变其力学性能。由塑性变形产生的材料强度和硬度增大的现象为加工硬化，也称为应变硬化。加工硬化是材料提高性能方式之一，其提高性能机理见式（2-10）。高温形变热处理综合了加工硬化与相变强化的机制，达到提高强度的同时，改善塑性和韧性，即优异的综合力学性能。

塑性变形改变组织状态乃至改变力学性能是多晶体的加工硬化现象。通过单晶体的变形，洞察多晶体的加工硬化机理。

4.6.1 单晶体的变形

单晶体在应力的作用下发生的变化，分正应力和切应力两种情况。

图4-35a所示的单晶体结构在正应力作用下的行为：当正应力较小时，随正应力的增加，晶格常数 c 增大至 c'，而 a 减小至 a'，弹性变形增加，无塑性变形，如图4-35b所示；当正应力大到某一数值时，应力超过原子键合力，原子键断裂，单晶体脆性断裂，如图4-35c所示。

单晶体受到切应力的作用时，其行为与上述不同：在断裂前除了弹性变形，还会发生滑移、孪生等晶体塑性行为。

1. 滑移

切应力（τ）较小时，引起的变形是弹性变形，如图4-36b所示；当切应力超过一定数值时，相邻的两原子面在剪力的作用下产生相对滑移，致使切应力

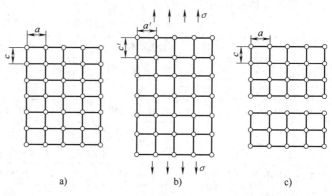

图4-35 单晶体正应力作用下行为示意图

a）变形前　b）弹性变形　c）断裂

除去后也不能恢复，即产生了塑性变形，如图 4-36c 所示。滑移（Slip）是在切应力作用下，晶体的一部分沿一定的晶面（滑移面）上的一定方向（滑移方向）相对于另一部分发生的滑动。

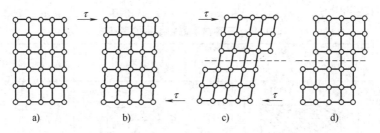

图 4-36　单晶体切应力作用下行为示意图
a）变形前　b）弹性变形　c）弹-塑性变形　d）断裂

金属晶体产生滑移的条件是：

1）只能在切应力的作用下，且切应力达到一定临界值时，滑移才能发生。此切应力称为临界分切应力，与晶格结构以及缺陷、温度等因素有关。高纯度金属晶体的临界分切应力，如 Fe 在 {111} 面 [111] 方向为 27.44MPa，Ni 在 {111} 面 [110] 方向为 5.68MPa。

2）滑移总沿一定的滑移面（晶体密排面）和其上的一个滑移方向进行。密排晶面或密排晶向间的原子距离最大，结合力最弱。

3）滑移时，晶体的一部分相对另一部分在滑移方向上的位移为原子间距的整数倍，滑移的结果在晶体表面形成滑移台阶，如图 4-36 和 4-37 所示，出现刃位错。

4）滑移的同时伴有晶体的转动。作用在金属上的拉应力可分解成一对正应力和一对切应力。切应力使晶体产生滑移，是引起晶体塑性变形的分量。而正应力会形成一力偶使晶体在滑移的同时向力偶作用的方向转动。

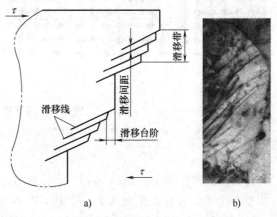

切应力作用下晶体的滑移与晶体结构有关。滑移面和滑移方向往往是晶体中原子最密排的晶面和晶向。原因在于最密排面的面间距最大，点阵阻力最小，容易发生滑移；而沿最密排方向上的点阵间距最小，导致滑移的位错的伯格斯矢量也最小。体心立方晶格的原子密排晶面是

图 4-37　多晶体的剪切变形
a）示意图　b）显微组织

（110）面，原子密排晶向是 [111] 方向。体心立方晶格中共有 6 种不同方位的（110）晶面，每个晶面上共有两种 [111] 方向。一个滑移面和一个滑移方向构成一个滑移系，体心立方晶格共有 6×2 = 12 个滑移系。体心立方晶格、面心立方晶格、密排六方晶格的滑移系，见表 4-13。滑移系的数量决定了材料的塑性：晶格结构的滑移系数量越多，塑性越好；滑移系数目相同情况下，滑移方向越多，则塑性越好。由表 4-13 可知，塑性好的顺序为 FCC>

BCC>HCP，这也是为什么要将钢材加热到完全奥氏体状态后进行塑性加工的原因之一。要注意的是，体心立方结构是一种非密排结构，因此滑移面并不稳定，一般在低温时多为 {112}，中温时多为 {110}，而高温时多为 {123}。但滑移方向稳定，为 [111]，因此其滑移系可能有 12~48 个。

表 4-13 三种典型晶格结构的滑移系

晶格结构	体心立方 BCC		面心立方 FCC		密排六方 HCP	
滑移面	(110)×6={110}	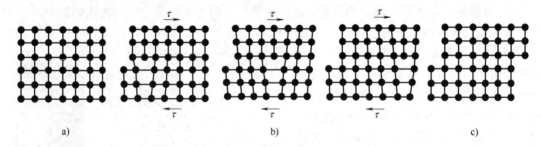	(111)×4={111}		底面×1	
滑移方向	[111]×2		[110]×3		底面对角线×3	
滑移系数量	6×2=12		4×3=12		1×3=3	

图 4-36 所示的单晶体滑移产生的位错是几列晶格点阵。一个位错扫过滑移面，产生滑移量为 **b**。对于规则立方晶体，**b** 在数值上等于滑移方向上的 1 个原子间距。一条滑移线相当于上千个原子间距，因而是上千个位错扫同一滑移面。实际上，切应力产生 1 个伯格斯矢量后，继续的滑移体现为位错的扫掠。刃位错滑移示意图如图 4-38 所示。

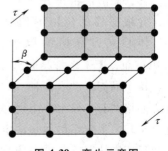

图 4-38 刃位错滑移示意图

a）变形前　b）刃位错的滑移　c）滑移台阶

2. 孪生

在切应力的作用下，晶体的一部分相对另一部分沿一定晶面（孪生面）产生一定角度的切变，这种变形方式称为孪生，如图 4-39 所示。孪生与滑移的区别如下：

1）滑移仅在晶体表面形成滑移台阶，晶体的内部晶格不发生变化。孪生使晶体的一部分发生切变，切变处的晶格方位发生变化，与未变形部分形成对称。

2）孪生变形所需要的临界应力比滑移变形所需要的临界应力大得多，且变形的速度极快（接近声速）。孪生变形一般在见于滑移系较少的密排六方晶格金属（Mg、Zn、Cd），α-Fe 仅在受冲击时发生，而 Al、Cu 等具有面心立方晶格的金属中一般不会发生。

图 4-39 孪生示意图

3）孪生变形时，每层原子沿孪生方向的位移是原子间距的分数倍；而滑移变形时，一部分晶体相对另一部分晶体沿滑移方向的位移为原子间距的整数倍。

3. 扭折

扭折类似于孪生，不同之处是扭折晶体的取向发生了不对称的变化。扭折区上下界面是由符号相反的两列刃位错所构成。扭折还伴随形变孪晶。

4. 位错塞积

在塑性变形过程中，除了晶粒的运动，位错也发生了运动。在切应力作用下，滑移过程中，如果遇到障碍物，如固定位错、杂质粒子、晶界等的阻碍，领先的位错在障碍前被阻止，后续的位错堵塞起来，形成位错的平面塞积群，称为位错塞积。

4.6.2　多晶体的塑性变形与加工硬化

在多晶体金属中，各晶体的位向不同，滑移面与滑移方向不同。在外力的作用下，作用在不同晶体滑移系的切应力也不同，随变形量的增加，各晶粒的塑性变形逐批次地进行，互相制约和协调，变形量逐步扩大过程中晶粒间互相制约和协调。

1. 加工硬化

塑性变形的初期，处于有利位向的晶粒率先滑动，位错运动集中在单一相互平行的滑移面内进行，产生位错并增殖。更多位错堆积于晶界上，形成位错塞积和晶界的应力集中，即切应力大于临界分切应力；随着变形量的增加，位错在其他滑移系中继发，位错壁（亚晶界）越来越多，形成了位错塞积和位错网；变形量再进一步增加时，位错网破坏，晶粒破碎，位错快速增殖。此时，要进一步产生塑性变形，所需最小应力（即流变应力）大幅增加。这种在塑性变形过程中，材料的塑性和韧性下降、塑性抗力（硬度、强度）显著上升的现象，称为加工硬化。钢材退火状态的位错密度约为 10^{10}mm^{-2}，塑性变形后位错密度可增殖至 $10^{15} \sim 10^{16}\text{mm}^{-2}$。位错密度与流变应力基本满足经验关系式（2-10）。实验测得的低碳钢的变形量与力学性能指标之间的关系如图 4-40a、b 所示，产生的位错壁如图 4-40c 所示。

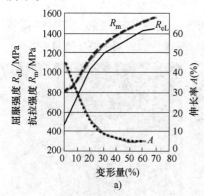
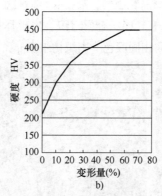

图 4-40　金属的加工硬化现象

a）强度与变形量　b）硬度与变形量　c）位错壁

位错密度与塑性变形的关系有 Ashby 公式[127]，即

$$\rho_{\text{GND}} = \frac{f}{r}\frac{4\varepsilon}{b}$$

（4-22）

式中，f 是质量分数；r 是球形晶粒半径；ε 是应变；b 是伯格斯矢量。

式（4-22）表明位错密度与应变量的定量正比关系。

位错密度的测量可以采用 EBSD 测量晶粒位向差，见式（2-11）；也可测量由塑性变形引起的晶格变形与晶格应变 ε_{micro}。晶格应变可由 XRD 测得，据此估算位错密度 ρ_{SSD}[128]，即

$$\rho_{SSD} = \frac{3E}{\mu b^2 (1+2\nu)} \varepsilon_{micro}{}^2 \tag{4-23}$$

式中，E 是弹性模量；μ 是切变模量；ν 是泊松比。

实验测量 DP590 双相钢的几何必须位错密度随真实应变变化，如图 4-41 所示，与式（4-22）较为符合。

加工硬化采用流变应力表示，对应于某材料的化学成分和晶格结构，流变应力表征了材料塑性变形难易程度。流变应力越小，则塑性变形越容易，是材料塑性指标之一。试验时流变应力的大小可取材料的屈服强度与抗拉强度平均值的 1.15 倍。流变应力具有变形温度、应变和应变速率的依赖性。其中，对于塑性加工温度的影响为，当应变速度和应变量一定时，流变应力随温度增加而下降。原因在于温度越高，原子活动的动能增加，原子间相互作用的临界分切应力降低，位错运动需要克服的阻力

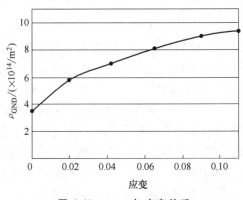

图 4-41　ρ_{GND} 与应变关系

即流变应力降低。同时，高温时发生动态回复和动态再结晶，降低了位错密度，从而降低了流变应力。

2. 织构现象

随着变形的发生，不仅金属晶粒破碎、被拉长，而且金属晶粒会沿着变形方向发生转动。当变形量达到一定程度（70%~90%）时，金属组织会出现择优取向，称为织构现象，如图 4-42 所示。若将位向近似的晶粒设置为相同颜色，则织构组织非常容易观察，如采用 EBSD 测量时。

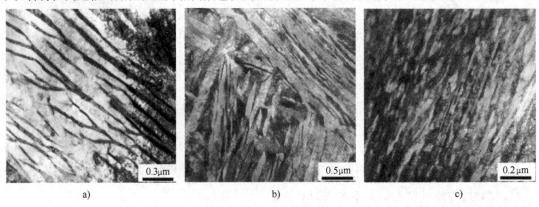

图 4-42　织构现象
a）淬火+等温处理的组织　b）变形量 10%　c）变形量 40%

产生织构现象的原因是：金属受力（如拉应力）作用时，作用力分解为一对切应力和一对正应力，其中切应力使金属发生塑性变形，正应力组成的力偶使晶粒发生转动，使晶粒位向趋于一致。

金属变形后的织构组织使金属性能表现出明显的各向异性，有时甚至退火也难消除。织构现象在大多数场合对性能有不利的影响，如织构铜板在辗压方向的伸长率为40%，而与辗压方向成45°方向的伸长率为70%。板材这种不均匀伸长率在其压力加工成形时，会出现边缘不齐和厚薄不均的现象。若存在冶金缺陷如夹杂物或气孔，经塑性加工后，显微组织呈带状，称为带状组织，常见于以塑性加工为供货状态的厚板中。对于厚度方向有承载要求的场合，如船舶与海洋工程用厚板结构，要求为 Z 向钢。

3. 残余应力

进行塑性变形施加的外力，其所做的功大约90%变为热能，10%左右的外力功变为金属的内能，在金属内部形成残余应力。内应力的形成是由于在外力的作用下，金属内部变形不均匀而产生的。内应力可分为：

1）宏观内应力（第一种内应力）。由于金属各部分的变形量不同而引起的。

2）微观内应力（第二种内应力）。由于金属晶粒间或晶粒内部不同区域变形不同而引起的。

3）晶格畸变内应力（第三种内应力）。由于金属晶格的位错等缺陷引起附近晶格畸变而产生的。

利用加工硬化现象，对金属材料在再结晶温度以下进行冷加工或冷形变，通过增加高密度的位错缺陷，从而增加流变应力，以提高材料的硬度和强度，即形变强化。形变强化钢广泛用于对材料的硬度要求高而塑性要求不高的场合，如高碳的冷拉钢丝和低碳低合金双相钢的冷拉钢丝。

4.6.3　形变热处理钢的显微组织状态

形变工艺结合热处理应用于钢材的加工，称为形变热处理。按形变与相变的时机，形变热处理可分为三类：相变前的形变、相变中的形变和相变后的形变。相变的类型可以是非扩散型的马氏体相变，也可以是扩散型的珠光体转变。相变前的形变就是先形变，接着淬火和回火的一种综合强化工艺，形变与随后的热处理过程相对独立，两者不需立即衔接，工艺灵活性大，为钢材早期的加工方式。在20世纪60年代之后相变中的形变在钢的生产中得到发展。

在奥氏体温度区间的塑性变形，可分为高温形变热处理和中温形变热处理。高温形变热处理是将钢加热到 Ac_3 线以上的奥氏体区进行塑性变形，然后淬火和回火。例如，某高温形变热处理工艺如图4-43所示，形变温度高于 Ac_3，这个温度下的形变有三方面的优势：第一，形变使奥氏体晶粒破碎细化，并产生大量奥氏体晶核；第二，形变抑制了奥氏体再结晶长大；第三，形变过程中产生的位错在淬火的快速冷却中保留下来。结合淬火效应，得到的马氏体和贝氏体组织晶粒细化。因此，强化效果显著。与普通热处理相比，高温形变热处理的增强效果提高约10%～30%，而且由于晶粒细化，塑性和韧性也得到提高，钢的综合力学性能好。

中温形变热处理是将加热到 $Ac_1 \sim Ac_3$ 线的内临界区，此时珠光体转变为奥氏体，原铁素体不发生相变而只是发生再结晶。伴随过冷奥氏体和铁素体的大塑性变形，塑性变形程度达70%～90%，铁素体晶粒破碎。在塑性变形过程中以冷却速度大于临界冷却速度进行淬火得到马氏体。与高温形变热处理相比，中温形变热处理钢的含碳量更高，促进晶界形核，促使淬火马氏体晶粒细小。形变温度低，位错密度高。中温形变热处理得到的马氏体和铁素体双相组织晶粒更细，其中的铁素体连续分布，是中温组织优异塑性和韧性的基础；细小的碳化物或过饱和的马氏体呈弥散状分布于铁素体基体中，起第二相强化作用，因而双相钢的强度和抗磨损能力大幅提高。如 0.13C-1.9Mn-0.3Mo-0.2Cr-0.06Al-0.03Si（其余为 Fe）钢经过中温形变热处理后得到组织为铁素体 37% 和马氏体 63%，抗拉强度达到 960MPa。

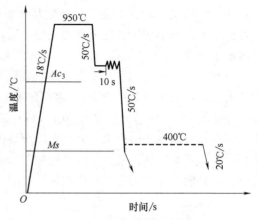

图 4-43　某高温形变热处理工艺

在形变热处理工艺中，形变改变材料的淬透性。研究表明，形变改变马氏体转变热动力学条件，当形变量达到 40% 时，较低的冷却速度下，22MnB5 钢的马氏体相变的临界冷却速度从 20℃/s 增加到 60℃/s，相当于形变量 1% 增加 1℃/s 的冷却速度[118]，如图 4-17a 所示。

目前钢材在强度要求高的零部件中，如飞机起落架和弹簧钢等，与相变诱导塑性（transformation-induced plasticity，TRIP）效应结合，如对钢材 Fe-9Cr-8Ni-4Mo-2Mn-2Si-0.3C，这类 TRIP 钢综合利用马氏体相变产生的塑性以及形变热处理的强化，比一般超高强度钢具有更优的强韧匹配。可以看出，形变热处理综合了形变强化、马氏体强化和脱溶强化等强化机制的效果。

4.6.4　船舶工程用形变热处理钢

除 QT 和 N 的供货状态外，船舶工程结构用钢几乎都是采用了固态相变和形变处理的组合工艺，如 AR、TM、N 或 CR 等热处理状态，工艺示意图如图 4-44 所示。

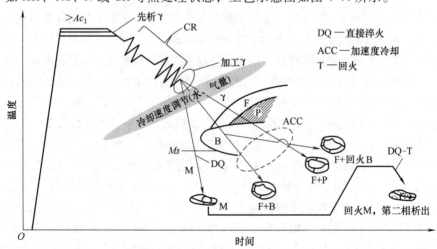

图 4-44　钢材加工工艺示意图

热轧（AR）工艺的钢轧制温度区间通常在奥氏体再结晶区域（温度范围约为 1250 ~ 1100℃，这个温度远高于正火处理），终轧温度也高于正火处理的温度。轧后直接冷却后供货，无进一步的热处理。AR 供货状态钢材的强度和韧性比轧制后进行热处理的钢要低。自

20 世纪 60 年代开始，钢材生产工艺转变以往将力学性能和耐蚀性为重点的思路，将焊接性作为首先考虑的性能，而强度、韧性与耐蚀性等性能列为次级目标。到 20 世纪 60～80 年代，形成了将材料的组织、性能、加工和工程性能综合在一起的新型综合冶金学，典型代表就是 TMCP 工艺[129]。

正火轧制（normalized rolling，NR）或控轧（controlled rolling，CR）工艺是终轧变形在正火温度范围内进行，随后在空气中冷却。钢材性能与正火热处理性能相当。CR 技术利用了轧制过程中微合金在不同温度下析出形成沉淀强化的原理，因而是冶金技术与轧制工艺的结合，可以大幅提高钢材强度、韧性以及降低裂纹、过热区脆化的敏感性，以提高焊接性。

热控轧控冷工艺（thermos-mechanical control process，TMCP 或 TM）是通过严格控制下压量（轧制变形量）、轧制温度和热轧后的冷却速度等参数，以优化显微组织进而优化力学性能的工艺。与早期的 AR、N 工艺相比，TMCP 的轧制温度在 900℃～A_3 范围，冷却开始温度（即终轧温度）略高于 A_3（相当于正火），采用了加速冷却的工艺（吹风），且在温度 A_3 附近的下压量大，以控制 TMCP 钢的显微组织。在合金化方面，与同强度的 QT 钢相比，TMCP 钢具有合金含量少、碳当量低的特点。显微组织控制主要有控制奥氏体晶粒长大和微合金的碳、氮化合物的沉淀分布两个方面：一方面通过控轧使奥氏体晶粒变形至破碎而实现细化，并通过形变诱导微合金碳、氮化合物析出；另一方面，微量元素（Nb、V、Ti）与碳或氮形成化合物尺寸为纳米级，钉扎奥氏体晶界，阻碍晶界推移，因而抑制高温轧制过程中奥氏体晶粒的长大。碳、氮化物在奥氏体向铁素体转变期间在相界面析出，一直保持到奥氏体→铁素体转变开始之前，使奥氏体→铁素体转变后得到晶粒特别细的铁素体；加上微量元素的碳、氮化合物析出相对基体的沉淀强化作用，使显微组织晶粒细小，晶粒度一般小于 5，既提高了强度，又能明显降低冷脆转变温度。此外，低碳、低硫和控制夹杂物形态也是改善控轧钢韧性的一个重要冶金措施。焊接性优异原因在于强碳化物合金的沉淀相抑制热影响区的晶粒长大。这类钢现已广泛用于船舶工程和海洋平台工程、压力容器以及管道工程领域。

船舶工程用一般强度船体结构钢、27/32/36/40 强度系列的高强度船体结构钢以及 420-960MPa 强度级钢种中均有采用形变与热处理相结合的生产工艺。其中的焊接用高强度钢力学性能见表 4-14。

表 4-14　焊接用高强度钢力学性能（$t <$50mm）

钢级和 交货状态	屈服强度，不小于 /MPa	抗拉强度 /MPa	断后横向 伸长率（%）	夏比 V 型缺口横向 冲击吸收能量/J
H420NR H420TM	420	520～680	19	28
H460NR H460TM	460	540～720	17	31
H500TM	500	590～770	17	33
H890TM	890	940～1100	11	46

注：H890TM 钢冲击韧度级为 A、D、E 三级，其余为 A、D、E 和 F 四级。

船用管线包括无缝钢管和焊管，而在油气管线用钢中，API（american petroleum institute）的 X 系列管线钢中，X70 钢采用热连轧工艺，显微组织以铁素体为主，另有珠光体或贝氏体；X80 管线钢开始采用 TMCP 工艺，显微组织主要是双相铁素体+粒状贝氏体，或马氏体和奥氏体；X90/100 钢的化学成分为 w_C = 0.03%～0.1%、w_{Si} ≤ 0.6%、w_{Mn} = 1.6%～2.1%、w_{Nb} = 0.01%～0.1%、w_V = 0.01%～0.1%、w_{Ti} = 0.005%～0.03%、w_{Cr} ≤ 1.0%，w_P ≤

0.015%、$w_S \leq 0.002\%$时，采用的 TMCP 工艺，加热温度稍低于 $1100 \sim 1250℃$，首次轧制的压下率在 $20\% \sim 60\%$、二次轧制在 $60\% \sim 80\%$，以超过 $10℃/s$ 的冷却速度冷至 $150 \sim 550℃$，得到显微组织下贝氏体 $\geq 50\%$+板条马氏体[130]，其抗拉强度达 800MPa 左右，冲击吸收能量达 250J（$-10℃$）。X120 钢低碳显微组织为贝氏体+渗碳体或者板条马氏体。

【知识拓展】 船用高强度钢的发展

国际钢铁协会将高强度钢分为传统高强度钢和先进高强度钢。先进高强度钢的强度在 $500 \sim 2000$MPa 范围内。按照时间先后，高强度钢经历了三代的发展，如图 4-45 所示。

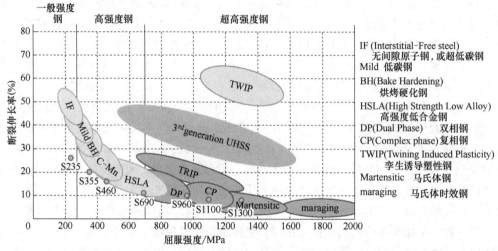

图 4-45　钢材的发展

第一代高强度钢包括双相钢和相变诱发塑性钢（transformation induced plasticity, TRIP）。与同塑性级别的传统高强度钢相比，双相钢的铁素体和马氏体相分别提供塑性和强度，呈现高强度、加工硬化率及优异的塑性加工性能。而 TRIP 钢中的亚稳奥氏体相，在变形过程中发生马氏体相变，使塑性和加工硬化能力得到进一步提升。TRIP 钢板最先由 V. F. Zackay 发现并命名的，利用残留奥氏体的应变诱发相变及相变诱发塑性提高了钢板的塑性并改善了钢板的成形性能。当钢中含有一定量的能稳定奥氏体的元素，再经过两相区（$\alpha+\beta$）临界退火和随后的中温贝氏体等温淬火，使钢中的显微组织在室温下有较大量稳定的奥氏体被保留下来。当这种钢受到载荷作用发生变形时，就会使钢中的残留奥氏体发生应力-应变诱发马氏体相变，这种相变使得钢的强度尤其是塑性显著提高，故称为"相变诱发塑性效应"，简称为"TRIP 效应"。TRIP 钢的成分是 C-Mn-Si 以及 Al 的合金系，有时也可根据具体情况添加少量的 Cr、V、Nb 等合金元素。因此，具有低碳、低合金化和钢质纯净特点。碳主要富集在残留奥氏体中，增加残留奥氏体数量和稳定性，其次是提高钢的强度。TRIP 钢具有多相，既有软相铁素体，也有硬相贝氏体，还有亚稳定的残留奥氏体。钢中组织合理配比、亚稳相的稳定性等决定了 TRIP 钢的力学性能。

马氏体相变诱发塑性的原因是：①因塑性变形引起的局部区域应力集中，随马氏体的形成而得到松弛，因而能防止微裂纹的形成，即使微裂纹已经产生，裂纹尖端的应力集中也会因马氏体的形成而得到松弛，从而抑制微裂纹扩展，提高塑性及断裂韧性；②在发生塑性变形的区域有形变马氏体形成，随形变马氏体量的增多，硬化指数增加，这比纯奥氏体经大量变形后接近断裂时的形变硬化指数还要大，从而使已发生塑性变形的区域难以继续发生变形，故能抑制缩颈的形成。马氏体的相变塑性在生产上有许多应用，如加压淬火、加压回火、加压冷处理等。这些工艺都是在马氏体转变时加上外力，此时钢屈服强度小，伸长率大，工件在外力作用下能够按要求进行变形。应用马氏体相变诱发塑性理论还设计出相变诱发塑性钢（TRIP 钢），这种钢的马氏体相变点低于室温，而形变马氏体相变开始点高于室温。这样，当钢在室温变形时会诱发出形变马氏体，而马氏体转变又诱发出相变塑性，因此，这类钢具有很高的强度和塑性。

目前强度级别为 600MPa 的 TRIP 钢的研究已比较成熟，欧洲的一些国家和日本、韩国等均能批量生产 600MPa 和 800MPa 级的冷轧 TRIP 钢。宝钢已研制开发了连续退火生产的商业 TRIP600 钢板。为了得到 1 GPa 或更高的强度，人们提出了微合金 TRIP 钢的概念，即在 TRIP 钢中单独添加或复合添加 V、Ti 和 Nb 等微合金元素，如强度级别 960MPa、伸长率约为 20% 的 0.34C-1.75Mn-0.46Si-0.055P-1.32Al-0.033V-0.12Ti 钢。

第二代高强度钢加入了较多的合金元素，获得了典型孪生诱发塑性钢和奥氏体不锈钢，其塑性较同强度级别的双相钢和 TRIP 钢高。

车辆工程用的相变诱发塑性钢，又称为变塑钢，是近几年为满足汽车工业对高强度、高塑性新型钢板的需求而开发的。对比可以看出，TRIP 钢虽然强塑性高，具有优良的塑性成形性，然而其强塑性是充分利用了合金元素间相互作用，其冶金因素在热过程，特别是焊接热过程中难以留存，甚至遭到破坏，因而其热加工性能成为焊接结构件的制约因素。

现今正处于第三代高强度钢发展阶段，典型代表为中锰钢和 Q&P 钢。屈服强度数字与字母 QP 结合的牌号中，表示以淬火+配分进行热处理钢材，显微组织为马氏体+奥氏体，强度和韧性以及成形性优异。该工艺近 20 年来研究相当活跃，不仅通过改变淬火、配分温度，还可以通过结合预退火、Q&P 后淬火、形变工艺以及化学成分的改变，优化组合铁素体、贝氏体或马氏体以及奥氏体显微组织，获得相当可观的力学性能而不损失塑性，高强塑积成为第三代高强度钢材料发展的主要方向，主要适用于汽车业轻量化需求。高强度钢强塑性的发展可谓如火如荼。

钢材屈服强度发展趋势如图 4-46 所示。

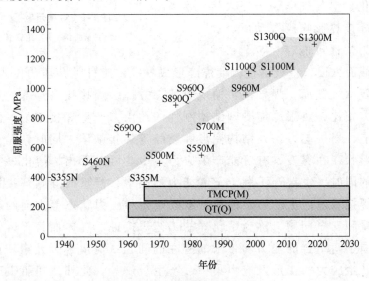

图 4-46 钢材屈服强度发展趋势

第5章　船舶工程结构熔化焊的工艺焊接性

　　熔化焊是将接头加热到熔化状态，熔化的母材和填充材料形成熔池，热源移走后，熔池冷却并凝固形成焊缝。焊缝将工件以原子结合的形式连接起来。熔化焊形成的焊缝示意图如图 5-1 所示；熔化焊是通过热源对邻近母材产生热和力的影响，邻近焊缝且受热和力影响的那部分母材称为焊接热影响区。焊缝和热影响区组成了焊接接头。焊接接头的性能与母材相匹配是熔化焊质量应遵循的原则。对于船舶工程结构来说，熔化焊接头的性能匹配主要有两方面：承载能力与耐蚀性。承载能力与力学性能、承载截面和应力状态等有关。

　　焊接接头的力学性能方面，如第 2章所述，材料的力学性能与其组织状态有关。相对于母材而言，焊缝组织只历经了"铸态"，其显微组织状态只是涉及了合金化，即固溶强化和第二相强化。在电弧高温环境下，空气易使熔池和焊缝金属氧化。空气气体易于侵入而使焊缝脆化。焊接热影响区被动历经焊接热循环，其力学性可能存在变化；焊

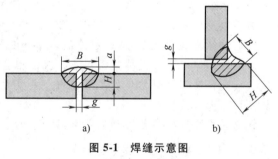

图 5-1　焊缝示意图

a）对接焊缝　b）角焊缝

接接头的承载截面方面，空气的侵入使焊缝形成气孔，工件上杂质的侵入形成夹杂物，均减小焊缝有效承载截面；焊接接头的应力状态方面，焊接接头局部的热胀冷缩，与整体式温度应力相比，热胀冷缩受到结构刚性的约束，产生焊接应力，使焊接接头性能有降低的可能，焊接应力诱发结构变形和裂纹等焊接缺陷；同时，焊缝将工件连接起来，其截面形状存在突变，有可能产生应力集中。可以看出，熔化焊使焊接接头达到原子间结合的同时，也潜存不利于承载能力的因素，严重时导致焊接接头失效。因此，将这些由焊接工艺产生的力学性能、承载截面和应力状态等方面的降低焊接接头承载能力的质量和安全问题，称为熔化焊的工艺焊接性。具体而言，熔化焊的工艺焊接性包括达到原子间结合的能力和带来的潜在的问题：烧损合金元素和产生气孔，形成热影响区，产生应力和变形及应力集中，产生裂纹等。此外，随船舶工程焊接技术的发展，精益焊接、高效焊接和绿色焊接正走进船舶建造工艺。

5.1　熔化焊热输入

熔化焊将接头加热到熔化状态，需要热源产生的温度高，超过材料熔点，且能持续输入。目前所用热源主要有电弧（等离子体）、激光和电子束等，其中，电弧是最早应用且至今仍是船舶工程用钢焊接的主流热源。以下以电弧为例说明熔化焊的工艺焊接性。电弧是一种大功率、持续的气体放电现象，是物质以等离子体存在的形态。电弧燃烧释放大量的热，熔化母材和焊接材料形成焊缝，也在母材上产生了热影响区。

5.1.1　电弧中的带电粒子

电弧中的等离子体是由气体的电离和电极的电子发射两个物理过程产生的[131]。

1. 电离

气体分子或原子在常态下是由数量相等的正电荷（原子核）和负电荷（电子）构成的一个稳定系统，呈电中性状态。当外加一定条件时，系统的稳定被打破，使气体粒子（分子或原子）发生电离成为正离子。中性气体分子或原子分离为正离子和电子的现象称为电离。中性气体失去第一个电子需要克服第一电离能，生成的正离子称为一价正离子，这种电离称为一次电离。中性气体失去第二个电子需要的能量，即为第二电离能，生成的正离子称为二价正离子，这种电离称为二次电离。相对于第一电离能，第二电离能更大，依次类推。气体的电离能用电离电压表示，单位是电子伏特（eV），即一个电子通过1V电位差的空间所获得的能量，其数值为 $1.6×10^{-19}$J。表5-1列出了常见气体粒子的电离电压。

表 5-1　常见气体粒子的电离电压

元　　素	H	O	Fe	Ar	H_2	O_2	H_2O	CO_2
电离电压/eV	13.5	13.5	7.8	15.7	15.4	12.2	12.6	13.7

电离电压是物质的属性，不会因外加能量的方式而改变。气体电离电压越小，电离能越低，电离越容易，有利于维持电弧的稳定。在焊接过程中，使气体电离的外加能量有热、电场和光三种。

（1）热电离　气体粒子受热作用而产生的电离称为热电离。根据物理学的气体分子运动理论可以知道，某一容积气体温度的高低意味着气体粒子总体动能的高低，即气体粒子平均运动速度的高低。气体温度越高，气体粒子的运动速度也越高，即动能越大。由于气体粒子的热运动是无规则的运动，粒子之间将发生频繁碰撞，如果粒子的运动速度足够高，即动能足够大，粒子之间则可能发生非弹性碰撞，而引起气体粒子的电离。因此，热电离实质上是由于粒子之间的碰撞而产生的电离。

（2）电场电离　当气体中不存在电场时，不论是带电粒子还是中性粒子，都做无规则、无定向的运动而且相互频繁碰撞。当气体空间有外加电场时，则带电粒子除了做无规则的热运动外，还会受到电场力的作用产生定向运动。正负带电粒子定向运动的方向相反，此时带电粒子的实际运动是无规则的热运动与沿电场力方向的定向运动的合成，且电场将对带电粒子在电场方向的运动起加速作用，电能转换为带电粒子的动能。当带电粒子的动能在电场力的作用下增加到足够高的数值时，则可能与中性粒子产生非弹性碰撞而使之电离，这种电离称为电场作用下的电离。

（3）光电离　中性粒子接受光辐射的作用而产生的电离现象称为光电离。电弧空间的不同波长的光辐射，是通过电离产生带电粒子的又一途径。

2. 电子发射

带电粒子除产生于电离过程外，还产生于电极表面的电子发射。当阴极或阳极表面接受一定外加能量的作用时，电极内部的电子皆可能冲破金属电极表面的约束而飞到电弧空间，这种现象称为电子发射。使一个电子由金属表面飞出所需要的最低外加能量称为逸出功，单位是电子伏特（eV）。逸出功的大小与金属材料的种类、表面状态及金属表面氧化物的状态有关。表 5-2 列出了常见金属的逸出功。值得注意的是，电极只能发射电子而不能发射离子。

表 5-2　常见金属的逸出功

金属种类		W	Al	Fe	Cu	K	Ca	Mg
逸出功/eV	纯金属	4.54	4.25	4.48	4.36	2.02	2.12	3.78
	表面氧化层	—	3.90	3.92	3.85	0.46	1.80	3.31

一般情况下，金属内部的电子在平衡位置振动，束缚于晶格点阵的约束作用。只有在接受外加能量的作用后，其能量升高到大于其逸出功时才能冲破金属表面的制约而发射到金属表面外部的空间。在焊接环境下，外加能量形式有热能、电能、光能和粒子碰撞的动能四个方面，分别产生热发射、电场发射、光发射和粒子碰撞发射。其中，金属表面受热作用和光的辐射后，表面的自由电子受热或光能，或者高能运动的粒子碰撞作用而运动加剧，甚至逸出；在电场作用下，自由电子受到电场力作用而逸出。电子受光作用而发射时，电子逸出并不从金属表面带走能量，不会像热发射时那样对电极有冷却作用。

5.1.2　焊接电弧的产生过程

各种弧焊方法产生电弧的过程是类似的，以焊条电弧焊为例说明焊接电弧的产生过程。焊条电弧焊的焊条和工件连接到焊机的电极上。在焊接引弧时，在焊条端部接触工件。在接触瞬间，焊条、工件和焊机组成焊接回路。焊条接触工件后立即拉起，瞬间引燃电弧，于是电弧产生。在这个过程中，发生了电子发射和电离。这个过程实际上可分为三个与带电粒子有关的阶段：短路→空载→燃弧。

在短路阶段，焊条接触工件的瞬间发生短路。由于焊条表面与工件表面都不可能是绝对的平整，因此这个接触只能是一些突出部位的微小点的接触，流过这些点的电流密度极大，在触点上产生大量电阻热，使接触点上的温度骤然升高，部分金属熔化和蒸发，并使焊条药皮中某些易分解的或低沸点的物质变成蒸气，这样就使两电极间充满了具有低电离能物质的蒸气，为后面的电离做好物质准备。同时由于短路引起的大量电阻热使阴极表面的电子获得能量而迅速产生电子的热发射。

在空载阶段，焊条与工件短路后随即让焊条离开工件的瞬间，电弧尚未形成，此时电源处于空载状态。空载时电压较高，这个较高的电压完全加在焊条端面与工件之间的很短距离内。在这个较高电压的作用下，产生了电场作用下的电离和电子发射。在这个阶段里，由电场驱动的电离和电极的电子发射所产生的带电粒子数量进一步增加。

在燃弧阶段，电子和离子在电场的作用下产生加速运动，以很高的速度射向阳极和阴极。在两极之间，其又与两极间气体的中性粒子碰撞，产生碰撞电离使中性粒子分解为电子和离子。这些电子和离子又经电场加速，又可能与中性粒子碰撞产生新的电离。这样在电场和热的作用下，自由电子和离子的数量迅速增多，电子向正极、正离子向负极运动，形成持续稳定的等离子体定向运动，即是放电，产生了电弧。

上述三个阶段是在极短的时间内连续进行的，工程上称为引弧。

5.1.3 电弧的温度

电弧电压的测量结果表明，在电弧长度方向的电场强度并不是均匀分布，而是有三个特征的区域，即阳极附近、阴极附近和中间部分，分别称为阳极区，阴极区和弧柱区，如图 5-2 所示。

（1）阳极区 阳极区的电压降称为阳极压降，沿弧长方向的尺寸为 $10^{-3} \sim 10^{-1}$ mm。该区带电粒子主要为电子，阳极表面上存在一个光亮的斑点称为阳极斑点，是电子流集中撞击释放大量的热引起的，温度比阴极斑点的高。

（2）阴极区 阴极区的电压降称为阴极压降，沿弧长方向的尺寸约为 10^{-4} mm。该区带电粒子主要由电子流和正离子流组成，阴极表面上同样存在一个光亮的斑点称为阴极斑点，是电子集中逸出引起的。

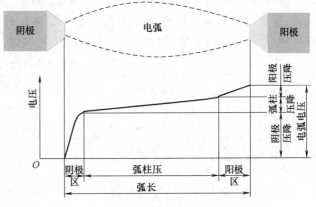

图 5-2 电弧电压分布

（3）弧柱区 弧柱区为电弧的主体，其长度远比阴极区和阳极区大，可以认为弧柱长度基本等于电弧的长度。

在径向方向，电弧的温度呈芯部高而四周低，如图 5-3 所示；在轴线方向，弧柱的温度较高，可达 5000~8000K，甚至更高，而两个电极上温度较低，如图 5-4 所示。这是因为电极的温度受到电极材料导热性能、熔点和沸点等的限制，因而低于弧柱的温度。

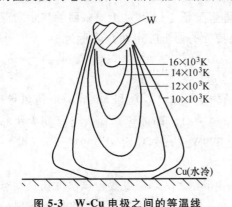

图 5-3 W-Cu 电极之间的等温线
注：电流为 200A，电压为 14.2V，保护气体为 Ar。

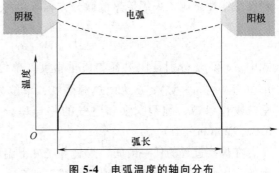

图 5-4 电弧温度的轴向分布

5.1.4 焊接热输入

在焊接热过程中，热输入量是指单位时间内输入的热量，即焊接热输入，由式（5-1）计算：

$$Q = \frac{\eta P}{v_w \times 1000} \tag{5-1}$$

式中，Q 是热输入量，单位为 kJ/mm；v_w 是焊炬移动速度，单位为 mm/s；η 是焊接热效率，各类焊接方法的热效率见表 5-3；P 是功率。对于激光焊，功率单位为 J；对于熔化弧焊，$P = UI$，U 和 I 分别是焊接电压（单位为 V）和焊接电流（单位为 A）。

电弧产生的热量一部分被工件和焊接材料吸收，还有一部分损失于周围介质和飞溅。工件和焊接材料吸收的热量为有效热量，与电弧提供的总热量之比称为焊接热效率，以字母 η 表示。焊接热效率 η 主要取决于焊接方法、焊接规范和焊接材料，但电流的种类、极性、焊接速度以及焊接位置等都对热效率有一定影响。各焊接方法的 η 取值列于表 5-3 中。

表 5-3　焊接方法的热效率

焊接方法	碳弧焊	厚皮焊条电弧焊	埋弧自动焊	钨极氩弧焊		熔化极氩弧焊	
				交流	直流	钢	铝
热效率 η	0.5~0.65	0.77~0.87	0.77~0.99	0.68~0.85	0.78~0.85	0.66~0.69	0.70~0.85
	0.8[1]	—	1[1]	0.6[1]		0.8[1]	

[1] 数据摘自文献 [133]。

焊接热输入量是重要的焊接参数，不仅影响焊接生产率，而且对焊接热影响区的宽度和性能产生较大的影响。大热输入量焊接生产率高，然而产生的热影响区宽。焊接热输入量大于 5kJ/mm 的焊接称为大热输入焊接。船级规范对大热输入的焊接工艺有严格要求，如预热和焊后热处理[6]，特别是 Z 向钢。

5.1.5 焊接温度场

热量的传递有传导、对流和辐射三种基本方式。电弧热以对流和辐射的方式传递给工件，使工件上距离电弧中心不同点的温度不同，且随热源移动而瞬态变化。在焊接进行的某时刻，工件的温度分布称为温度场，用 $T = f(x, y, z, t)$ 表示，其中，T 为温度；(x, y, z) 为工件上任意点的坐标；t 为时间。单位时间内通过垂直于任一面积为 A 的截面的热量与温度梯度呈线性正比，采用传热偏微分方程（也称为热传导的傅里叶定理）表示为

$$\frac{\partial T}{\partial x}\left(\lambda \frac{\partial T}{\partial x}\right) + \frac{\partial T}{\partial y}\left(\lambda \frac{\partial T}{\partial y}\right) + \frac{\partial T}{\partial z}\left(\lambda \frac{\partial T}{\partial z}\right) + Q = \rho_d c \frac{\partial T}{\partial t} \tag{5-2}$$

式中，c 和 ρ_d 分别是比热容和质量密度，单位分别为 J/(kg·℃) 和 kg/m³；λ 是热导率，单位为 W/(m·℃)；Q 为内热源强度，单位为 J/(m³·s)，即前述热输入量。其中热导率是热物性参数，纯铜、水和空气的热导率分别为 399W/(m·℃)、0.599W/(m·℃) 和 0.0259W/(m·℃)。

在焊接过程的任一瞬间，焊缝和工件上温度的分布称为瞬态温度场。该温度场是动态稳定的，因而可用等温线或等温面描述，如图 5-5 所示。由图 5-5 可见，温度的分布呈现一定的规律性：沿焊接方向的左右对称、前陡后缓。

焊接温度场分布表明，焊缝达到熔点以上温度，焊接材料和部分母材熔化后形成焊缝。与此同时，由于热传导，在母材上产生热循环。

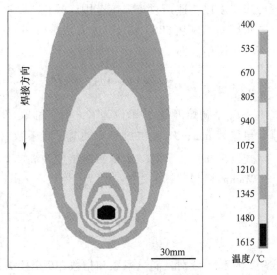

图5-5　焊接等温线分布

5.1.6　焊接热循环

温度场描述工件上某瞬时温度的分布。焊接热循环是指工件上某点温度随时间的变化过程，即由于电弧的接近而温度开始升高，达到最大值后，又由高温降至室温的过程。与焊缝距离不同，经历的最高温度、高温停留时间和冷却速度等不同，如图5-6所示。

1）加热速度是指单位时间内升高的温度。与传统热处理相比，电弧对母材的加热速度快，易产生大的过热度和短的高温停留时间，不利于高熔点碳化物的充分溶解。对于最高温度超过临界点的母材区域，影响其奥氏体晶粒尺寸和化学成分的均匀性；对于最高温度没达到临界点的母材区域，加热速度的影响则较小。

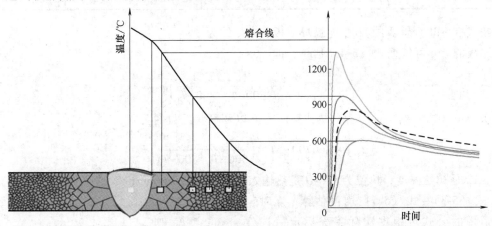

图5-6　焊接热循环示意图

2）最高温度 T_m 是指热循环经历的最高温度。工件上距离熔池中心距离 r 不同，经历的最高温度也不同。

3）相变温度以上的停留时间 t_H 是指热循环中在临界温度以上的停留时间。该参数影响奥氏体组织均匀化时间和奥氏体长大时间。最高温度未达到临界点的那部分区域则无该参数。

4）冷却速度是指单位时间内降低的温度。与传统热处理相比，如果焊接热输入固定，则焊接的冷却速度难以控制。在无焊后热处理情况下，焊接接头在空气中冷却，其冷却速度和材料淬透性决定了热影响区组织性能。热影响区的冷却速度与热输入、板厚等因素有关。参考回火脆性温度区间，钢材在温度550℃左右有较大的脆性敏感性，控制脆性的办法是控制冷却速度以快速通过该温度范围。采用 $t_{8/5}$ 时间来表示焊接过程的冷却速度。$t_{8/5}$ 是指工件点焊后的温度从 800℃ 降至 500℃ 所需时间。$t_{8/5}$ 可采用经验公式估算，估算模型很多，如 D·Vwer 模型，即

$$t_{8/5} = (4300 - 4.3 T_0) \times 10^{-5} \times \frac{\eta^2 Q^2}{d^2} \left[\left(\frac{1}{500 - T_0} \right)^2 - \left(\frac{1}{800 - T_0} \right)^2 \right] F_2 \tag{5-3a}$$

式中，T_0 是初始温度，单位为 K，室温可取 293K；Q 是热输入量，单位为 kJ/mm；d 是板厚，单位为 mm；F_2 是二维热流动时形状系数（对接焊缝为 0.9）。

式（5-3a）在计算二维薄板时精度较高[132]。

Michio 模型计算 $t_{8/5}$ 的公式为[132]

$$t_{8/5} = \frac{K Q^n}{\beta (T - T_0)^2 \left[1 + \frac{2}{\pi} \arctan \left(\frac{\delta - \delta_0}{\alpha} \right) \right]} \tag{5-3b}$$

式中，K 和 n 分别是能量系数和指数；β 是接头系数；T_0 是初始温度，单位为 K；δ 是板厚，单位为 mm；α 是厚板修正系数；δ_0 是厚度初值，单位为 mm，取 10 mm。

式（5-3b）中系数见表 5-4。

表 5-4 式（5-3b）中系数

系数	K	n	β	α
激光-电弧焊	0.345	1.7	1	3.5(当板厚为 3mm 时)

按式（5-3b）计算的激光-电弧焊薄板的 $t_{8/5}$ 约为 8 s。

厚板的 $t_{8/5}$ 可依据式（5-4）估算，即

$$t_{8/5} = \frac{\eta^2 Q^2}{2 \pi \alpha d} \left(\frac{1}{500 - T_0} - \frac{1}{800 - T_0} \right) \tag{5-4}$$

BS EN 1011-2 给出的包含预热或层间温度以及形状系数的公式为[133]

$$t_{8/5} = Q (6700 - 5 T_0) \left(\frac{1}{500 - T_0} - \frac{1}{800 - T_0} \right) F_2 \tag{5-5}$$

式中，T_0 是初始温度，单位为℃；Q 是热输入量，单位为 kJ/mm；F_2 含义同式（5-3a）。

式（5-3）~式（5-5）均可估算 $t_{8/5}$ 时间，适用的公式可根据实际工况标定后选用。对相同的板厚，$t_{8/5}$ 随热输入量增加而增加；不同板厚 $t_{8/5}$ 并不相同，板厚增加，相对于薄板的二维散热来说，厚板为三维散热，因而冷却速度加快、$t_{8/5}$ 减小，如图 5-7 所示。

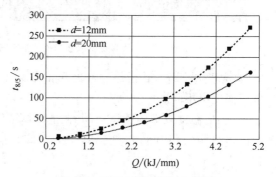

图 5-7 不同热输入时 $t_{8/5}$ 分布

除了热输入量和板厚对 $t_{8/5}$ 时间产生影响外，多道焊的层间温度对 $t_{8/5}$ 时间产生较大影响，一般来说，高的层间温度，$t_{8/5}$ 时间增加。

第 6 章将看到，不同材料对 $t_{8/5}$ 敏感性不同，$t_{8/5}$ 是焊接工艺重要指标。

【知识拓展】　造船连接技术的发展

造船历史悠久，据文献记载，早期木质船采用榫或弯头钉将木板紧固连接，另外制作舱料捻缝以保持水密。弯头钉连接接头需要两连接板的搭接，弯头钉紧固后，填充舱料进行捻缝工序，再涂铜油等进行水密。由此可见，木质船的搭接接头会存在附加弯矩，材料浪费和大的自重且须另配水密工艺。

钢材出现的初期，板材的连接仍沿用了铆接工艺，同样采用搭接接头。随着船舶工程结构的大型化，铆接工艺的不足凸显。19世纪电的发现推动了第二次工业革命，电的广泛应用革新了连接技术。1801年电弧被发现，随着19世纪90年代光焊丝作为电极的电弧焊接方法和20世纪初薄皮涂料焊条的出现，以及1907年厚药皮焊条技术的完善，焊条电弧焊即应用于钢质材料连接的生产中。CO_2气体保护焊和埋弧焊相继在1926年和1930年出现。直至今天，电弧焊仍为劈波斩浪于汪洋的大型金属船舶工程结构的主流焊接方法。

5.2　焊接接头的组织状态

焊接热循环使材料熔化，形成的焊缝与母材达到原子间的结合，这和形成与母材性能相匹配的焊接质量要求相比，电弧的高温使焊接接头有潜在的质量下降：①电弧的高温使合金元素氧化和杂质侵入，使其合金化、组织状态及力学性能存在不匹配，而且使焊缝有效承载截面减小；②电弧高温产生的热循环改变焊接热影响区组织状态，进而有降低其力学性能的趋势。焊接接头的组织状态是熔化焊的工艺焊接性问题之一。

焊接接头的焊缝，其显微组织状态取决于焊缝的合金化，即各类物质相互之间在高温的电弧气氛、熔融熔池以及熔渣中发生相互作用，包括化学反应和元素的物理迁移。在缺少固态相变和塑性加工等强化工艺的情况下，合金化是调节焊缝显微组织状态进而力学性能的主要手段。与铸态平衡状态冷却相区别的是，无焊前预热和焊后热处理的情况下，焊缝为凝固组织。考虑到高温环境下电弧保护效果，为保障焊缝凝固组织力学性能，各焊接方法在保障熔池的合金化上有两个共性：合金过渡和去除杂质，确保合金化效果和承载截面。焊接热循环对焊缝邻近的母材显微组织状态产生热影响。

5.2.1　焊缝的显微组织状态

焊缝的合金成分来源于填充焊丝的熔化和母材的熔化，再减去熔化焊高温产生的合金元素烧损。

1. 焊缝的合金化

焊缝的合金化就是把所需要的合金元素通过焊接材料过渡到焊缝金属中的过程。其目的在于：首先，补偿焊接过程中由于蒸发、氧化等原因造成的合金元素的损失；其次是消除焊接缺陷，改善焊缝金属的组织和性能，如为了消除因硫引起的热裂纹需要向焊缝中加入锰，在焊接某些结构钢时，常向焊缝加入钴、铝等，以细化晶粒，提高焊缝的强韧性；最后，获得具有特殊性能的堆焊金属，如当要求某些零件表面具有耐磨性、热硬性、耐热性和耐蚀性时，在生产上常用堆焊的方法过渡Cr、Mo、W、Mn等合金元素。

母材金属在焊缝中所占的比例称为焊缝的熔合比，即

$$\gamma = \frac{A_m}{A_m + A_H}$$ （5-6）

式中，γ 是熔合比；A_m 是母材金属在焊缝横截面中所占面积；A_H 是填充金属在焊缝横截面中所占面积。

当坡口和熔池形状改变时，熔合比 γ 都将发生变化。在电弧焊焊接各种高强度合金钢和有色金属时，可通过改变熔合比来调整焊缝的成分和组织，降低裂纹的敏感性和提高焊缝的力学性能。

2. 焊缝杂质的去除

杂质元素包括硫、磷、氧、氮和氢等，也会出现在焊缝中，需要去除以避免影响。

（1）脱氧　通过加入某种元素，使它在焊接过程中被氧化，从而保护被焊金属及其合金元素不被氧化，并尽量降低含氧量。这种用来脱氧的元素或铁合金称为脱氧剂。选择脱氧剂的原则是：首先，脱氧剂在焊接温度下对氧的亲和力应比被焊金属对氧的亲和力大，焊接铁基合金时，C、Al、Ti、Mn 和 Si 等可以作为脱氧剂，在实际生产上，常用铁合金或金属粉，如锰铁、硅铁、钛铁以及铝粉等。在其他条件相同的情况下，元素对氧的亲和力越大，脱氧能力越强；其次，脱氧的产物不溶于液态金属，并且它的密度应小于液态金属的密度，应该指出，如果生成的脱氧产物处于固态，则容易造成夹杂，而且其颗粒越小，造成夹杂的可能性越大，相反，脱氧产物处于液态，则由于它在液态金属中容易聚集长大，并浮到熔渣中去，故可减少夹杂物的数量，提高脱氧效果；最后，脱氧剂对焊缝成分、性能以及焊接工艺性能的影响应尽可能小。

钢冶炼时的脱氧剂通常使用锰铁、硅铁或铝。焊接过程的脱氧是在药皮或焊丝中加入脱氧剂，进行的脱氧反应按阶段和区域分为先期脱氧、沉淀脱氧和扩散脱氧。

1）先期脱氧。在药皮加热阶段，固态药皮中进行的脱氧反应称为先期脱氧，其特点是脱氧过程和脱氧产物与熔滴金属不发生直接关系。

当含有脱氧剂的药皮被加热时，其中的高价氧化物或碳酸盐分解出的氧和二氧化碳便和脱氧剂发生相互作用，如：

$$Fe_2O_3 + Mn = MnO + 2FeO$$
$$FeO + Mn = MnO + Fe$$
$$MnO_2 + Mn = 2MnO$$
$$CaCO_3 + Mn = MnO + CaO + CO$$
$$2CaCO_3 + Si = SiO_2 + 2CaO + 2CO$$

反应的结果使气相的氧化性减弱，起到先期脱氧的作用。

2）沉淀脱氧是在熔滴和熔池内进行的，其原理是利用溶解在液态金属中的脱氧剂和 FeO 直接反应把铁还原，脱氧产物浮出液态金属。发生的脱氧反应有：锰的脱氧反应、硅的脱氧反应和硅锰联合脱氧，化学方程式为

$$[FeO] + [Mn] = [Fe] + (MnO)$$
$$2[FeO] + [Si] = 2[Fe] + (SiO_2)$$

硅锰联合脱氧就是把硅和锰按适当的比例加入金属中进行联合脱氧，可以得到更好的脱氧效果。实践证明，当锰与硅质量比为 3~7 时，脱氧产物可形成复合硅酸盐，其密度小，熔点低，在钢液中处于液态，因此容易聚合为半径大的质点，浮到熔渣中去，减少焊缝中的

夹杂物，从而降低了焊缝中的含氧量。

3）扩散脱氧。焊接过程中产生的 FeO 既溶于渣又溶于液态钢，在一定温度下平衡时，它在两相中的浓度符合分配定律，即

$$L = \frac{(FeO)}{[FeO]}$$

式中，L 是分配常数；（FeO）是 FeO 在渣中的浓度；[FeO] 是 FeO 在液态钢中的浓度。

温度降低时分配常数 L 增大，即（FeO）增大，表明扩散脱氧主要发生在熔池尾部的低温区。

在焊接条件下，冷却速度大，扩散时间短，氧的扩散少，所以扩散脱氧是不充分的。

三种脱氧方式中，沉淀脱氧应用最多。

（2）脱硫　硫易引起结晶裂纹，如图 3-29b 所示。焊缝中的硫主要来源有三个方面：一是母材，其中的硫几乎可以全部过渡到焊缝中去，一般低碳钢焊缝中硫的质量分数应小于 0.035%，而合金钢焊缝则应小于 0.025%，优质钢材中硫的质量分数要严格控制；二是焊丝，其中的硫约有 70%~80% 可以过渡到焊缝中去，在通常情况下，应按有关的标准选择焊接材料，低碳钢及低合金钢焊丝中硫的质量分数应小于 0.04%，合金钢焊丝应小于 0.03%，不锈钢焊丝应小于 0.02%；三是药皮或焊剂，其中的硫约有 50% 可以过渡到焊缝中去，药皮、药芯和焊剂的原材料，如锰矿、赤铁矿、钛铁矿、锰铁等都含有一定的硫，而且含量变动幅度较大。由此可见，严格控制焊接材料的含硫量是限制焊缝含硫量的关键措施。

采用冶金方法脱硫以减少焊缝中含硫量，其原理类似于脱氧，焊接材料中加入对硫的亲和力比铁大的元素。常用的脱硫元素是锰，其脱硫反应为

$$[FeS] + [Mn] = (MnS) + [Fe]$$

反应的产物 MnS 进入熔渣。

熔渣中的碱性金属氧化物，如 MnO、CaO 等也能脱硫，反应为：

$$[FeS] + [MnO] = (MnS) + (FeO)$$

$$[FeS] + [CaO] = (CaS) + (FeO)$$

生成的 CaS 和 MnS 不溶于金属而进入熔渣。根据质量作用定律，增加渣中的 MnO 和 CaO 的含量，减少渣中的 FeO 的含量，有利于脱硫。由于碱性渣中 MnO 和 CaO 的含量较多，而酸性渣中 FeO 的含量较多，因而酸性渣的脱硫能力比碱性渣差。由此可见，增加熔渣的碱度可以提高脱硫能力。

（3）脱磷　在焊接过程中，熔池快速结晶时，磷易偏析于晶界，减弱了晶粒之间的结合力。焊接奥氏体钢或焊缝含碳量高时，磷也促使结晶裂纹的形成。因此焊缝中应限制含磷量，如限制母材、填充金属、药皮、焊剂中的含磷量。

磷一旦进入液态金属，就应当采用脱磷的方法将其清除。脱磷反应分为两步：第一步将磷氧化生成 P_2O_5，第二步使之与渣中的碱性氧化物生成稳定的磷酸盐，反应为

$$2[Fe_3P] + 5(FeO) = P_2O_5 + 11[Fe]$$

$$P_2O_5 + 3(CaO) = (CaO)_3 P_2O_5$$

$$P_2O_5 + 4(CaO) = (CaO)_4 P_2O_5$$

从这两阶段的脱磷反应可以看出，要同时有足够的 FeO 和 CaO 才有脱磷效果。但无论是酸性焊条还是碱性焊条，都不同时具备这两种氧化物。酸性焊条熔渣中自由 FeO 虽多，

但 CaO 较少；而碱性焊条熔渣中 CaO 虽多，但 FeO 较少。所以这两种焊条的脱磷能力都不理想，一般是要严格控制原材料中的含磷量，以预防为主。

（4）焊缝中的气相　气体侵入并以气相存在焊缝中，形成气孔，减少焊缝截面积。气相主要有两种，即氢和氮，以溶解的方式进入熔池，并保留在焊缝中。氢来自于空气、焊条药皮和焊剂分解的产物，工件上的铁锈、油漆、油脂和水分等受热分解的产物以及熔池冶金反应的产物。高温下溶解于熔池的气体在结晶和相变过程中，因溶解度降低，如图 3-30 所示，气体从液态金属中析出，聚集并长大，形成气泡并上浮。如果气泡上浮比较快，熔池结晶慢，气泡可以充分排出而不至于形成气孔；如果气泡的产生正处在熔池结晶过程中，而且气泡来不及逸出，于是残留于焊缝中形成气孔。电弧气氛保护效果好时，焊缝中的气相主要是氢。分子态的氢是气相氢的存在形式，使焊缝承载截面减小。

氢以原子态存在时，容易扩散而诱发氢致裂纹。纳米沉淀相如（Nb，V，Ti）C 和位错等高结合能的陷阱，"诱捕"氢能力大，并使氢呈弥散分布而不至于氢积聚引起应力集中、微空洞[98]，是现代高强钢通过冶金方式减缓氢危害的新途径，见 3.4 节。但这需要加入较多该类合金元素。

可以看出，焊缝的组织状态主要取决于焊缝的合金化，在无焊前预热和焊后热处理以控制冷却速度的情况下，焊缝凝固后在空气中冷却，即焊缝为铸态组织。但不同于铸态组织的是，焊缝中有较大的内应力，见 5.3 节，这些内应力不仅增加其裂纹敏感性，还降低其承载能力。

5.2.2　热影响区的显微组织状态

以亚共析钢为例说明焊接热循环对母材显微组织状态的热处理效应。邻近焊缝的各部分所经历的焊接热循环，如图 5-8 所示，其中图右侧的 Fe-Fe$_3$C 相图用于对比。最高加热温度在 Ac_1 以下的区域，虽然相种类不会发生变化，但组织的应力状态、晶粒尺寸会改变；加热温度在 Ac_1 以上直至熔化温度区域，除了应力状态和晶粒尺度的变化外，还会发生相变。母材上受焊接热循环影响的那部分区域称为焊接热影响区（weld heat-affected zone，HAZ）。热循环产生的热影响类似于经历了一次热处理。不一样的是，热处理的加热速度、保温时间和冷却速度可有效控制，而焊接工艺中除非有外力干预，如预热和后热，在无外力干预的情况下，焊接热循环呈加热速度快、无保温时间或保温时间短和冷却速度快的特点。相关内容可参照 4.2~4.5 节的加热和不同冷却速度情况下的相变。

1. 热循环对显微组织状态的影响

距离熔合线不同，母材经历的热循环不同，显微组织状态变化特征也不同。按热循环特征将焊接热影响区细分为五个小区，分别描述在热循环作用下显微组织状态的共性变化。

（1）熔合区　焊缝与母材相邻的部位，称为熔合区，又称为半熔化区（温度处于固液相线之间），因为该区的范围极很窄，故又称为熔合线。在化学成分和组织性能上有较大的不均匀性，因而焊接接头的强度、韧性也不均匀，成为焊接接头裂纹、脆性破坏的发源地之一。

（2）粗晶区（coarse grain，CG）　热循环最高温度超过 Ac_3 以上，经历完全奥氏体化。粗晶区的温度范围为固相线~1200℃（碳钢、低合金钢约为 1100℃），高温停留时间长，如图 5-8 所示，奥氏体晶粒发生严重长大，即过热，使冷却之后的组织粗大（低碳钢的大热量输入焊之后的晶粒度为 1~2 级），因而称为粗晶区或过热区。该区域还常见魏氏组织，如

图 3-28 所示，因而是焊接接头易脆化或产生裂纹区域之一。

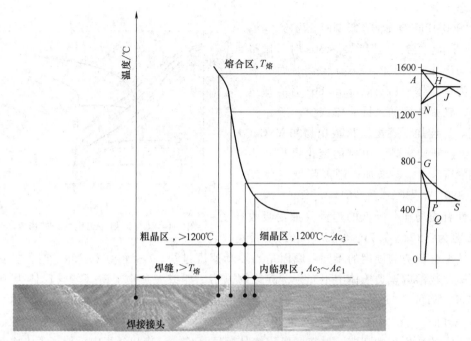

图 5-8　焊接热影响区的分区与热循环

（3）细晶区（fine grain，FG）　细晶区的热循环温度区间一般为 $Ac_3 \sim 1000℃$，完全奥氏体化后在 Ac_3 线以上停留时间短，之后在空气中冷却，该热循环类似正火处理，因而显微组织较细小。

（4）内临界区（inter-critical，IC）内临界区的热循环温度区间为 $Ac_1 \sim Ac_3$，使部分组织发生了相变，如未溶入奥氏体的铁素体发生重结晶。重结晶的温度高，晶粒长大充分，组织粗大；发生相变的组

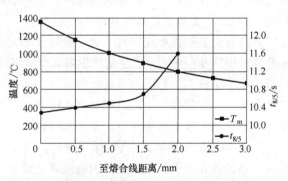

图 5-9　焊接热影响区各区宽度

织高温停留时间短，组织细小。因此，内临界区的特征是晶粒大小不一，组织不均匀，力学性能也不均匀。实践表明，超高强钢的内临界区是发生软化的主要区域。

（5）重结晶区（sub-critical，SC）　重结晶区的热循环峰值温度在 Ac_1 以下，虽然无加热时的奥氏体相变，但可以实现内应力消除以及晶粒重新形核长大，见 4.2 节。此外，对马氏体钢来说，在温度 $400℃ \sim Ac_1$ 温度区域的热循环促使马氏体回火、碳化物的析出（见 4.4 节）和上贝氏体形成（见 4.5 节）。某工艺下热影响区宽度与 $t_{8/5}$ 关系如图 5-9 所示。

2. 影响焊接热影响区组织状态的工艺因素

熔化焊时焊接热影响区产生热循环，不同的热循环对热影响区的显微组织状态，如晶粒尺寸、第二相分布以及位错密度等产生的影响，可采用焊接热输入量或 $t_{8/5}$ 时间描述。将

$t_{8/5}$ 换算为冷却速度，并与材料奥氏体连续冷却组织转变图比较，据此分析力学性能与显微组织状态关系。

以 960MPa 级钢热影响区为例，如图 5-10 所示。当冷却速度 $t_{8/5}<30s$ 时，显微组织为马氏体+贝氏体；$30s<t_{8/5}<80s$ 时，显微组织为铁素体+贝氏体；$t_{8/5}>80s$ 时冷却速度变慢，铁素体增加，贝氏体减少；当 $t_{8/5}>210s$ 时，P 增加，甚至块状碳化物如 M_7C_6、$M_{23}C_6$ 类型开始出现。由相的变化可推知力学性能的变化：$t_{8/5}$ 增加，硬度降低（硬度分别为 380HV、305HV、281HV、266 HV），冲击韧性有先增加后降低的趋势（冲击吸收能量分别为：12J、7.7J、8.7J、8.6J）。冲

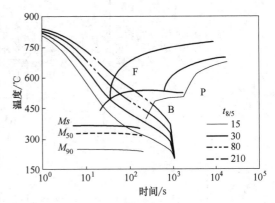

图 5-10 $t_{8/5}$ 对显微组织状态的影响

击韧性的变化趋势与硬度的不同，原因是当冷却速度过快、$t_{8/5}$ 短（如 15s）时，加热速度太快，碳化物溶解至奥氏体中不充分，碳化物以第二相或夹杂物组织（如马氏体-奥氏体组元）出现，降低了韧性；$t_{8/5}$ 越小，Ms 升高，使马氏体因高温自回火而出现韧性增加的趋势。另一方面，$t_{8/5}$ 大时，过热区沉淀相固溶，这时 V、Nb 的碳、氮化合物细化晶粒、抑制奥氏体长大的作用大大削弱，过热区奥氏体晶粒显著长大，冷却过程中可能产生一系列不利的组织转变，如魏氏体、粗大的马氏体、塑性很低的混合组织，所以过大的 $t_{8/5}$ 降低硬度和韧性。因此，$t_{8/5}$ 是工艺焊接性的重要参数。

若母材为其他强度级钢材，如一般强度钢，其临界冷却速度和 Ac_1 等与 960MPa 级钢均不相同，即使相同的 $t_{8/5}$ 产生的热影响区组织状态也不同于 960MPa 级钢。因此，热循环对热影响区组织状态的影响因母材的合金化、固态相变以及塑性加工等供货状态不同而不同，也就是说，工艺焊接性是通过材料焊接性起作用的。不同材料的热影响区显微组织状态归属于材料焊接性内容，见第 6 章。而工艺焊接性对热影响区宽度影响，见 5.6 节。

3. 热循环对热影响区中杂质的影响

在热循环作用下，热影响区中杂质硫量较大时，易产生开裂，在应力诱发下产生液化裂纹，也称为热裂纹。

在热循环作用下，氢因激活能低而有扩散能力，极易从焊缝中扩散至邻近的热影响区，常见于粗晶区。

5.3   焊接接头的残余应力状态

焊接热循环产生局部的热胀冷缩，从而产生应力和变形。船舶工程结构的大刚性约束焊接变形，使焊接应力得不到释放，从而在焊接结束后残留下来不均匀分布的残余应力。残余应力影响结构承载性能，甚至诱发焊接结构失效，与冶金不连续因素相互作用而诱发损伤与破坏等；残余应力使结构件变形，对建造精度产生影响；残余应力还是焊接裂纹的诱因之一。残余应力因而成为熔化焊的工艺焊接性问题之一。分析应力分布的规律，进行应力的消除或减小，以避免或降低焊接工艺对结构承载性能的影响。

焊接应力伴随焊接过程而动态存在，通过其中的两个时间节点的应力分析，即高温时的焊接瞬态应力分析和在结构完全冷却后保留下来的残余应力分析，来分析焊接应力状态。焊接应力按应力作用方向分为：沿焊缝方向的纵向应力 σ_y、与焊缝方向垂直的沿板面的横向应力 σ_x 以及垂直于板面的板厚方向应力 σ_z。

5.3.1　应力的产生

焊接应力的产生主要有不均匀分布的焊接温度场、热胀冷缩和结构的刚性约束以及相变三个方面的原因。

1. 不均匀分布的焊接温度场

焊接温度场的分布是不均匀的，呈电弧中心处温度高而四周低的形态。虽然式（5-2）表明材料的热物性参数，如热导率、比热容等热物性参数影响焊接温度场的具体分布，但并不改变电弧中心处温度最高而四周低的特点。几种材料的热物理常数见表5-5。

表 5-5　几种材料的热物理常数

材　　料	低碳钢和低合金钢	不锈钢 07Cr19Ni11Ti	铝合金	工业钛
温度区间/℃	450~550	600~700	300~400	700~800
热导率 $\lambda/[W/(cm \cdot ℃)]$	0.38~0.42	0.22~0.25	1.35~1.45	0.13
比热容 $c/[J/(kg \cdot ℃)]$	520~670	500~630	105~110	60
线膨胀系数/$(10^{-6}/℃)$	13.6	18.6	23.5	9.9

2. 热胀冷缩和结构的刚性约束

温度产生热应力，热应力的大小与材料的热-力物性参数有关。热-力物性参数包括材料的线膨胀系数、强度、弹性模量和硬化曲线等，而且这些参数具有温度依赖性。以 690MPa 级高强度钢为例，其不同温度下的真实应力-应变曲线如图 5-11 所示。温度越高，强度降低，塑性增加。试验测得不同温度下的屈服强度 σ_T，其与室温屈服强度 R_{eL} 的比值随温度的变化呈近似关系[134]，即

$$\frac{\sigma_T}{R_{eL}} = \begin{cases} -8.95 \times 10^{-9} T^3 + 5.63 \times 10^{-6} T^2 - 1.29 \times 10^{-3} T + 1.02 & (20℃ \leqslant T \leqslant 500℃) \\ 4.2 \times 10^{-9} T^3 - 4.27 \times 10^{-6} T^2 - 1.94 \times 10^{-3} T + 2.18 & (500℃ < T \leqslant 900℃) \end{cases}$$

高强度钢的弹性模量也具有温度依赖性。不同温度下弹性模量 E_T 与室温弹性模量 E、温度依赖性的屈服强度 σ_T 与室温屈服强度 R_{eL} 的比值，随温度变化示于图 5-12[134]。由图 5-12 可见，钢的 E_T/E、σ_T/R_{eL} 均随温度升高而降低。

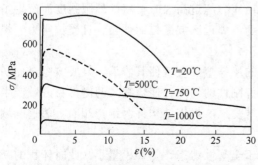

图 5-11　690MPa 级高强度钢真实应力-应变曲线

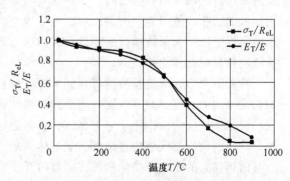

图 5-12　屈服强度和弹性模量随温度变化

$$\frac{E_{\mathrm{T}}}{E} = 6.2 \times 10^{-12} T^4 - 9.56 \times 10^{-9} T^3 + 3.35 \times 10^{-6} T^2 - 8.09 \times 10^{-4} T + 1.01$$

不同强度系列高强度钢的屈服强度随温度变化统计结果表明，钢材的强度对其温度依赖性影响不大，即上述强度的温度依赖性也适用于其他强度级。在数值计算中，焊接变形和应力的分布计算要考虑力学性能的温度依赖性，并利用应力-应变曲线簇。一般假设 $T \leqslant 500 ℃$ 时，低碳钢屈服强度取常温值；当 $500 ℃ < T \leqslant 600 ℃$，按线性关系递减，焊接的热力计算结果有较高的精度。

设焊缝可简化为一维杆件，其线膨胀系数为 α_1，长度为 L，初始温度为 T_0，加热至温度为 T_1。并假设加热温度较低，使杆件的热变形在弹性范围内。而且，约束考虑自由伸缩和完全刚性固定两种情况。

杆件一端刚固，另一端可自由伸缩的情况。升温膨胀产生的伸长量为 $\alpha_1(T_1 - T_0)L$，则产生的伸长（拉伸）热应变为

$$\varepsilon = \frac{\alpha_1(T_1 - T_0)L}{L} = \alpha_1(T_1 - T_0) \tag{5-7}$$

此时，杆件为自由伸长，无约束，有温度应力，为拉应力。

当温度由 T_1 降至 T_0 时，杆件收缩回原始长度，无残余应变，也无残余应力。

两端刚固的情况，如图 5-13 所示，温度由 T_0 升到 T_1，杆膨胀受到完全的限制，设其伸长量全部转为压缩变形量，由式（5-7）可知产生的轴向压缩塑性应变为

$$\varepsilon = -\alpha_1(T_1 - T_0) \tag{5-8}$$

此时，温度应力为材料该温度 T_1 时的屈服强度。

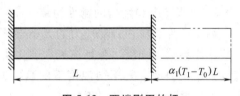

图 5-13　两端刚固的杆

当杆件冷却至 T_0，杆件的压缩塑性应变使杆件有缩短的趋势。但由于杆件的刚性约束，杆件长度仍要保持不变，由此产生的残余应力为拉应力，即

$$\sigma = E\varepsilon = -\alpha_1 E(T_1 - T_0) \tag{5-9}$$

可以看出，完全约束的杆件在温度冷至初始温度后，杆件长度保持不变，但产生了残余应力。

将焊缝及两侧母材区域视作一维杆，其邻近的区域视作约束。在焊接加热阶段，当焊缝及两侧母材区域受热而膨胀时，邻近区域因未受热需保持原始长度，其刚性会约束焊缝及两侧区域的膨胀，使焊缝及两侧区域产生压应力，压应力超过高温时材料的屈服强度而产生了压缩塑性应变。为保持端面的连续性和内应力平衡，邻近区域受拉而伸长，且受拉应力。焊接结构件呈现整体的伸长。

冷却下来后，焊缝及两侧母材区域不可恢复的压缩塑性应变使其收缩，且要收缩至比初始长度要短的长度，但其收缩行为受到焊接结构件刚性的约束，使焊缝及两侧母材区域产生了拉应力。拉应力反作用于邻近区域，使邻近区域受压。焊接结构件为维持端面上邻近区域和焊缝及两侧母材区域的连续性，呈整体缩短。

值得注意的是，焊接结构件在高温时几乎处于全塑性状态，弹性模量小，此时体积的膨胀不会引起大的应力改变。可以看出，焊接过程中的塑性应变主要是产生于中低温阶段，因

而式（5-9）的胡克定律仍可用于焊接应力的定性分析。实际上，由于焊接应力大小受到材料、弹性模量、约束以及焊接顺序等多重因素的影响，解析分析并不直观，难以获得精确解。随着数值分析精度的提高，结构件的焊接应力以及焊接变形目前主要用数值方法计算。

3. 相变

焊接过程中焊缝冷却时会发生相变，从而引起体积的改变。在冷却时奥氏体的分解伴随着体积的膨胀。若发生的是珠光体转变，转变温度高，材料几乎处于全塑性状态，弹性模量小，此时体积膨胀不会引起大的应力改变；若发生的是马氏体转变，转变温度低，材料弹性模量大，阻碍组织转变区体积的增加，从而产生新的应力，即组织应力（或相变应力）。因此，在焊接过程中，热胀冷缩效应还会叠加马氏体转变的相变应力。特别是合金钢的马氏体转变，相变应力较低碳钢马氏体更为显著，原因在于低碳钢马氏体转变量小，因而相变应力小。

5.3.2　应力的分布

尽管焊接应力的量化分析存在困难，但是从定性分析角度，焊接残余应力分量存在一定的规律性。

1. 纵向残余应力

在工件的纵向，焊缝及两侧母材区域在高温时产生了压缩塑性变形，冷却后纵向收缩，收缩量与邻近区域不协调，于是产生了纵向残余应力。等宽对接接头的温度场分布、纵向残余应力分布如图5-14a、b所示。由图5-14b可以看出，在一般强度钢的对接接头中，焊缝区中的残余应力是拉应力，数值上可达到焊缝金属的屈服极限。随着与焊缝中心的距离越远，应力数值逐渐降低，随后残余应力转为压应力。在整个横截面上满足内应力平衡条件。该应力分布在一般强度钢的焊接接头中比较典型，即焊缝及邻近区域为拉压力，两侧为压应力。

纵向焊接残余应力受多重因素的影响而呈不同于图5-14b所示的一般强度钢焊缝拉应力的分布，如材料种类、相变、焊接热输入等。

（1）材料种类　铝合金焊缝中的残余拉应力值一般低于屈服极限，奥氏体钢的焊接残余应力数值上超过屈服极限。原因在于：首先，奥氏体线膨胀系数比一般强度钢的大，在较高温度下奥氏体钢中屈服极限发生急剧降低的情况比一般强度钢要显著，因此，产生的压缩塑性应变大于一般强度钢；其次，奥氏体不锈钢没有屈服平台，塑性变形区硬化高，使残余应力数值上超过屈服极限。

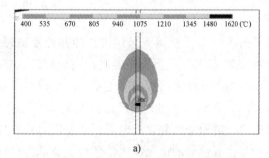

a)

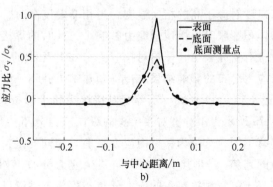

b)

图 5-14　等宽对接接头

a）温度场分布　b）纵向残余应力分布

（2）相变　钢的相变可能改变残余应力的分布趋势。如图 5-15b 所示 TMCP960 钢的焊接残余应力分布与图 5-14b 类似。然而 QT960 钢焊缝中应力水平降低，残余应力峰值出现在热影响区，如图 5-15a 所示。这是由于 QT 钢较 TMCP 钢中碳的质量分数高约 0.1%，由式（4-17）（其他合金元素对 M_s 点影响小）估算的相变温度 M_s 低约 40℃，马氏体发生相变时温度更低，相变时的体积膨胀抵消了部分冷却收缩量，使焊缝中心区域出现了压应力区域[135]。

（3）焊接热输入　随焊接热输入增加，峰值应力增大，如图 5-15 所示。

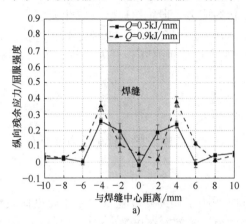
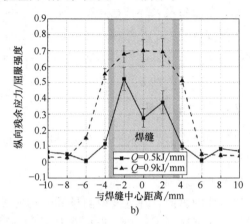

图 5-15　焊接热输入和相变温度对 960 钢焊接残余应力的影响

a）QT 钢　b）TMCP 钢

图 5-15 显示热输入量越大，冷却速度减慢，热输入量为 0.5kJ/mm 和 0.9kJ/mm 时 $t_{8/5}$ 分别为 2s 和 9s，因而相变温度向高温移动，M_s 和 B_s 温度增加了近 40℃，慢冷却速度产生的高温相变导致大的压缩应变量，致使焊缝中心拉应力大幅增加[135]。

（4）预热　预热是高强度钢常见焊接工艺措施，用于减小热影响区温度梯度以降低焊接应力，进而降低裂纹趋向。预热温度对残余应力影响如图 5-16 所示。

与没有预热的情况相比，两种供货状态焊缝的残余应力峰值均增加。原因在于减慢的冷却速度对应于高的相变温度。当相变温度高时，由于材料的全塑性和低的弹性模量，相变时的体积膨胀对焊接残余应力影响小，此时的焊接残余应力峰值主要取决于热胀冷缩效应。然而也有研究表明，预热对拉应力分布并无大的影响。由此可见，图 5-16 所示预热对焊接残余应力分布的影响结果与传统预热结果并不一致。预热对应力分布的影响较为复杂。

（5）接头形式　不等宽对接接头和 T 形接头的纵向残余应力分布，如图 5-17 所示。图 5-17a 所示为不等宽对接接头的纵向应力分布，与等宽板情况相比，纵向残余应力分布趋势略有不同，这是为保持内应力平衡。相同的是，焊缝及两侧区域受拉应力和邻近区域受压应力的趋势。T 形接头中的纵向残余应力分布，如图 5-17b 所示，翼板的两外侧分布压应力，相当于等宽对接接头的应力分布；腹板近焊缝区域为拉应力，远焊缝区域为压应力。该应力分布解释了焊后 T 形接头腹板和翼板的波浪变形，原因在于板外侧分布的压应力超过屈服强度后产生的失稳变形。

此外，焊缝填充金属力学性能与母材是否匹配也影响纵向残余应力的分布。

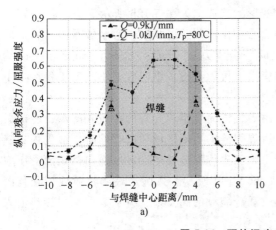
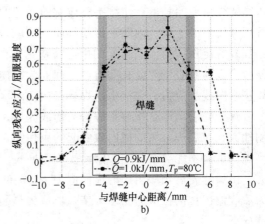

图 5-16　预热温度对残余应力的影响

a）QT 钢　b）TMCP 钢

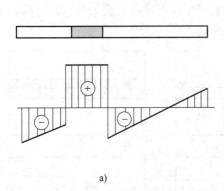
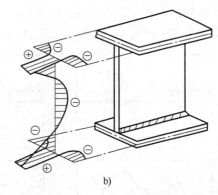

图 5-17　接头形式对纵向残余应力的影响

a）不等宽对接接头　b）T 形接头

2. 横向焊接残余应力

横向焊接残余应力的产生有两个方面的原因：一是焊缝及两侧区域的压缩塑性应变产生的缩短，这也是纵向焊接残余应力产生的原因；另一是焊接先后顺序，即焊缝首尾收缩的不同步。图 5-18a 所示为对接接头示意图。

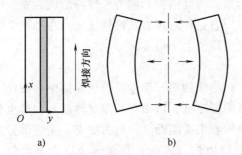
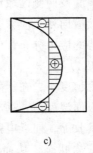
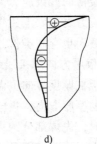

图 5-18　单道对接接头中横向残余应力 σ_x 的分布

a）对接接头示意图　b）板变形示意图　c）横向应力 σ_x^i 分布　d）焊接顺序 σ_x^s

焊缝及两侧区域的压缩塑性变形使之冷却后缩短至比原始长度短的长度，而接头左右外边缘要维持原始长度，使接头整体有内凹弯曲变形的趋势，如图 5-18b 所示。为了保持接头首尾两端面的连续，内凹变形趋势使板首尾端面受挤压而焊缝的长度中心区域受拉伸，形成了焊缝首尾压应力而其长度的中心拉应力的纵向残余应力 σ_x^i 分布，如图 5-18c 所示。既然该应力方向垂直于焊缝长度方向，因而为横向应力。可以看出，纵向收缩不均匀不仅产生了焊接纵向残余应力，也产生了焊接横向残余应力。

焊接先后顺序是指一条焊缝的形成先后，由焊接方向确定。先焊的区域先冷却，冷却后刚性大，对后焊区域的横向收缩起约束作用。后焊焊缝的尾端区域横向收缩时，被先焊焊缝刚性约束而不能自由收缩，因而受到横向拉应力，而先焊焊缝被尾端区域横向挤压而受压应力。由焊缝先后顺序引起的横向应力 σ_x^s 分布如图 5-18d 所示。弧坑是最后收弧处，正是因为后收缩部位的拉应力状态，使弧坑成为热裂纹和冷裂纹的高发地，特别是在小焊接热输入情况下。

长焊缝往往可以采用直通焊和分段焊方式，不同的分段焊接顺序产生的焊接横向残余应力的分布，如图 5-19 所示。比较而言，长焊缝的分段焊接有利于降低应力分布的均匀性。然而，在当前焊接工艺条件下，埋弧焊分段焊接需要另配置程序和产生无效行走时间，因而分段焊接不利于焊接生产率的提高和自动化工艺的应用。

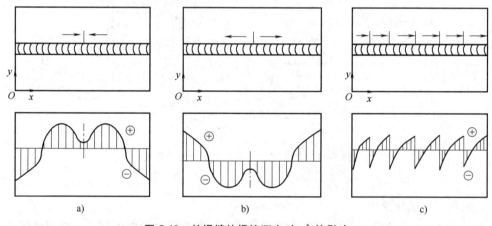

图 5-19　长焊缝的焊接顺序对 σ_x^s 的影响

a）两端向中间　b）中间向两端　c）分段焊

焊接横向残余应力是焊缝及两侧区域压缩塑性应变引起的应力和焊缝形成的先后所产生的横向应力之和。上述焊接横向残余应力分布形态是针对焊缝及两侧区域。在母材上邻近区域的横截面也存在类似趋势的应力分布，但应力峰值会小得多。

3. 板厚方向焊接残余应力

薄板在厚度方向上温度梯度小，在船舶工程结构的热、弹性数值热模拟中可视作壳。对于厚板的厚度方向，近电弧面温度高，远电弧面温度低，因而存在温度梯度。当近电弧面为后收缩时，先焊部分约束其收缩，使近电弧面因收缩受阻而呈拉应力状态，先焊部分冷却后约束近电弧面收缩而呈压应力状态，从而在板厚方向（Z 向）焊接残余应力不均匀。考虑内应力平衡原则，焊接 Z 向残余应力分布如图 5-20 所示。同样，应力的具体分布还受坡口角度、多层焊程序等影响。在多层焊中，后焊面的焊接残余 Z 向拉应力大。

以上各焊接残余应力分量的分布，依据强度理论，对于一般强度钢来说，焊缝及两侧区

域上某点合成的总应力不超过材料的屈服强度。对于整体
焊接结构件上除焊缝及两侧区域之外的点，焊接残余应力
的分布依据焊缝各方向收缩趋势导致的应力、内应力与力
矩的平衡进行分析。

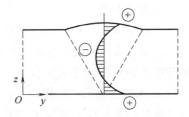

图 5-20　焊接 Z 向残余应力分布

5.3.3　焊接残余应力对力学性能的影响

前面所述材料的力学性能取决于其组织状态。焊接接
头的力学性能与材料的相同之处在于组织状态对其性能产生影响，不同之处在于焊接残余应
力对其力学性能也产生了影响，包括其刚度、强度，并使接头的力学性能具有时效效应，严
重者产生焊接缺陷等失效。

1. 刚度

当外载产生的应力与结构中某区域的焊接残余应力叠加达到屈服强度时，这一区域的材
料就会产生局部塑性变形，丧失了进一步承受外载的能力，造成结构的有效截面积减小，结
构刚度也随之降低。

焊接接头中焊缝及两侧区域的纵向残余拉应力一般都可达到屈服强度，如果外载产生的
应力也是纵向应力，则焊接接头产生的变形将比没有焊接纵向残余应力时大。当卸载时，其
回弹量小于加载时的变形量，构件不能恢复到原始尺寸。结构件中焊接残余拉应力的区域越
大，对刚度的影响越大，同时卸载后残余的变形量也越大。

受循环外载时，经过第一次加载后焊接残余应力将下降。第二次加载时，只要载荷不超
过第一次，应力之和也就不大于屈服强度，整个加载过程只在弹性范围内进行，则卸载后也
没有新的残余变形。

受压缩外载时，由于焊接残余压应力一般低于屈服强度，只要外载产生的应力之和未达
到屈服强度，接头就在弹性范围内工作，不会出现有效承载面积减小的现象。

受弯曲外载时，焊接残余应力对刚度的影响，与焊缝的位置有关，焊缝所在部位的弯曲
应力越大，则其影响也越大。

结构上有纵向和横向焊缝时（如工字梁上的肋板焊缝），或经过火焰矫正，都可能在相
当大的截面上产生拉应力，虽然残余应力在结构件的分布范围并不太大，但是残余应力对刚
度仍能有较大的影响。特别是采用火焰矫正后的梁结构，在加载时刚度和卸载时的回弹量可
能有较明显的下降。

2. 静载强度

没有严重应力集中的焊接结构，只要焊接接头具有一定的塑性变形能力，焊接残余应力
并不影响结构的静载强度。反之，如是脆性材料，则焊接残余拉应力和外载应力叠加有可能
使局部区域的应力首先达到断裂强度，导致焊接结构的早期破坏。

当工程结构有严重的应力集中时，脆性温度区间工作条件下，焊接残余拉应力将与应力
集中共同作用。低碳钢和低合金结构钢焊接结构的低应力脆断事故研究表明：在工作温度低
于脆性临界温度（在此温度下无应力集中结构仍具有良好塑性）条件下，焊接残余拉应力
和焊缝应力集中的共同作用，降低结构的静载强度，使之在远低于屈服强度的外应力作用下
发生脆性断裂。

3. 疲劳强度

工程结构受疲劳载荷作用时，焊接残余应力改变为交变应力平均值，但不改变其幅值。然而，平均应力使疲劳循环曲线偏移，由此影响焊接接头的疲劳强度和疲劳寿命。焊接接头疲劳强度的内容，见 1.6 节。

4. 变形、损伤和破坏

焊接残余拉应力使焊接接头在焊接过程中开裂，产生热裂纹，引起焊接破坏失效。焊接残余拉应力是冷裂纹、应力腐蚀裂纹等的诱因，此处不再赘述。

结构焊接残余应力的释放通过变形进行。若有部分焊接残余应力因某种原因被移除，原有内应力的平衡状态被打破，焊接结构因此产生变形，即产生尺寸不稳定。组织稳定的低碳钢及奥氏体钢焊接结构在室温下的应力松弛效应小，因此内应力随时间的变化较小，工件尺寸比较稳定。低碳钢在室温下长期存放，与屈服强度相当的残余应力可能松弛 2.5% ~ 3%；若残余应力较小，则松弛的比值将有所减少。但若环境温度升高至 100℃，松弛的比值将成倍增加。合金钢焊后形成不稳定的组织，如马氏体，由于其低温时效效应，马氏体中的碳化物随时间改变（析出），使焊接残余应力变化较大，影响焊接结构尺寸稳定性。

5.3.4　焊接残余应力的消除

消除和减小焊接残余应力是工程结构焊接工艺的内容。完全消除焊接残余应力有困难，可针对焊接残余应力对强度的影响，特别是其改变疲劳强度幅值的影响，将消除焊接残余应力的重点放在消减应力集中或峰值应力方面。避免和消减焊接应力的措施有很多：在设计方面，避免交叉结构和三向交叉焊缝；在工艺方面的措施有合理的焊接程序、锤击焊缝和火工等。

（1）合理的焊接程序　焊接程序是影响焊接应力和变形的重要工艺因素，合理的焊接程序有助于降低焊接应力。

（2）锤击焊缝　用头部呈球形的小锤对处于温热状态的焊缝进行锤击，使焊缝及两侧区域得到充分变形，可有效降低焊接残余应力幅值和改善其分布。

（3）退火或重结晶　焊后对焊接接头进行加热至 A_1 点以下。

（4）电脉冲消减应力法　电脉冲消减应力技术基于电致塑性原理（高密度电脉冲作用瞬间，产生电子风力，驱动空位带动位错运动，使位错消失），通过降低位错密度，从而消减焊接残余应力。采用的低频高幅值的电流，幅值达 $10^6 A/m^2$ 量级，且温升不大于 5℃，有效避免了马氏体钢的时效效应。而且，电脉冲作用区域可以窄至毫米量级[123]。在焊接接头的窄域处理方面显示了一定的前景。

此外，还可以在焊接加热阶段，对相应的结构部位进行加热，使其结构中各区域的伸长与焊缝及两侧区域的伸长同步，以降低热膨胀时焊接结构的刚性约束，该方法称为加热减应法。还可以辅助超声振动[136]，目的是减小焊接残余应力峰值或峰值应力。

5.4　焊接接头的工作应力状态

前述焊接接头的残余应力状态影响焊接接头的承载性能。同时，焊缝将结构连接在一起，受限于结构形式，焊缝具有对应的形状，即焊缝形式，具体形式的形状取决于焊接工艺。受载时，不同的焊缝形式对应着不同的工作应力分布，使焊接接头的应力状态呈应力集中的特点。焊接接头的应力集中和焊接残余应力一样，均为焊接工艺的产物，影响着工程焊接结构的承载性能。

5.4.1　焊缝的成形

焊缝的形状影响承载截面和应力集中系数。焊缝将结构连接起来时，通常呈一定的形状，即焊缝形式。将结构连接起来的焊缝形式有对接焊缝、角焊缝和塞焊缝等，船舶工程结构常见是前两者。焊缝的横截面形状，用熔深 H、熔宽 B 和余高 a 三个参数进行描述，如图 5-1 所示。影响焊缝形状的工艺因素主要有焊接热输入和电源极性等。

1. 焊接热输入对焊缝成形的影响

下面以对接焊缝为例，说明工艺因素对焊缝形状的影响。电弧焊的热输入由焊接电流、焊接电压和焊接速度三个参数（称为焊接规范）决定，见式（5-1），是影响焊缝尺寸和形状的主要因素，并呈现一定的规律性。

（1）焊接电流　在其他条件不变时，随着焊接电流增大，焊缝的熔深、熔宽和余高均增大，如图 5-21 所示。其中熔深随电流增大而增大最为明显，而熔宽只是略有增大。这是因为：随着电流增大，工件上的热输入和电弧力均增大，热源深度下潜，故熔深增大。熔深与焊接电流近似于正比关系：$H = K_m I$，K_m 为熔深系数，它与电弧焊方法、焊丝（焊条）直径、电流种类和极性有关。随着电流增大，虽然电弧截面增加，但同时电弧潜入工件的深度也增加，使电弧斑点移动宽度受到限制，因此实际熔宽几乎保持不变。焊缝成形系数 $\Phi(= B/H)$ 减小。熔化极电弧焊时，随着焊接电流增大，焊丝熔化速度近似正比例地增加。由于熔宽不变，余高增大，所以余高系数 $\psi(= B/a)$ 减小。

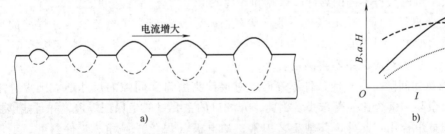

电流增大

a)   b)

图 5-21　焊接电流对焊缝成形的影响

a）焊缝形状　b）焊缝参数

（2）焊接电压　在其他条件不变时，随着焊接电压增大，焊缝熔宽显著增加，而熔深和余高略有减小，如图 5-22 所示。当焊丝熔化量不变时，则由于熔宽增大而使余高减小。而焊缝成形系数和余高系数则随焊接电压增加而增大。由此可见，电弧焊时，电流是决定熔深的主要能量参数，而焊接电压则是决定熔宽的主要能量参数。通常焊接电压是根据焊接电流确定的，即一定的焊接电流应保持一定范围的弧长，以保证电弧的稳定燃烧和合理的焊缝成形。

（3）焊接速度　其他参数不变，焊接速度提高时，焊接热输入减小，熔宽和熔深都明显减小，如图 5-23 所示。提高接焊速度可提高生产率，同时，应相应地提高焊接电流和焊接电压才能保证合理的焊缝尺寸。因此焊接速度、焊接电流、焊接电压三者是相互联系的。

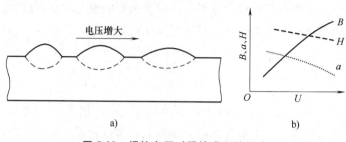

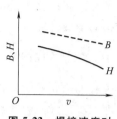

图 5-22 焊接电压对焊缝成形的影响

a）焊缝形状　b）焊缝参数

图 5-23 焊接速度对焊缝成形的影响

在大功率焊接时，焊接速度过快易引起咬边。

值得注意的是，电弧焊方法中，电流、电压和焊接速度已设计为一定的依赖关系，如焊条电弧焊中，电流选定后，电压随弧长波动，而不能手动设置。

2. 影响焊缝成形的非焊接热输入工艺因素

影响焊缝成形的非焊接热输入工艺因素主要有电源种类和极性、焊丝直径以及坡口和间隙等。

（1）电源种类和极性　电弧焊常用的电源种类有直流（包括正接和反接）、交流和脉冲电流。熔化极电弧焊时，直流反接的熔深和熔宽均比直流正接时大，交流则介于两者之间。原因在于阴极析出的能量较大。直流正接时，焊接材料为阴极，其熔化系数较反接时大，使焊缝余高增大。因而直流电源焊接时，熔化极电弧焊一般采用直流反接，以利用其大熔深。脉冲电源焊接的主要工艺参数有平均电流、焊接电压、焊接速度等，对焊缝成形的影响也大体符合前述规律。在平均电流、电压和焊接速度不变的条件下，通过调节脉冲持续时间和脉宽比等参数，可以获得不同的熔深、熔宽和焊缝成形。

（2）焊丝直径　同样电流条件下改变焊丝直径，意味着变更电流密度，焊缝的形状和尺寸也将随之变更。焊丝直径减小引起熔深增大而熔宽减小。当电流密度极高时（超过 $100A/mm^2$），这种对应关系不再满足。

（3）坡口和间隙　在其他条件不变时，对接接头坡口和间隙的尺寸增大则焊缝熔深略有增加，而余高和熔合比显著减小。因此，开坡口的主要目的是保证焊透，并且能够控制焊缝余高和调整熔合比。此外，其他工艺因素，如电极（焊丝）倾角、工件斜度、工件厚度和工件散热条件等也会产生影响。

5.4.2　焊接接头的工作应力状态

焊接接头在受载时呈现应力分布，应力分布与焊接接头形式有关。焊接接头形式很多，有对接接头、角接头、十字接头、搭接接头、丁字接头和管接头等。船舶工程结构焊接接头形式主要有对接接头、角接头和深熔角接头[6] 三种，承载时呈不同应力状态。

1. 对接接头

对接接头截面变化平缓，剖面上应力较均匀分布，应力集中小，应力状态是各种接头中最好的，从力学角度看是比较理想的接头形式。在实际生产中熔透，减小余高，使焊缝向母材过渡平顺，提高装配质量，减小错边量，选用合适的焊接规范和坡口形式，减小角变形就可以有效控制对接接头的应力集中。一般情况下，船舶工程结构的对接焊缝余高为 3mm 左右。

2. 角接头和深熔角接头

角接接头是用角焊缝将被连接件呈一定角度地连接起来，是分段结构通用的焊缝形式。角接接头按是否把整个厚度焊透，分为角接头和深熔角接头。深熔角接头将整个厚度上用角焊缝填满，一般开坡口。在角接头中，焊缝没有将被连接件在整个厚度上连接，角焊缝向母材过渡时截面变化较剧烈，如图 5-24a 所示。与连接板上截面的均匀应力分布相比，焊缝跟部 A、趾部 B 处的应力集中系数大，呈现较大的应力集中。实际上，焊趾和焊跟的应力集中状态随角焊缝形状而变化，凸形角焊缝应力集中问题更为突出。焊角尺寸 K 增大时，焊趾和焊跟的应力集中情况趋向减小。

图 5-24b 所示为开坡口并焊透的深熔角接头的应力分布状态，深熔角接头的焊趾和焊跟的应力集中系数大幅降低，可见保证焊透是降低角接头应力集中的重要措施。因此，重要的角接头应采用开坡口焊透或采用深熔焊接方法进行焊接。

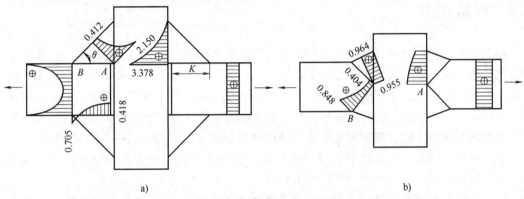

a)　　　　　　　　　　　　　　　　b)

图 5-24　角接头和深熔角接头应力分布

a）角接头　b）深熔角接头

5.4.3　接头应力集中对裂纹的影响

焊接接头的应力集中直接诱发焊接接头的裂纹，导致焊接接头的破坏，如冷裂纹或氢脆、层状撕裂以及应力腐蚀裂纹。层状撕裂常出现在焊接接头中，如图 5-25 所示，是沿钢板轧制方向出现一种台阶状的裂纹，称为层状撕裂裂纹，其典型特征是呈现由平行于轧制表面裂纹和垂直于表面的剪切壁组成的阶梯状断面，断口上往往存在带状夹杂物，如 MnS、硅酸盐、铝酸盐等。带状夹杂物相当于减小了板厚方向的承载面积，削弱了板厚方向的承载能力。在厚板结构的材料和焊接接头中，如海洋采油平台和潜艇，层状撕裂较明显。层状撕裂

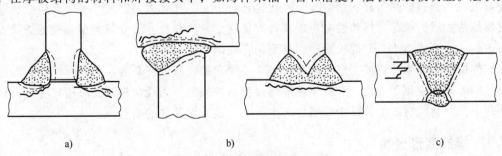

a)　　　　　　　　b)　　　　　　　　　　　c)

图 5-25　焊接接头的层状撕裂

a）角接头　b）深熔角接头　c）对接接头

在对接接头中较为少见。

在焊根和焊趾处的冷裂纹也会诱发层状撕裂。

层状撕裂是内部的低温开裂，一般在表面难以发现，即使用超声检测法检测合格的钢板，由于其平面形状难以检测出，因而仍然有层状撕裂出现的可能。低合金钢的层状撕裂敏感性高于碳素钢。

由于焊缝的应力集中，在外加应力诱发下，结构防护漆率先破裂，腐蚀介质锈蚀破裂部位，产生应力腐蚀裂纹和开裂。

焊接接头的应力集中直接影响其疲劳强度，见 1.6 节。

一般情况下，船舶工程结构焊接接头的角焊缝呈凹形，且重要结构采用了深熔角焊形式，以减小应力集中系数。

5.5　焊接变形

由 5.3 节可知，熔化焊接热过程产生了不均匀的压缩塑性应变以及焊接应力。在变形协调、内应力平衡以及焊接结构刚性约束情况下，焊接结构各组件的形状及位置也发生了相对改变，即焊接变形。虽然焊接变形对焊接接头的组织状态、力学性能无直接影响，但焊接变形使分段形状与相邻分段间的相对位置产生偏差，有可能产生附加应力，且直接影响分段装配和搭载的精度和工时，是影响船体建造精度的重要因素，因而是又一个工艺焊接性问题。由于其复杂性，焊接变形预测和控制是船厂核心竞争力内容。分析和利用焊接变形的规律性，对于提高船体建造效率和精度具有重要意义。

焊接变形的预测是焊接补偿量设计和焊接变形控制的前提。预测方法主要有经验公式法、解析计算法和数值计算法。经验公式法是按结构形式，如片体、平面和曲面分段等，统计焊接变形数据，并采用数学方法进行回归归纳，得到焊接变形量与结构形式的数学关系式，从而指导补偿量设计和生产中的反变形设置。经验公式法是目前主流有效预测焊接变形的方法。解析计算法是根据惯性矩、截面积以及弹性模量等，建立与焊接变形量的解析关系式，经过生产验证后用于预测类似结构的焊接变形量。经验公式法和解析计算法的预测精度对计算的简化方式和样本数量的依赖性大，往往对于结构的刚性、装配条件以及焊接规范、焊接程序等的影响难以计算。数值计算法随计算机技术的发展而产生和发展，主要依据热-弹塑性有限元法和弹性有限元法。热-弹塑性有限元法基于热引起的结构弹塑性行为的热-力耦合计算，计算量大，计算成本稍高，但精度较高，适用于小型结构件的计算，见 7.1 节；弹性有限元法是根据热引起的塑性行为进行统计分析，并简化为力载荷，如固有应变，然后对大型结构加载力载荷进行弹性分析以获得焊接变形量。弹性方法分析大型结构的焊接变形时收敛快，计算成本小，但焊接顺序的预测仍存在困难。

与焊接应力相同，焊接变形可以是焊接某一瞬间的或残留下来的。瞬时焊接变形的形状和尺寸随时间的变化而变化，有助于理解焊接变形的成因；而残余焊接变形相对稳定，随时间变化小，并直接对船舶分段组装精度产生影响，是人们关注的重点。

5.5.1　焊接变形分类

焊接热-力过程引起的基础变形即压缩塑性应变引起的收缩变形。收缩变形诱发的结构尺寸和形状的改变，为衍生变形，如图 5-26 所示。

焊接变形示意图如图 5-27 所示。当尺寸的收缩在结构各方向上相同时，焊接结构件整体尺寸缩短，如在垂直焊缝长度方向的横向收缩变形 ΔB、沿焊缝长度方向的纵向收缩变形 ΔL，如图 5-27a 所示；当收缩变形在结构各方向上不一致时，引起分段结构形状的变化，如沿厚度方向收缩量不一致时产生的对接接头和角接头的角变形 β，如图 5-27a 所

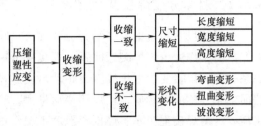

图 5-26 焊接变形的分类

示；在焊缝长度方向角变形不一致时产生扭曲变形，如先后形成的焊缝的 T 形接头角度分别为 β_1 和 β_2，且 $\beta_1 \neq \beta_2$，如图 5-27b 所示；当收缩变形关于结构中性线不一致或不对称时，使结构产生弯曲，相对于原焊缝中心线位置（双点画线表示），焊后翼板和腹板连接中心线产生弯曲，弯曲程度用挠度 f 表示，如图 5-27c 所示；当焊接残余应力超过材料的屈服强度时，焊缝及两侧区域发生屈服，多个平行的焊缝区域的屈服，整体来看，是分段结构的波浪变形，如图 5-27d 所示。随着高强度钢的应用，板材厚度变薄。船体上建结构、汽车滚装船的甲板结构等，板厚度约为 5mm，结构的波浪变形十分明显，已成为焊接变形控制的难点。

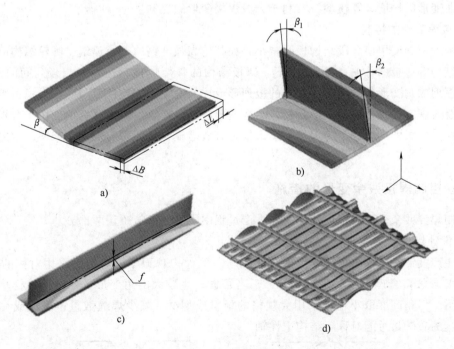

图 5-27 焊接变形示意图

可以看出，焊接变形有尺寸的缩短和形状的变化，受结构的刚度、中性轴与焊缝的相对位置、焊角尺寸、焊缝的坡口形式以及焊接规范、结构的装配间隙和装配的刚性等多重因素叠加影响。

5.5.2　船体分段焊接变形控制特点

在焊缝尺寸和布置需要满足强度要求的前提下，焊接程序是控制焊接变形的可调控因素。然而，作为工艺焊接性问题，焊接变形一方面与焊接应力相关。由焊接变形与焊接应力关系可知，焊接变形由焊接应力驱动，变形量大则结构件残余应力小，希望应力得到释放，然而，充分的应力释放，使焊接变形量大，建造精度低；另一方面，船体分段焊接程序的优化需要平衡焊接生产率、焊接变形矫正工作量、焊接质量等多重因素。因此，船体分段的焊接变形控制或优化的焊接程序具有一定的特点。

1. 分段的结构形式与刚性因素

船体结构在小组立和拼板阶段，焊缝位置较为规则，应用自动化焊接设备以提高生产率为优先考虑因素。在平面分段生产线上配备了成组的埋弧自动焊设备，多头焊接在行走装置带动下进行。在船台搭载阶段，垂直气电焊大量应用于总段结构接缝的焊接。曲面分段的焊接虽然也有船厂采用机械臂，但大量的还是人工操作。这些分段采用自动化焊接没有明显生产率优势。

与箱体相比，曲面分段和片体分段中焊缝的分布沿中性面布置并不对称，且又未有大刚性的约束，焊接程序对焊接变形影响大。在自动化焊接生产率无明显优势的情况下，通过计算焊接产生的弯曲挠度与焊缝的布置和分段结构件的中性平面的距离以及焊接程序的关系，建立弯曲变形的挠度计算模型，有利于分段焊接变形的控制。

2. 波浪变形的控制

高强度钢的使用使分段结构板厚减小，如邮轮高强度钢的上层建筑、邮轮结构以及滚装船甲板结构等，板厚普遍在 6mm 以下。薄板结构的骨架焊接时，骨架与板列间的角焊缝，除引起板列的角变形外，还使骨架间的板列形成柱面的变形，是柱面与受压失稳引起的波浪形的综合表现。因此，波浪变形是船体结构变形的又一特点。焊接反变形法用于薄板效果有限，因而采用大的刚度和小的焊接热输入量是有效措施，需要在与焊接生产率因素的考虑中寻优。

5.5.3　控制焊接残余变形的措施

控制焊接残余变形措施包括预防和生产过程中的反变形与矫正两部分。

1. 设计措施

在生产设计时采取小焊接变形的焊接工艺。例如，对于厚板对接焊采用对称的 X 形坡口要比 V 形坡口合理，如图 5-28 所示，后者可能产生较大的角变形；在保证结构承载能力的前提下，焊角高度取小值；采用大规格的板材或型材，减少焊缝数量；分段或片体划分时，焊缝的布置尽可能对称于结构中性轴。

a)　　　　　　　　　　　　　　b)

图 5-28　V 形和 X 形坡口

a）V 形坡口　b）X 形坡口

2. 工艺措施

（1）预留收缩补偿量　针对焊接接头尺寸收缩数据，生产设计时加放补偿量。焊接结构结构尺寸收缩数据可由类似结构收缩经验统计获得或由数值计算获得。

（2）反变形方法　针对焊接角变形数据，生产设计时预留出角度变形量，生产装配或设置基线时按照生产设计数据操作。结构焊接后即能达到生产设计所要求的形状。

（3）采用小焊接热输入的焊接方法和规范参数　在焊接薄板时应尽量选择能量密度高的焊接方法，如 CO_2 气体保护焊、MIG 焊、TIG 焊等代替焊条电弧焊。

（4）优化装配焊接程序　根据船体结构焊接变形规律，制定出正确的装配焊接工艺规程、焊接工艺及焊缝的焊接程序。优化的焊接程序应是船体结构生产经验、焊接质量和焊接生产率综合考虑的结果。以控制焊接变形为主要因素时，合理的焊接程序的基本原则如下：

1）首先焊接不会对其他焊缝形成刚性约束，如图 5-29 所示。在对接焊缝和角接焊缝并存的情况下应当先焊对接焊缝，后焊角接焊缝。

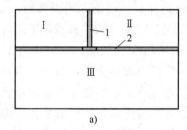 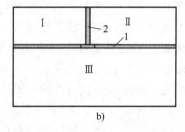

a)　　　　　　　　　　　　　　b)

图 5-29　焊接顺序示意图

a）合理的顺序　b）不合理的顺序

2）船体外板、甲板的对接：当板缝错开时，应当先焊横缝，后焊纵缝；当板缝未错开时，应当先焊纵缝，后焊横缝。

3）构架与板缝相交时，应当先焊板缝，再焊构架间的对接焊缝，然后焊构架间的角接焊缝，最后焊构架与板间的角接焊缝。

4）一个分段或整体建造船体时，应当从分段或船体的中央向左右两舷同时对称施焊，同时也要依照设备、焊工人数具体情况，确定从分段和船长的中间逐渐向首尾完成焊接工作。

5）重要位置的长焊缝焊时，长度大于 0.5m 的接缝，尽可能采用分段退焊或分段跳焊方式施焊，如图 5-30 所示。或采用从中间向两端的方式施焊。

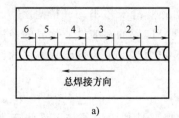 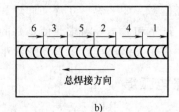

a)　　　　　　　　　　　　　　b)

图 5-30　长焊缝的分段焊接

a）分段退焊　b）分段跳焊

6）构件中间同时存在单层焊和多层焊时，应先焊收缩变形较大的多层焊焊缝，后焊单层焊焊缝。施焊多层焊焊缝时，在条件允许的情况下，各层焊缝的施焊方向应相反，焊道的接头应互相错开。

7）分段和总段的外板纵向接缝以及构件与外板的角接焊缝，其两端应留出 200~300mm 长度暂时不焊，以利船台装配时对接调整。

8）肋骨、舱壁等构件靠近总段大合拢接缝一边的角接缝，以及双层底分段中内底边板与外板的上部角接缝，一般应在大合拢接缝焊接完毕后再进行焊接。

9）重要焊缝（如总段合拢缝、环形合拢缝）的焊接过程应连续完成。

10）分段建造中所产生的焊接缺陷以及超出标准的焊接变形，遵循内业、外业和空间作业的工时法则，在上船台之前修补及矫正完毕。

在自动化焊接大量应用的推动下，焊接程序的优化还需要较多的研究投入。

3. 焊接残余变形的矫正

（1）机械矫正　利用外力拉伸焊接结构，使之伸长，以消除因焊接而产生的变形差异。机械矫正适用于小型组件，如板或 T 形梁等，而大型船体分段结构难以适用。

（2）加热矫正　通过对于未产生塑性变形区域的金属加热，使其产生塑性变形，从而消除或减少结构中各部分之间的长度差异，以达到矫正焊接变形的目的。影响加热矫正的工艺参数有加热温度、加热区形状、冷却水流的注入位置、加热热源移动的速度和木槌锤击力的大小及位置等。值得注意的是，加热矫正次数需严格限制，如一般船体用钢同一区域矫正的加热次数不得超过三次，高强度级的钢材加热使得显微组织强度降低，因此加热矫正工艺不能适用；马氏体组织类型的钢材淬硬性大，水冷时冷却速度快易使该类钢发生开裂。

5.6　熔化焊的工艺焊接性

合金元素的烧损和母材的热影响区、焊接应力降低力学性能、焊接变形下分段结构的装配精度以及潜在的焊接缺陷减小承载截面和应力集中等是熔化焊要解决的工艺焊接性问题。目前造船熔化焊方法，包括焊条电弧焊、埋弧焊、气体保护焊以及电子束焊和激光焊，在保障合金化、隔离气相以避免焊接缺陷等方面，各种熔化焊方法各有自己的特点；在降低热影响区的力学性能以及焊接应力与变形等方面，都采用了减小焊接热输入的措施。同时，各熔化焊方法的功率容量层次明显。

在此基础上，船舶工程结构件形式多样化，板厚差异大，如邮轮 4~6mm 的薄板和机座 100 mm 以上的厚板；材料种类多，如一般强度钢材或高强度钢材、铝合金、不锈钢、低温钢等；焊接工位多，如平焊、立焊、仰焊和横焊等；焊缝长短不一；精度控制、数值化和信息化、焊接生产率和成本等需求，使良好的安全性、广泛的适应性、优异的经济性以及具备质量管理、数据输入输出接口等自动化水平可扩展能力等，成为熔化焊方法的设计愿景。

5.6.1　焊条电弧焊

焊条电弧焊（shielded metal arc welding，SMAW）是利用焊条与工件间产生的电弧将焊条和工件局部加热到熔化状态，焊条端部熔化后的熔滴和熔化的母材融合形成熔池的焊接方法。随着电弧热源向前移动和周边介质的散热冷却作用，液态熔池逐渐冷却凝固形成焊缝。

焊条电弧焊示意图如图 5-31 所示。

1. 焊缝的合金化

焊条电弧焊以焊条作为合金化方式。焊条由焊芯和药皮组成。药皮与焊芯质量比为 30%～50%。在焊接过程中，焊芯在焊接回路中传导电流作为引燃电弧的一个电极，同时焊芯熔化后还起填充金属的作用。在焊接热源的作用下，焊条被加热熔化，以熔滴的形式进入熔池，并且与熔化了的母材共同组成焊缝。

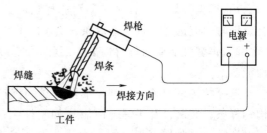

图 5-31　焊条电弧焊示意图

药皮在电弧热作用发生分解和熔化，产生气体和熔渣，从而隔离空气，保护熔滴、熔池和焊接区，防止氮等有害气体侵入焊接区；通过熔渣和铁合金等进行脱氧、去硫、去氢等，并保护或添加有益合金元素，使焊缝具备应有的力学性能、较好的抗气孔性和抗裂性。

焊条药皮的功能是由多种原材料保障的。药皮中的有机物和碳酸盐在焊接时产生气体，从而隔离空气保护焊接区。这类物质通常称为造气剂。常用的有木粉、淀粉、大理石、菱苦土等；药皮中常用的造渣剂有钛铁矿、金红石、大理石、石英砂等。在焊接过程中熔化形成具有一定物理、化学性能的熔渣，从而保护熔池和熔滴金属并改善焊缝成形；药皮中含有锰铁、钛铁、硅铁、铝粉等脱氧剂，降低药皮或熔渣的氧化性和减少金属中的氧；药皮含有合金化成分，如锰铁、硅铁、钼铁、钛铁等，可补偿焊缝合金元素的烧损和获得必要的合金成分。

根据焊条药皮熔化后所形成熔渣的化学性质，将焊条分为酸性焊条和碱性焊条。低氢型焊条为碱性焊条。焊条牌号的后两位数体现了焊条药皮类型。

酸性焊条的特点是熔渣的氧化性强，焊缝金属中的氧化物较多，所以焊缝的力学性能特别是冲击韧性较碱性焊条低。酸性焊条焊接时，由于其中碳的氧化造成熔渣沸腾现象，有利于熔池中气体和杂质逸出，对铁锈、油污和水分等敏感性不大。同时酸性焊条的工艺性能（如电弧稳定性、脱渣性、焊缝成形等）比碱性焊条好。酸性焊条可采用交流和直流电源进行焊接。

碱性焊条的特点是焊条药皮中含有大理石和萤石，并含有较多数量的铁合金作为脱氧剂和合金剂，因而有足够的脱氧剂。焊接时大理石分解成二氧化碳，起保护电弧作用；萤石（CaF_2）在电弧热作用下分解，能与氢结合生成稳定的且不溶解于熔化金属的氟化氢（HF），氢被 HF 占据，减少了电弧空间氢的分压，有利于降低熔池金属中氢的溶解量，因此可以有效地降低氢气孔的倾向。但是，焊条药皮中含有较多的 CaF_2 时，影响电弧的稳定性，还污染环境；碱性焊条熔渣中含有较多的强碱性氧化物，如 CaO 等，因此熔渣的脱硫能力强，有利于降低焊缝金属含硫量，焊缝抗热裂性能好。由此可见，碱性焊条得到的焊缝金属具有良好的力学性能，特别是冲击韧性高，适用于重要结构的焊接。

但应指出，碱性焊条对铁锈、水分、油污很敏感，必须严格控制氢的来源。同时，由于氟获得电子能力强，可减少电弧空间带电粒子数量，使电弧不稳定，因此，碱性焊条要直流反接。此外，焊缝成形和脱渣性等较差。

正确地选用焊条是保证焊接质量的前提。正确地选用焊条还能提高焊接生产率，降低成本。选用焊条时应考虑下列原则：

1）根据被焊的金属材料类别选择相应的焊条种类（大类）。例如，焊接碳钢或普通低合金钢时，应选择非合金钢焊条，见 GB/T 5117—2012《非合金钢及细晶粒钢焊条》。

2）焊缝性能要与母材性能相匹配，或焊缝化学成分类型与母材成分类型相同，以保证性能匹配。

选择结构钢焊条时，首先根据母材的抗拉强度按"等强"原则选用强度级别相同的结构钢焊条；其次，对于焊缝性能（如塑性、韧性）要求高的重要结构，或容易产生裂纹的钢材和结构（如厚度大、刚性大，施焊环境温度低等）焊接时，应选用碱性焊条，甚至超低氢焊条或高韧性焊条。

3）焊条工艺性能要满足施焊操作需要。例如，在非水平位置焊接时，应选用适于各种位置焊接的焊条。

此外，在保证性能要求的前提下，应选择价格低、熔敷效率高的焊条。

相关规范中规定了使用碱性焊条的场合：①船体大合拢环形对接焊缝和桁材对接焊缝；②航行于冰区船体外板；③桅杆、吊货杆、吊艇架、拖钩架、系缆桩等承受大载荷的船装件及其他承受高应力的零件；④要求具有较大刚度的构件，如首框架、尾框架、尾轴架等及其外板的连接焊缝；⑤主机基座与其连接的构件。

2. 焊接热输入

焊接热输入量不仅影响焊接热影响区宽度，而且焊接工艺参数对焊接质量及焊接生产率有很大影响。焊接热输入量由焊接电流、电压和焊接速度决定，但焊接电流与焊条直径和电源种类和极性等相关。

（1）焊条直径　焊条直径一般指焊芯直径，是保证焊接质量和效率的重要因素。焊条直径一般根据工件厚度选择，同时还要考虑接头形式、施焊位置和焊接层数，对于重要结构还要考虑焊接热输入的要求。焊条直径的选择见表 5-6。

表 5-6　焊条直径的选择

板厚/mm	≤4	4~12	>12
焊条直径/mm	不超过工件厚度	3.2~4	≥4

（2）焊接电流　焊接电流的大小应根据焊条直径、工件厚度、焊接位置、接头形式、施焊环境温度、工件材质和焊条等因素选择。对于一定的焊条直径，有一个合适的电流范围，如图 5-32 所示。碱性焊条的电流一般为酸性焊条的 90% 左右。

（3）焊接电压　电弧焊时，焊接电压由弧长决定，弧长长则焊接电压高。电弧焊时电弧长度一般由焊工掌握，无强制规定。

（4）焊接速度　焊接速度过快，焊接热输入小，生产率高，但焊缝成形不良，熔深过小易产生未焊透。同时焊接速度过慢也易造成烧穿和满溢现象、热影响区加宽、晶粒粗大等。为控制热输入量，焊接工艺规程规定一个合适的焊接速度范围。

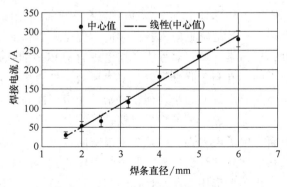

图 5-32　焊接电流与焊条直径关系

3. 应用

　　焊条电弧焊采用焊芯合金过渡，通过选择焊条，可补充焊缝合金元素的烧损；焊条药皮能造气以排开空气，保护电弧气氛，避免气孔和裂纹；焊接速度慢，热输入量大，热影响区较宽；焊接应力大，易诱发裂纹；焊接变形大，不适用于薄板的焊接；焊条电弧焊适用于碳钢、低合金钢、不锈钢以及铜和铜合金材料的焊接，以及铸铁焊补及各种金属材料的堆焊等，但活泼金属（如钛、铌、锆等）和难熔金属（如铌、钼等）的合金化不足以补充烧损；碱性焊条的焊缝含氢量低，有效避免冷裂纹；焊接速度慢，生产率低。随焊接自动化的推广，焊条电弧焊在船舶建造中主要用于异种材料的焊接、短焊缝等场合，焊缝的占比越来越低，目前不超过5%。

5.6.2　埋弧焊

　　埋弧焊（submerged-arc welding，SAW）也称为焊剂层下的自动电弧焊，如图5-33所示。埋弧焊由四个部分组成：①焊剂，颗粒状焊剂经漏斗口均匀地堆放在焊缝前方区域；②焊丝，焊丝由送丝机构经滚轮和导电嘴进入焊接区，实现送丝自动化；③行走小车，送丝机构、焊剂漏斗及控制盘等通常都装在一台小车上，小车沿铺设的轨道行走，带动焊丝移动；④弧焊电源，电源的输出端分别连接在导电嘴和工件上。埋弧焊实现了送丝和行走的自动化，因而也称为自动埋弧焊。

　　埋弧焊的电弧是在颗粒状焊剂下产生并燃烧。电弧引燃后，电弧热使工件、焊剂熔化以致部分蒸发，金属和焊剂的蒸发气体会形成一个液态熔渣，电弧就在这个气泡内持续燃烧，而熔池被液态熔渣包围，如图5-34所示。这层液态熔渣隔离了空气与电弧和熔池的接触，进而有效地保护了焊接区，而且把弧光埋在里面而无明光。随着电弧移动，熔池冷却结晶就形成了焊缝，液态熔渣凝固形成渣壳，未熔化的焊剂可回收使用。

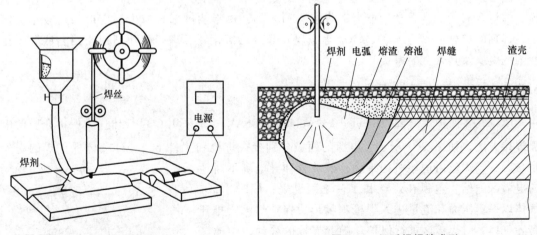

图 5-33　埋弧焊示意图　　　　　　　　　图 5-34　埋弧焊焊缝成形

1. 焊缝的合金化

　　焊剂的作用与焊条药皮相似。在埋弧焊过程中，熔化的焊剂产生气和渣，有效地保护电弧和熔池，防止焊缝金属氧化和合金元素的蒸发和烧损，并使电弧过程稳定。焊剂还可以起脱氧、脱硫和合金化作用，并与焊丝配合使焊缝金属获得所需要的化学成分和力学性能。对埋弧焊所用的焊丝要求及牌号与焊条的焊芯基本相同，也可见 GB/T 5293—2018《埋弧焊用非合金钢及细晶粒钢实心焊丝、药芯焊丝和焊丝-焊剂组合分类要求》和 GB/T 36034—2018《埋弧焊用高强钢实心焊丝、药芯焊丝和焊丝-焊剂组合分类要求》等。

2. 热输入

常用的工艺参数见表 5-7 所示。

表 5-7 不开坡口对接接头悬空双面焊的工艺参数

工件厚度 /mm	焊丝直径 /mm	焊接顺序	焊接电流 /A	焊接电压 /V	焊接速度 /(cm/min)
8	4	正	440~480	30	50
		反	480~530	31	50
10	4	正	530~570	31	46
		反	590~640	33	46
12	4	正	620~660	35	42
		反	680~720	35	41
14	4	正	730~770	37	41
		反	800~850	40	38
15	5	正	850~900	34~36	63
		反	900~950	36~38	43

注：装配间隙 0~1mm，MZ1-1000 交流焊机。

3. 应用

埋弧焊焊剂蒸发产生的液态薄膜有效保护熔池且熔池存在时间长、冶金反应充分，气体的逸出和杂质的浮出充分，避免了焊缝中的氮气孔；焊接材料（焊剂和焊丝）补偿合金烧损，焊缝含氧量少，力学性能好；焊接热输入小，热影响区窄，应力和变形相对较小。但是，焊剂的成分主要是 MnO、SiO_2 等金属及非金属氧化物，埋弧焊不适用于铝、钛等氧化性强的金属及其合金的焊接。

5.6.3 CO_2 气体保护焊

CO_2 气体保护焊（gas shielded arc welding，GSAW）是采用 CO_2 气体作为保护介质的电弧焊接方法，如图 5-35 所示。电源的两极分别接在焊枪和工件上。CO_2 气体保护焊的送丝是自动的，焊丝由送丝机构带动，经软管和导电嘴不断地向电弧区送给，电弧在焊丝和工件之间燃烧；同时，CO_2 气体以一定压力和流量进入焊枪喷嘴形成保护气流，排开有害气体，对焊接区进行保护。随着焊枪的移动，熔池尾部金属不断冷却凝固形成焊缝。

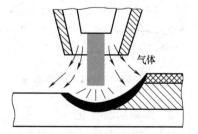

图 5-35 CO_2 气体保护焊示意图

1. 焊缝的合金化

气体保护焊的合金化，包括合金元素的氧化和气孔两个方面。

（1）合金元素的氧化 采用 CO_2 气体作为保护介质，虽然有效地防止空气侵入焊接区

域，但在电弧作用下，CO_2 气体发生分解，反应为

$$CO_2 \rightleftharpoons CO + \frac{1}{2}O_2$$

$$O_2 \rightleftharpoons 2O$$

因此在 CO_2 电弧气氛中同时存在 CO_2、CO、O_2 及 O。在焊接条件下，CO 气体不溶于金属，也不与其反应；而 CO_2 与 O 有强的氧化性，使 Fe 和其他合金元素氧化。

与 CO_2 直接作用：

$$CO_2 + Fe \rightleftharpoons CO + FeO$$

$$CO_2 + Mn \rightleftharpoons CO + MnO$$

$$2CO_2 + Si \rightleftharpoons 2CO + SiO_2$$

与 CO_2 高温分解出的原子氧作用：

$$O + Fe \rightleftharpoons FeO$$

$$O + Mn \rightleftharpoons MnO$$

$$2O + Si \rightleftharpoons SiO_2$$

$$C + O \rightleftharpoons CO$$

上述反应既发生在熔滴中，也发生在熔池中。电弧空间过渡的熔滴和靠近电弧的熔池反应最剧烈，这是该区域温度较高的缘故。此外，氧化反应的程度还取决于合金元素在焊接区的浓度及其与氧的亲和力。

氧化反应产生合金元素的烧损，故必须脱氧。CO_2 气体保护焊的脱氧措施通常是在焊丝中（或药芯焊丝的药粉中）加入一定量的脱氧剂（和氧的亲和力比 Fe 与氧的亲和力大的合金元素），使 FeO 中的 Fe 还原，剩余的脱氧剂作为合金元素留存在焊缝中，因而脱氧剂有合金化作用，提高焊缝的力学性能。CO_2 气体保护焊用的脱氧剂主要有 Al、Ti、Si、Mn 等合金元素。脱氧产物以熔渣形式浮出熔池表面。

（2）气孔　CO_2 气体保护焊时，熔池表面没有或仅有少量熔渣覆盖，CO_2 气流又有冷却作用，因而熔池存在时间短，凝固快，增大了气孔趋向。可能产生的气孔有三种：CO 气孔、H_2 气孔和 N_2 气孔。

CO 气孔的产生多是由于焊丝的化学成分选择不当造成的。当焊丝金属中脱氧元素不足时，焊接过程中就会有较多的 FeO 溶于熔池金属中，并与 C 发生下列反应：

$$FeO + C \rightleftharpoons Fe + CO\uparrow$$

这个反应在熔池中处于结晶温度时进行得比较剧烈。如果熔池区已开始凝固，则 CO 气体不易逸出，于是在焊缝中形成 CO 气孔。

N_2 孔通常是由于气体保护效果不良所引起。过小的 CO_2 气体流量、喷嘴堵塞、喷嘴与工件的距离过大以及焊接场所侧向风等是造成保护气层失效的因素。

当工件表面及焊丝表面有大量油污及铁锈或 CO_2 气体中含有较多水分时，易在焊缝中产生 H_2 气孔。但因 CO_2 气体具有氧化性，H 被氧化成性能稳定的化合物，有效地减弱了氢的有害作用。故正常情况下出现 H_2 气孔的可能性较小。

焊丝中合适的脱氧剂含量，合理的焊枪喷嘴设计，足够的保护气体流量以及工件与焊丝表面的油、锈等污物得到适当清理和焊接工艺参数合理等情况下，CO_2 气体保护焊的气孔问题会得到控制。

CO_2 是一种气体，无色、无味，在 0℃ 和 101.3kPa 气压时，密度为 $1.978g/cm^3$，是空气的 1.5 倍。它溶于水时稍有酸味，在常温下很稳定，但在高温下（5000 K 左右）几乎全部分解。焊接用 CO_2 气体多是乙醇厂、食品厂、硅酸盐厂的副产品。工业用 CO_2 都是使用液态的，常温下其自行气化（CO_2 液态变为气态的沸点为 -78℃）。在 0℃ 和 101.3kPa 气压时，1kg 液态 CO_2 可以气化成 509L 的气态。使用液态 CO_2 经济、方便。

2. 热输入

CO_2 气体保护焊是典型的小热量输入焊接方法。典型的 CO_2 气体保护焊工艺参数见表 5-8。

表 5-8　典型的 CO_2 气体保护焊工艺参数

焊丝直径/mm	0.8	1.2	1.4
焊接电压/V	18	19	20
焊接电流/A	100~110	120~135	140~180

3. 应用

焊接工艺性特点：焊丝含有脱氧元素，补充合金元素的烧损，焊缝合金化；CO_2 气体保护，排开空气，熔池沸腾剧烈，避免气孔，焊缝抗裂能力较强；小能量操作，焊接变形小，热影响区窄；焊缝含氢量也较少，冲击韧性高；不宜焊接氧化性强的金属及其合金，如铝、镁及其合金等；飞溅较大，大风环境下保护不足。

应用：电弧热量集中，穿透力强，焊缝熔深，焊丝电流密度高，焊丝熔化系数大，无焊渣，成本低，装配自动行走后，焊接生产率高；如船台和船坞合拢时的垂直气电焊以及与其他气体如氩气形成混合气体保护等，在船舶与海洋工程结构焊接生产中获得了广泛应用。

5.6.4　熔化极氩弧焊

熔化极氩弧焊是以氩气或富氩气体作为保护气体的熔化极电弧焊方法。氩气是一种惰性气体，它既不与金属起化学反应，也不溶解于液态金属。氩气无色无味，密度比空气大 25%，因而气流不易飘散，有利于对焊接区的保护。保护气体的类型往往不仅用纯氩气，还可以采用多种气体的混合，称为熔化极气体保护电弧焊（gas metal arc welding，GMAW）。

1. 焊缝的合金化

焊丝材料此处不再赘述，只讨论保护气体。实践表明，用两种或两种以上气体混合进行气体保护焊比用单一气体具有更大的优越性。通过调整混合气体的成分和比例，可以控制焊接电弧的形态和能量密度，提高电弧燃烧及熔滴过渡的稳定性，改善焊缝成形，减少焊接缺陷，提高焊接接头的综合性能。这里介绍低碳钢、低合金高强钢焊接中常用的混合气体。

（1）$Ar+O_2$　这种混合气体分为两种类型：一种含 O_2 量较低，为 1%～5%，主要用于焊接不锈钢等高合金钢及高强钢；另一种含 O_2 量较高，可达 20% 左右，用于焊接低碳钢及低合金钢。用纯 Ar 焊接不锈钢等材料时，液体金属的黏度及表面张力较大，易产生气孔；焊缝金属润湿性差，焊缝两侧易形成咬肉等缺陷；电弧阴极斑点不稳定，产生所谓阴极漂移现象。电弧根部这种不稳定，会引起焊缝熔深及焊缝成形的不规则。产生阴极漂移的原因是在纯氩气保护下，熔池表面（包括熔池附近的工件表面）产生的氧化物比较少，而且呈不均匀分布，有氧化物的地方电子逸出功低，因此阴极斑点总是占据着有氧化物的地方。但由于直流反接时，电弧具有阴极破碎作用，阴极斑点所在处的氧化物很快便被除去，于是阴极斑点又向其他有氧化物的地方移动。如此不停地破碎与转移，便形成了阴极斑点的漂移。

实践证明，在 Ar 中加入 1%的 O_2，便可有效地克服阴极漂移现象。在混合气体中加入 20%左右 O_2 后可提高电弧温度，从而提高生产率，其接头性能，如抗气孔性能、缺口韧性等比加 20%CO_2 焊接时要好，同时还可改善纯氩弧焊接时的焊缝成形。由于这种气体具有很强的氧化性，故只适于焊接低碳钢和低合金钢，并应配以含 Si、Mn 等脱氧元素较多的焊丝。

（2）Ar+CO_2 这种混合气体被广泛用来焊接碳钢及低合金钢。它既具有氩弧的特点，如电弧燃烧稳定和飞溅小等，又克服了用纯氩气焊接时产生的阴极漂移、气孔、咬边及焊缝成形不良等问题。

Ar 与 CO_2 的体积比通常为 70∶30~80∶20。而当 CO_2 含量大于 25%时，熔滴过渡将失去氩弧的特征，而呈现 CO_2 气体保护焊电弧的特征。这种混合气体保护焊焊接碳钢和低合金钢时，虽然成本较纯氩焊高，但由于焊缝金属冲击韧性及焊接工艺效果好，特别是飞溅比纯 CO_2 气体保护焊时小得多，所以应用很普遍。另外，这种气体还可用来焊接不锈钢，但要控制 CO_2 的比例不超过 5%，否则焊缝金属有渗碳的可能，从而降低接头的耐蚀性。

（3）Ar+CO_2+O_2 用 80%Ar+15%CO_2+5%O_2 混合气体焊接低碳钢和低合金钢时，焊缝成形、接头质量还是熔滴过渡和电弧稳定性等方面的效果较好。

2. 应用

由于采用氩气保护，电弧燃烧稳定，熔滴过渡平稳，飞溅小，焊接质量好；几乎可以焊接所有的金属，尤其适合于焊接铝及铝合金、铜及铜合金，以及不锈钢等材料；熔化极氩弧焊焊铝时，一般采用直流反接，具有良好的阴极破碎作用。

与钨极氩弧焊（gas tungsten arc welding, TIG 焊或 GTAW）相比，由于熔化极氩弧焊采用焊丝作为电极，电流密度可大大提高，母材熔深大，焊丝熔化速度快，比 TIG 焊具有更高的生产率，适用于中厚度和大厚度板材的焊接；与 CO_2 气体保护焊相比，垂直气电焊目前广泛用于船台装配阶段船壳板的对接焊。

5.6.5 钨极氩弧焊

钨极氩弧焊是以钨棒或钨的合金棒作为电弧一极的气体保护焊方法，钨棒在电弧中是不熔化的，故又称为不熔化极氩弧焊或惰性气体保护焊。

氩气是理想的保护气体。因钨的高熔点（3690K）和沸点（5900K），许用电流大，耐用，引弧及稳弧性能好，热导率和高温挥发性小，强度高，耐用，故钨是不熔化电极电弧焊的理想电极材料。早期采用 99.9%以上纯钨材料，目前是采用含有 1%~2%氧化钍的钍钨棒和含有 1%~2%氧化铈的铈钨棒以及含有 1%~2%氧化镧、氧化钇的镧钨棒、钇钨棒。铈钨棒、镧钨棒、钇钨棒的电子逸出功明显低于钍钨棒，具有大许用电流、引弧及稳弧性好等性能，并且铈钨棒的放射性剂量远低于钍钨棒。

钨极氩弧焊焊枪结构类似于熔化极气体保护焊焊枪。图 5-36 所示为两种焊枪典型结构，一种为水冷式，一种为气冷式。钨极直径和端部形状对焊缝成形及过程稳定性有很大的影响，因而通常修磨成适当的端部顶锥角。

TIG 焊保护效果好，适用于各种有色金属及其合金、不锈钢、高温合金等的焊接。由于

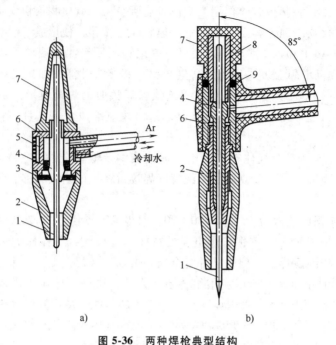

图 5-36　两种焊枪典型结构

a）水冷式　b）气冷式

1—钨极　2—喷嘴　3—铜丝网　4—钨极夹　5—冷却水套　6—焊枪主体　7—帽罩

8—帽罩螺钉　9—密封垫圈

钨棒不熔化，TIG 弧长及电弧稳定性好，其焊接电流下限不受焊丝熔化过渡等因素制约。由于没有填充焊丝，在船舶工程结构焊接中只适用于不开坡口、不加填充金属的薄板及全位置焊，比例很低。

5.6.6　电弧-激光复合焊

激光焊（laser beam welding，LBW）是利用高密度激光束能量作为热源的焊接方法，不同于电弧热源，光束指向性好，因而能量集中，密度高。结合电弧和激光各自优势形成了电弧-激光复合焊（laser hybrid welding，LHW）技术。该技术在 1970 年末问世。激光焊采用激光作为熔化焊缝的热源，激光能量集中，焊接热输入小，热影响区窄，1.5kW 激光焊接 3mm 厚板，焊缝和热影响区尺寸仅 1mm 宽；小焊接热输入使冷却速度快，3mm 厚的板激光焊的冷却速度可达 10^3℃/s 量级，超过高强度钢临界冷却速度近一个数量级（如 460 钢临界冷却速度约为 10^2℃/s），焊接效率高。过快的焊接速度使焊接接头极易得到马氏体，焊接接头的韧性下降趋向明显。激光焊的另一个特点在于激光能量的吸收率低，近 90% 激光能量被反射。

电弧-激光复合焊示意图如图 5-37 所示，电弧和激光同时作用于同一位置形成熔池，熔池上方是激光产生的等离子体，并对入射激光进行能量的吸收和散射。同时，材料表面在电弧作用下也产生相对低的温度和密度的电弧等离子体。电弧等离子体与光等离子体同存在一个小孔，因而光等离子体的总体密度被稀释，增加了材料表面的激光能量吸收率，母材对激光能量的吸收效率数倍提高，熔深 H 大。激光能量的引入使电弧的电阻下降，能量利用率提高，因而复合焊的总体能量利用率高；等离子体或带电粒子密度高且集中，焊接过程较纯电弧焊接稳定。

1. 焊缝的合金化

焊接材料与电弧焊方法相同，工件间缝隙的填充依然是电弧焊用的填充焊丝和保护气体。激光作为附加热源，使电弧弧柱收缩和能量密度增加，此处不再赘述。

2. 热输入

激光-电弧复合焊方法热输入计算公式为

$$Q = Q_L + Q_{arc} = \frac{P}{v_w} + \frac{\eta UI}{v_w}$$

式中，P 是激光功率，单位为 kW；v_w 是焊接速度，单位为 mm/s。其余变量含义同式（5-1）。

激光和电弧是两种热源，其相互作用机制，包括电弧中自由电子吸收激光能量，带

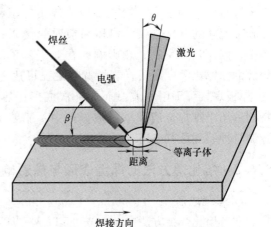

图 5-37　电弧-激光复合焊示意图

电粒子密度大，电弧温度进一步升高，即激光束的吸收率高；高电弧温度减小保护气的黏性，使气体的内部轴向射流流动增加，电弧得到压缩，单位面积电弧的能量密度增加，电弧在工件上覆盖面积减小，极大地减小了热影响区；相较于电弧等离子体的收缩，激光等离子体被稀释，因而激光能量的散射和吸收下降；匙孔附近的激光产生等离子体为电弧提供稳定的阳极斑点，弧根收缩且偏向小孔；能量下潜深度增加，增加了熔池深度和宽度，保障了焊缝成形。激光-电弧复合焊可以概括为激光-电弧复合焊中电弧作用是充当填充金属和保障焊缝的合金化，激光作用是增加熔深，从而提高焊接效率。激光-电弧复合焊的焊接速度比一般埋弧焊提高 8 倍，单位长度热输入量比埋弧焊减少 80%，而且焊接过程和焊接质量稳定，展现出极大潜力。

3. 应用

激光焊的应用较早见于汽车制造业。激光-电弧复合焊随功率增加，大电流电弧严重吸收激光能量，使能量密度下降；间隙、对中以及错边调整能力增加，特别是热影响区窄，对热敏感材料如低合金钢的焊接特别适用；不局限于焊接工位，装配间隙小，主要应用在小组立件的焊接。

5.6.7　电子束焊

电子束焊（electron beam welding，EBW）技术是采用高能电子束作为热源，电子束经过先行加速然后聚焦，以高能量密度轰击焊接工件接缝处，电子束动能转化为热能，使接缝处熔融而实现熔化焊接。

电子束焊的热源是高速电子束，高速电子束的生热包括产生自由电子、电子的加速和聚焦以及撞击工件的过程。首先是给灯丝加热，使电子具有克服逸出功的热能，能够脱离原子核束缚而成为自由电子；其次，自由电子置于高压电场，如 30~200kV，得到加速，同时，将电子聚焦；最后，高速电子流撞击阳极，极高动能瞬间撞击时产生热能，熔融金属形成熔池，热源移走后熔池冷却凝固形成焊缝。

置于真空环境的真空电子束焊是应用最广的电子束焊，真空电子束焊示意图如图 5-38 所示。电子束焊在真空中进行，抑制了焊接冶金反应，焊接气氛纯净，避免了合金元素的氧化烧损、气体和杂质的侵入；能量高度集中，因而热效率高，热影响区在亚毫米量级；电子束焊缝的深宽比大，熔深 H 与熔宽 B 之比可达 20∶1~50∶1，厚板焊接可不用开坡口而能一次成形；热影响区窄，特别适用于难焊金属和小间隙焊接中，船舶工程中钛合金制特种装置已有应用。

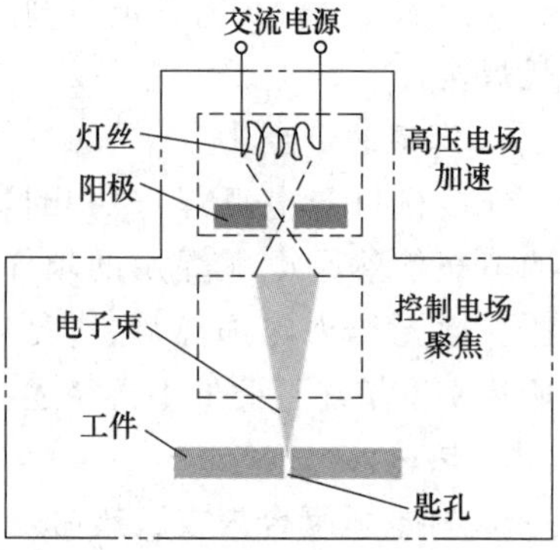

图 5-38 真空电子束焊示意图

5.6.8 熔化焊方法的焊缝成形与热影响区宽度

1. 焊缝成形

在各熔化焊接方法中，SAW、GTAW、TIG 等以电弧为热源，LHW 以电弧和等离子体为热源，EBW 以等离子体为热源，熔化接头达到原子之间结合。LHW 和 EBW 的能量密度较一般电弧高两个数量级，热源穿透性强，焊缝深宽比大，所需缝隙小，如图 5-39 所示（板厚 8mm）。

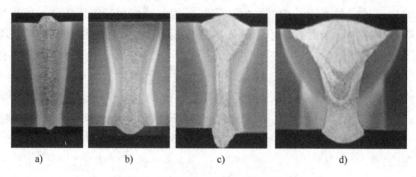

图 5-39 不同熔化焊方法的焊缝成形
a) LBW b) EBW c) LHW d) GTAW

能量密度的差异，使各熔化焊方法在单位电流增量时产生的熔深也不同。采用熔深系数表示每 100 A 电流时的熔深，各熔化焊方法的熔深系数见表 5-9。由表 5-9 可以看出，TIG 和 MIG 焊熔深系数大。

表 5-9 各熔化焊方法及规范的熔深系数 （钢的焊接）

熔化焊方法	电极直径/mm	焊接电流/A	焊接电压/V	焊接速度/m/h	熔深系数/(mm/100A)
SMAW	2	200~700	32~40	15~100	1.0~1.7
	3	450~1200	34~44	30~60	0.7~1.3
TIG	3.2	100~350	10~16	6~18	0.8~1.8
MIG	1.2~2.4	210~550	24~42	40~120	1.5~1.8
CO_2 气体保护焊	2~4	500~900	35~45	40~80	1.1~1.6
	0.8~1.6	70~300	16~23	30~150	0.8~1.2

2. 焊接热循环

各熔化焊产生的能量密度不同，$t_{8/5}$ 时间会略偏离式（5-3）（板厚 8mm，初始温度 20℃，$F_2 = 1$）。各熔化焊热输入量比较而言，激光焊和电子束焊热输入量小，$t_{8/5}$ 时间短，而焊条电弧焊热输入量大，$t_{8/5}$ 时间长，如图 5-40 所示。

3. 焊接热影响区宽度

实验获得的热影响区宽度与热输入量关系如图 5-41 所示。由图 5-41 可以看出，随热输入量的增加，热影响区的宽度几乎线性增加。又如，激光焊接热输入量由 0.39kJ/mm 增至 0.78kJ/mm 时，热影响区宽度由 2mm 增

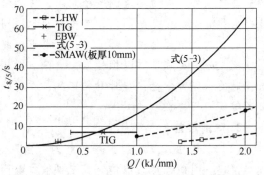

图 5-40　焊接方法的 $t_{8/5}$ 时间与热输入量关系

加至 4mm。同时，随热输入量的增加，粗晶区的宽度也几乎线性增加，且与热影响区宽度增加的斜率也相似。

热影响区宽度还与熔化焊方法有关。各熔化焊方法的 $t_{8/5}$ 时间产生热影响区软化宽度，$t_{8/5}$ 大小影响母材力学性能，如对于常见的高强钢软化问题，如图 5-42 所示[135,137-139]，各焊接方法产生的软化区宽度随 $t_{8/5}$ 增大而几乎线性增加，但软化区宽度一般不超过板厚的 1/4。不同焊接方法在相同的焊接热输入情况下，产生的软化区宽度不同。能量密度越低的焊接方法，软化区宽度越宽。LHW 宽度较 LBW 大的原因在于前者的电弧热稀释了激光的能量密度。

船舶工程结构有合金化、熔池保护和热输入量等不同层次的需求，因而在解决熔化焊工艺性问题（如保障焊接接头强度、抑制焊接缺陷等）时，各熔化焊方法呈现不同技术特征，得到的焊接接头强度与母材匹配性也有差异，同时焊接生产率、经济性和可数字化能力也有区别，所以在设计焊接工艺时应结合母材和生产管理以及各熔化焊方法能力的差异进行综合考虑。

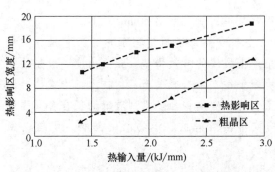

图 5-41　热影响区宽度与热输入量关系

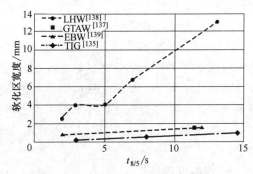

图 5-42　$t_{8/5}$ 时间与软化区宽度关系

此外，焊接接头性能的匹配性不仅取决于熔化焊的工艺性，而且与材料的焊接性有关，见第 6 章。

【知识拓展】　熔化焊工艺

1. 选择焊接方法和焊接材料

从合金化、热影响区宽度、焊接应力和变形、材料焊接性、焊接生产率、焊接工位等方

面，选择综合适应性好的熔化焊方法。

焊丝或焊条熔化进入熔池，冷凝后与熔化的母材一起组成焊缝。其中的合金除了焊接过程中的烧损外，成为焊缝的合金元素，直接影响焊缝组织的成分和尺寸，因而对焊缝力学性能产生影响。焊接方法不同，焊接材料也不同。在同一焊接方法中，母材不同，焊接材料也应不同。对于工程结构的焊缝，一般要求焊缝的性能与母材相匹配。匹配有高配、低配和相同匹配之分，有强度和耐蚀性匹配之分。对船体结构而言，对于钢材的焊缝，要求焊接材料选择时的焊缝力学性能与母材相匹配；在耐蚀性要求的场合，要求与母材的耐蚀性相匹配，如不锈钢的焊接。

2. 焊前准备

（1）坡口加工　根据板厚、结构特点及施工要求设计坡口，采用切割加工，焊前进行坡口清理。用碱性焊条焊接时，工件坡口及两侧20mm范围内的锈、水、油污、油漆等必须清干净。这对防止气孔和延迟裂纹的产生有重要作用。用酸性焊条时，一般也应清理，但若被焊工件锈蚀不严重，且对焊缝质量要求不高，也可以不除锈。

（2）焊接材料的烘干　焊接材料特别是焊条药皮容易吸潮，使用前应进行烘干，以防产生气孔和延迟裂纹。烘干温度过高时，药皮中某些成分会发生分解，降低其机械保护效果；烘干温度过低或保温时间不够时，则药皮中的水分去除不彻底，仍会产生气孔和延迟裂纹。不同种类的焊条其烘干温度和保温时间不同，要依照规定的工艺进行。

（3）组装与定位焊　组装工件时，除保证焊接结构的形状和尺寸外，要按工艺规定在接缝处留出根部间隙和反变形量，使错边量不大于允许值。然后按规定的定位焊位置和尺寸进行定位焊。定位焊缝所用焊条要与正式焊缝所用焊条一样。一般定位焊缝尺寸和间距随板厚而改变，薄板定位焊间距小，焊缝长为10~20mm；中厚板定位焊间距为300~600mm，焊缝长为30~70mm。定位焊的高度不能高于正式焊缝的一半，但熔深应较大，所以要用较大的焊接电流。随着板厚的增大，定位焊缝长度也应增加，否则因冷却过快，造成夹渣、气孔和裂纹。而且上述缺陷在正式焊接后会保留下来或有所发展。因此，定位焊时，若发现裂纹应铲去重焊。在几种焊缝交叉的地方，不应布置定位焊，而应距离50mm以上。

（4）预热　预热是焊接开始前对被焊工件的全部或局部进行适当加热的工艺措施。预热可以减小接头焊后冷却速度与变形。它是防止产生裂纹的有效措施。预热温度一般先按被焊金属的化学成分、板厚、结构刚性和施焊环境等条件，根据有关产品的技术标准或已有的资料确定，重要结构经过试验确定。对于刚性不大的低碳钢和强度级别较低的低合金高强度钢的一般结构，一般无须预热。但对刚性大的或焊接性差的、容易裂的结构，焊前必须预热。

3. 焊接位置

根据焊缝所处的空间位置，可将焊缝分为平焊缝、立焊缝、横焊缝和仰焊缝。不同位置焊缝施焊的操作特点和焊接工艺参数也不同。

（1）平焊　平焊是一种有利于焊接的空间位置，熔滴容易过渡，熔渣与铁液不易流失，也易于控制焊缝形状；平焊可以使用较粗焊条和较大焊接电流，以提高生产率；因焊接是俯位操作的，焊工不易疲劳，所以生产中应尽可能创造条件，使焊缝处于平焊位置施焊。对接焊缝的平焊，焊条对准坡口，并向焊接方向倾斜70°~80°。焊接1~6mm薄板时可不开坡口，但装配要严格，接缝间隙要小，以防止板材烧穿。焊接4~25mm中厚板时，可采用V形坡口，双面焊。要求正面焊缝熔深大于焊件厚度的一半。然后将焊件反面用碳弧气刨焊缝根部扣槽，清除其中的熔渣、气孔等缺陷，最后进行封底焊。视钢板厚度不同，可进行双面单层焊，也可进行双面多层或多层多道焊。在多层或多层多道焊中，第一层的打底焊要用较细的焊条，以便焊透，以后各层或各道可用较粗的焊条。V 形坡口因截面的非对称性，容易引起接头产生角变形。为了减少焊接变形，可采用 X 形坡口。

（2）立焊　立焊是在垂直面上焊接垂直方向的焊缝。立焊有两种方式：一种是由下向上施焊；另一种是由上向下施焊。目前生产中应用的是由下向上施焊。与平焊相比，这种焊法的主要特征是：熔池在重力作用下容易下淌，因而焊缝成形困难。

（3）横焊　横焊是指在垂直面上焊接水平方向的焊缝。横焊情况下，熔池在重力作用下容易下滴，使焊缝上部熔合线出现咬边，而焊缝下部熔合线附近出现焊瘤或未焊透。施焊要点与立焊相同，即采用小直径焊条、较小的焊接电流和较短的弧长以及适当的运条方法。

横焊中的坡口角度与平焊时有所不同，通常情况下，下面的板不开坡口或开较小角度的坡口，以利于焊缝成形。

（4）仰焊　仰焊是焊条位于焊件下方，焊工仰视焊件进行焊接。重力作用下焊条熔滴过渡和焊缝成形都困难；工人劳动条件差。

在四种焊缝位置中，立焊往往是在船台作业区，若其焊接效率为 1，则外业作业区的焊接作用为 3，而内业的焊接效率为 9。因此，船厂为了提高焊接生产率，大量焊接程序布置在平焊位置。目前，焊接材料也在焊接位置适应性方面做了细化生产，如专门用于立焊或横焊的焊条。

4. 焊接参数

焊接参数主要包括焊条/丝规格、焊接电流、焊接电压、焊接速度以及电源种类和极性等。焊接参数对焊接质量及焊接生产率有很大影响，因此必须正确合理选择这些参数。焊接参数主要根据母材的成分和性能、板厚结构特点、接头和坡口形式、施焊位置等选择。焊工的技术水平和习惯不同，焊接同一结构所选的参数也不尽相同。这里仅就焊接参数的选择做一般性介绍。

焊道数量与焊接材料直径、板厚以及焊接方法有关。厚板的焊接，一般要开坡口并采用多层焊或多层多道。多层焊或多层多道焊接头的显微组织较细，热影响区较窄，因此，接头的塑性和韧性都比较好。特别是对于易淬火钢，后焊道对前焊道有回火作用，可以改善接头组织和性能。

低合金高强度钢等钢种焊接时，焊缝层数对接头性能有明显影响。焊缝层数少，每层焊缝厚度太大时，由于晶粒粗化，将导致焊接接头的塑性和韧性下降。

5. 后热与焊后热处理

焊后立即对工件的全部（或局部）进行加热或保温，使其缓冷的工艺措施称为后热。后热的目的是避免形成硬脆组织以及使扩散氢溢出，从而防止产生裂纹。一般低碳钢和低合金钢焊接时不进行后热。焊后后热过程应根据母材成分、结构刚性及环境条件来考虑。

焊后热处理是为了改善接头的显微组织和性能或清除焊接残余应力而进行的热处理。对于易产生脆断和延迟裂纹的重要结构、尺寸稳定性要求高的结构以及有应力腐蚀的结构，应考虑进行去除应力退火。船舶工程结构焊缝目前基本上都采用了焊后去除应力的热处理。热处理的加热温度在临界点以下。

第6章 船舶工程材料力学性能与焊接性

由第 1 章和第 5 章可以看出，作为船舶工程材料，其力学性能和焊接性是使用性能和工艺性能的重要考虑因素。为适应多种船舶与海洋工程结构的要求，船舶工程材料的力学性能和焊接性有多种。材料的生产制造和焊接生产依循船级规范和国家标准，这里仅摘要部分船级规范的内容，涉及其他标准材料的代用或替换时，应依据规范和相关标准进行。

6.1 船舶工程结构用钢的分类与焊接性

船舶工程材料有金属材料和非金属材料两类，金属材料中又分钢铁材料和有色金属材料两大类见表 6-1。

表 6-1 船舶工程材料

材 料		种 类
金属材料	钢铁材料	钢板、扁钢与型钢	一般强度船体结构用钢、高强度船体结构用钢、焊接结构用高强度钢、锅炉与受压容器用钢、机械结构用钢、液货舱用低温韧性钢、液货舱和受压容器用奥氏体不锈钢和双相不锈钢、容器和液货舱用复合钢板、厚度方向受拉的 Z 向钢、适应高热输入焊接的船体结构钢、锚链及其附件用轧制圆钢等
		钢管	铁素体钢无缝压力管、铁素体钢焊接压力管、碳钢和低合金钢制锅炉管与过热器管、低温铁素体压力管、奥氏体和奥氏体-铁素体双相不锈钢压力管等
		锻钢	船体结构用锻钢件、轴系与机械结构用锻钢件、齿轮锻钢件、涡轮机锻钢件、锅炉和受压容器以及管系用钢锻钢件、低温韧性锻钢件、奥氏体与双相不锈钢锻钢件等
		铸钢	船体结构用铸钢件、机械结构用铸钢件、曲轴铸钢件、螺旋桨铸钢件、锅炉和受压容器以及管系用铸钢件、低温铁素体铸钢件、奥氏体与双相不锈钢铸钢件等
		铸铁	机械和管路零件用灰铸铁件和球墨铸铁件、曲轴铸铁件等
	有色金属材料	铝及铝合金	船体用铝合金板材与型材、铝合金铆钉、铝合金活塞等
		铜及铜合金	铜质螺旋桨、铸铜合金、铜管等
		钛及钛合金	船体用钛合金板、钛及钛合金管等
		轴承合金	锡基轴承合金、铅基轴承合金、铜铅轴承合金、铝基轴承合金等
非金属材料		塑料	热塑性聚合物、热固性树脂、增强材料、增强热塑性聚合物、增强热固性树脂、芯层材料、环氧基座等垫片浇注料、舵和尾轴的轴承用塑料、低温液罐用浇注型环氧腻子
		纤维增强塑料船体材料	包括树脂、添加剂、增强材料、芯材、预埋材料、黏结剂等原料

船体结构用钢的弹性模量一般为 $2.06×10^5$ MPa。船舶工程用钢按屈服强度和冲击韧性划分等级，每个强度级的钢材又分为 4 个韧性级，其显微组织状态保障其力学性能满足规范中相关规定。

6.1.1　钢的强度级及其选用

强度级按屈服强度划分为一般强度和高强度，其中，屈服强度为 235MPa 的钢称为一般强度钢。屈服强度大于或等于 265MPa 的钢定义为高强度钢。高强度钢的钢种中，按其供货状态的不同，划分为传统轧制的高强度钢、TMCP 或 QT 状态的高强度钢、焊接用高强度钢三类。

不考虑应力集中情况下，船舶工程材料设计包括其强度和承载截面两个方面。对于确定的承载能力，材料选用低强度的，则设计时应采用大截面尺寸；反之亦然。因此，船舶结构选用高强度钢有效减小构件尺寸和结构自重，从而可以提高航速，增加续航能力和载货量，并可减少建造船舶的材料成本和建造成本。对于潜艇来说，还可以增加其下潜深度，获得更好的战术技术性。然而，作为船舶工程材料，其力学性能除了强度设计外，还包括其他力学行为的校核。

（1）材料的塑性、韧性和疲劳强度　各种强化措施的目的旨在提高强度的同时不降低其他力学性能，然而，塑性和韧性难以同步提高；疲劳强度方面，光滑试样的试验结果表明：高强度钢的疲劳强度虽随其强度极限上升而成比例上升，但增幅远低于屈服强度的增幅。

（2）材料的焊接性　由第 5 章可知，焊接接头与母材力学性能的匹配性是熔化焊工艺性问题。本节后面将看到，随材料强度的提高，其焊接性相对变差，因而高强度钢的焊接性对建造成本和建造质量形成了制约。

（3）耐蚀性　虽然船舶工程结构可以使用防护层和外加防锈设施，但一旦保护层破裂，高强度船体结构用钢由于其合金量往往高于一般强度钢，在海水和海洋大气环境下，合金材料更易于形成原电池而腐蚀。这使高强度钢船体用钢的腐蚀余量设计不同于一般强度钢。

（4）结构的刚性和稳定性　结构的刚性与材料的弹性模量及截面惯性矩有关。高强度钢的强度虽高，但其弹性模量与一般强度钢相当。船舶结构设计采用高强材料可节省材料，结构件尺寸和惯性矩减小，刚度不足。在受压工况下，薄壁构件易失稳，波浪弯矩作用下的抗扭能力削弱。

因此，船舶工程用钢强度级的选择需要综合考虑性能和建造成本的因素。

6.1.2　钢的韧性级及其选用

对应各强度级，按冲击韧性测量温度的不同划分韧性级。韧性级的选择依据为构件类别、韧性级和板厚。首先根据船舶用途和船长定义材料级别（划分为 Ⅰ、Ⅱ 和 Ⅲ 级），再由板厚和材料级别确定钢材韧性级，其中一般强度钢的韧性级分为 A、B、D 和 E 共 4 级，其他强度级钢的韧性级分为 A、D、E 和 F 共 4 级。例如，当船长大于等于 90 m 时，船体结构件类别划分为次要类、主要类和特殊类三种，见表 6-2，按构件类别和位置定义材料级别。

表 6-2　船舶钢质构件类别和材料级别

类别	构件名称	材料级别
次要类	A1. 纵舱壁列板，属于主要类的除外 A2. 露天甲板，属于主要类和特别类的除外 A3. 舷侧板	船中 0.4L 内，材料级别 I 船中 0.4L 外，A/AH 钢级
主要类	B1. 船底板，包括龙骨板 B2. 强力甲板，除特别类要求的甲板 B3. 强力甲板以上的强力构件的连续纵向板，除舱口围板 B4. 纵舱壁的最上一列板 B5. 垂直列板（舱口纵桁）和顶边舱的最上一列斜板	船中 0.4L 内，材料级别 II 船中 0.4L 外，A/AH 钢级
特殊类	C1. 强力甲板处的舷顶列板① C2. 强力甲板处的甲板边板① C3. 纵舱壁处的甲板列板，不包括双壳船在内壳处的甲板①	船中 0.4L 内，材料级别 III 船中 0.4L 外，材料级别 II 船中 0.6L 外，材料级别 I
	C4. 集装箱船和其他有类似舱口的在货舱口角隅处与舷侧之间的强力甲板	船中 0.4L 内，材料级别 III 船中 0.4L 外，材料级别 II 船中 0.6L 外，材料级别 I 货舱区域内，最小材料级别 III
	C5. 散货船、矿砂船、兼用船及其他有类似舱口的在货舱口角隅处与舷侧之间的强力甲板	船中 0.6L 内，材料级别 III 船中 0.6L 外，材料级别 II
	C6. 船长小于 150m 且整船宽范围内设有双层底的舭列板	船中 0.6L 内，材料级别 II 船中 0.6L 外，材料级别 I
	C7. 其他船舶的舭列板	船中 0.4L 内，材料级别 III 船中 0.4L 外，材料级别 III 船中 0.6L 外，材料级别 I
	C8. 长度大于 0.15L 的纵向舱口围板，包括围板顶板及其边缘 C9. 纵向舱口围板的端肘板，围板与甲板室过渡区域	船中 0.4L 内，材料级别 III 船中 0.4L 外，材料级别 II 船中 0.6L 外，材料级别 I 等级不低于 D/DH

① 在船中 0.4L 范围内，凡采用材料级别 III 的单列板的宽度应不小于 800mm+5L mm/m，且不必大于 1800 mm，除非受船舶设计几何尺寸的限制。L 为船长，单位为 m。

由表 6-2 确定的船体结构材料级别，再结合板厚，由表 6-3 确定材料的韧性级。

表 6-3　级别 I、II 和 III 要求的材料韧性级

板厚/mm	材料级别					
	I		II		III	
	一般强度钢	高强度钢	一般强度钢	高强度钢	一般强度钢	高强度钢
$t \leq 15$	A	AH	A	AH	A	AH
$15 < t \leq 20$	A	AH	A	AH	B	AH
$20 < t \leq 25$	A	AH	B	AH	D	DH
$25 < t \leq 30$	A	AH	D	DH	D	DH
$30 < t \leq 35$	B	AH	D	DH	E	EH
$35 < t \leq 40$	B	AH	D	DH	E	EH
$40 < t \leq 50$	D	DH	E	EH	E	EH

船长大于 150m 船舶的单层强力甲板船的最低材料韧性级，见表 6-4。

表 6-4　船长大于 150m 船舶的单层强力甲板船的最低材料韧性级

结 构 类 别	材 料 等 级
参与纵向强度的强力甲板的纵向板 强力甲板以上的强力构件的纵向连续板	船中 0.4L 内，钢级 B/AH
底部和强力甲板间无内部连续纵舱壁船的单舷侧列板	货舱区域内，钢级 B/AH

当船长超过 250m 时，船舶最低材料韧性级见表 6-5。

表 6-5　船长超过 250m 船舶的最低材料韧性级

结 构 类 别	材 料 等 级
强力甲板的舷顶列板	船中 0.4L 内，钢级 E/EH
强力甲板上的甲板边板	船中 0.4L 内，钢级 E/EH
舭列板	船中 0.4L 内，钢级 D/DH

此外，关于低温用钢的韧性级选择参见相关规范[6]。

6.1.3　钢的焊接性概念

金属材料的焊接性是指材料是否能适应熔化焊而形成完整的、与母材性能相匹配的焊接接头的特性。广义地说，材料的焊接性概念包含两个内容：一是金属在焊接加工中是否容易形成缺陷；二是焊接接头在一定的使用条件下可靠运行的能力。这也说明，焊接性不仅涉及焊接过程中的工艺性能，也包括焊接后的使用性能。从船舶工程结构的焊接来说，焊接性是指材料是否易于形成力学性能或耐蚀性与母材相匹配的焊接接头。如前所述，凝固焊缝的力学性能依赖于合金化和冷却速度，而被动受热影响的热影响区的焊接性不仅取决于焊接工艺引起的热循环，更取决于其热稳定性。因此，焊接性是材料焊接性和焊接工艺性的综合，如出现软化、脆化等降低力学性能现象，且随造船材料的高强化发展，软化和脆化发生区域转移。

焊接性采用各类方法进行评价，其中，碳当量法是进行间接评价，而性能试验是进行直接评价。各船级社对焊接接头的力学性能试验、高温及持久强度试验、断裂韧度试验、低温脆性试验、耐蚀及耐磨试验、疲劳试验以及弯曲试验等进行了详细规定。虽然性能试验耗费成本和时间，但为碳当量方法的有益补充和完善，并反过来为材料的性能设计提供方向。影响材料焊接性因素很多，有材料因素和熔化焊工艺性因素，此外其他因素如结构形式以及使用条件均对焊接性产生影响。

1. 焊接性的材料因素

焊接热循环使焊接热影响区产生固态相变，从而改变其显微组织状态。合金元素为固溶强化、第二相强化以及细晶强化提供物质基础，其热稳定性直接影响显微组织状态，进而影响焊接热影响区的力学性能。因此，可采用化学成分评价焊接性，包括碳当量法、裂纹敏感指数等。

碳当量（carbon equivalent value，C_{eq}）法是采用母材化学成分或显微组织状态来分析对焊接热循环的敏感性程度。依据钢材的化学成分与其淬硬倾向的关系，参见强度与化学成分关系式（2-4），把钢中合金元素（包括碳）的含量按其作用折算成碳的相当含量（以碳的贡献系数为 1），作为评价定钢材焊接性的一种参考指标。然后依据碳当量的临界值，以评价焊接热影响区受焊接热循环影响程度。定性来说，C_{eq} 越高，钢材淬硬倾向越大，热影响区冷裂纹倾向越大。定量来说，当碳当量小于 0.4% 时，认为材料的焊接性好；碳当量在 0.4%~0.6% 之间时，认为焊接性尚可；当碳当量大于 0.6% 时，认为焊接性差，材料需要复杂的焊接工艺才能获得与母材性能相匹配的接头。

除了碳当量评判焊接性外，以碳当量为横坐标、含碳量为纵坐标，可将高强度钢焊接性划分为好焊区、可焊区和难焊区共三个区域[140]，如图 6-1 所示。该焊接性估算方法称为碳当量-含碳量法，在高强度钢和超高强度钢的焊接性评价中有一定指导作用。

碳当量法、碳当量-含碳量法两种方法使用起来比较简单，可有效地评价钢材的焊接性倾向。

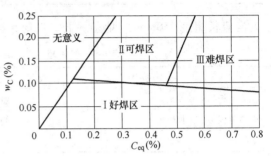

图 6-1　船舶工程钢焊接性分区

2. 焊接性的工艺因素

熔化焊焊接性的工艺因素包括达到原子间结合的能力和产生的工艺性问题：热烧损合金元素，形成热影响区和产生应力和变形、裂纹等，与热源种类、熔池保护方式、焊接工艺，包括焊接热输入、预热、后热以及焊后热处理等有关。其中，焊接热输入影响热影响区力学性能、焊接应力和焊接缺陷、焊接热循环的峰值温度、高温停留时间以及冷却速度等，进而影响热影响区的显微组织状态，并产生了应力集中和焊缝截面潜在的减少，因而是影响焊接性的重要工艺因素，见第 5 章。

焊接热循环对接头产生热影响，通过改变显微组织状态，进而改变力学性能。力学性能的变化是材料焊接性和工艺焊接性的综合体现。采用焊接热循环参数 $t_{8/5}$ 时间（800~500℃停留时间）与临界冷却速度比较，即可知焊接热循环的影响，改变了热影响区显微组织中各相质量分数，从而对热影响区力学性能产生影响，包括强度、硬度、塑性和冲击韧性等产生影响。当采用 GTAW 焊接时，热输入为 0.7kJ/mm 时，利用公式计算的各区 $t_{8/5}$ 时间变化幅度不超过 20%，由此计算的冷却速度约为 30℃/s。因此，热影响区连续冷却速度相当快，由此可知各区力学性能发生变化。以 960MPa 强度级钢材为例，其热影响区的硬度分布如图 6-2a 所示，其硬度在重结晶区出现低点，明显低于母材，即出现了软化；而 690MPa 强度级钢在熔合区和内临界区的硬度出现低点，但都能与母材相匹配。软化现象一般见于高强度钢的焊接，超高强度钢热影响区的软化程度为 6%~60%。960MPa 钢的韧性低于母材，且在内临界区出现低点，如图 6-2b 所示，这导致了最终焊接接头断裂位置出现在内临界区。

热影响区力学性能的改变与焊接热输入有关，随热输入量增加，热影响区的宽度随之增加。硬度随不同热输入量的改变如图 6-3 所示。随热输入量由 1.4kJ/mm 增加至 4.5kJ/mm 时，TMCP690 钢 SAW 焊接热影响区宽度由 2mm 增加至 7mm，其硬度在各热影响子区变化程度不同，其中熔合线附近、粗晶区以及内临界区的硬度降低。这种强度和硬度的降低，随热输入量的改变而改变，小的热输入量（图 6-3a），明显可以降低软化现象。

此外，结构因素有焊接接头的拘束度，约束越大，应力越大，增加产生裂纹趋向，还有焊缝尺寸和形状的选择、坡口形状等。使用因素是指焊接接头的使用环境状态，包括工作温

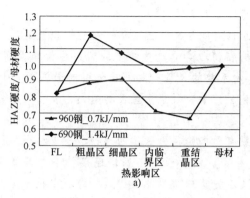
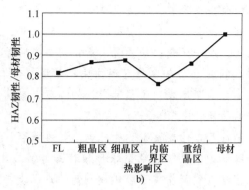

图 6-2　焊接热循环影响示例图

a）硬度　b）冲击韧性

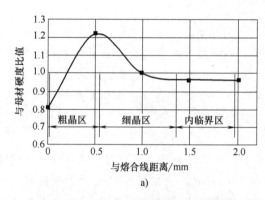
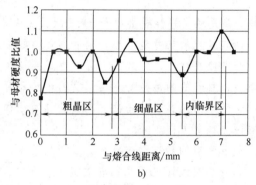

图 6-3　热输入量对热影响区各子区硬度的影响

a）1.4kJ/mm　b）4.5kJ/mm

度、载荷工况、环境的化学等，是影响焊接性因素，如冲击韧性是根据工作温度进行测量，不锈钢的腐蚀试验规定了腐蚀介质等。

本章节主要述及材料焊接性。

3. 焊接性试验

焊接工艺试验是评价材料焊接性和工艺焊接性的直接方法，并可直接获得合理的焊接工艺程序。主流船级社的材料与焊接规范对焊接接头试验的取样、性能测试内容等做了详细的规定，通过焊接接头的硬度试验、拉伸试验、冲击试验和弯曲试验以及应力测量、疲劳测量等，评定材料的焊接性。腐蚀环境下使用的材料还要求耐蚀性试验，以评估焊接接头耐蚀性。船用材料的焊接性试验流程包括焊接工艺试验计划书（PWPS）、焊接工艺试验（WPQR）和焊接工艺程序（WPS）三份认可文件，其中焊接工艺程序是焊接性试验的结果与工艺执行文件。

【知识拓展】　断口类型

结构材料在运行中或试样在试验中发生失效形成断口，断口形貌蕴含失效性质、断裂载荷种类、断裂机理以及可能的制造工艺因素等大量信息，呈现了载荷作用、显微组织以及材料力学性能关系，因而可由断口形貌分析找到失效原因。

按照断口形貌，断裂类型分为韧性断裂和脆性断裂两类。

韧性断裂的断口形貌特征：从宏观来看，断口有明显的塑性变形，晶粒被拉长成细条的纤维状，灰暗无光；从微观来看，断口有明显的韧窝。具有这些特征的断裂称为韧性断裂，如图 6-4a 所示。韧窝的直径往往是显微组织有效晶粒的尺寸，如马氏体的有效晶粒为块或束；韧窝的深度表明了塑性变形的程度，韧窝越深，断裂过程中塑性功越大，表明材料具有良好的韧性。

韧性断口的韧窝也称为孔洞。韧性断裂一般有三个阶段，孔洞的形核、长大和合并。韧窝或孔洞的中心往往可见球形颗粒，为第二相粒子。由于粒子与基体连接并不如基体间紧密，容易在载荷作用下脱黏或剥离，进一步导致应力集中，因此成为裂纹源。由粒子引起的韧性断裂的临界应力可根据下式大致估算（Stone 等，1985）[141]：

$$\sigma_{\mathrm{v}} = \sqrt{\frac{6E\gamma}{kd}}$$

式中，E 是粒子弹性模量；d 是粒子直径；k 是粒子引起的应力集中系数；γ 是粒子表面能。

断口呈现的韧窝越细小，则孔洞形核数量越多，所消耗能量越大，则材料的韧性越好。孔洞合并时数量多，且孔洞合并时形成撕裂棱，撕裂棱越长，形状越弯曲，说明断裂消耗能量越大，材料的韧性越好。由韧窝的形状还可判断断裂力的种类。等轴韧窝是拉应力作用，如拉伸断口的韧窝；冲击试样断口的韧窝往往是非等轴韧窝，韧窝延伸方向为断裂力作用方向或冲击载荷方向。

脆性断裂的断口形貌特征：无明显的塑性变形，断口比较平坦，闪耀光泽；微观形貌是由一系列小裂纹面（每个晶粒的晶面，称为解理面）组成，且在每个解理面上存在平行于裂纹扩展方向的阶梯（即解理阶），解理面上常见花纹。具有这类断裂特征的称为解理断裂，如图 6-4b 所示。原因是解理面对应的晶面间原子键结合力弱，在正应力作用下容易发生沿晶面的开裂。解理面与晶体结构有关，如体心立方晶格的 {100} 晶面系和密排六方晶格的 {0001} 晶面系。而面心立方晶格通常不发生解理断裂。解理阶也称为"河流花样"或"贝壳花样"，支流解理阶的汇合方向表示断裂裂纹的扩展方向，其中心指向裂纹源。通过裂纹源化学成分测量，则可知脆性原因是夹杂物或第二相等；而汇合角的大小与材料塑性变形有关，解理阶的分布面积和解理阶的高度与材料位错有关。河流花样特征可定性分析主断裂源位置和位错密度。

在解理断裂的河流花样中，若各小断裂面间有撕裂棱，如图 6-4c 所示，则为准解理断

a)　　　　　　　　　　　　b)　　　　　　　　　　　　c)

图 6-4　典型断口形貌

a）韧性断口　b）解理断口　c）混合断口

裂特征，反映了解理裂纹与已发生塑性变形的晶粒间相互作用。撕裂棱形成于各微小裂纹的合并时，反映了能量消耗程度。撕裂棱越密集，越细长，说明晶界有塑性相，如晶界铁素体，因强度低而裂纹穿过，消耗一定断裂能量。

与韧性断裂一样，解理断裂也可分为三个阶段：滑移使脆性粒子开裂成微裂纹→微裂纹沿解理面（粒子和基体界面，如晶界）扩展→晶粒尺度的裂纹向邻近晶粒晶界扩展。根据 Griffith 理论的式（1-2）可计算脆性断裂的临界应力。

脆性断裂瞬间发生，往往造成严重不良后果。

工程上单纯的脆性断裂和韧性断裂比较少见，一般为两者的混合形式，即脆性断裂前有微量的塑性变形，但断面收缩率小于 5%。断口有韧性和脆性混合形貌时，采用各自百分率进行量化，如以断口脆性部分的面积占试样断口总面积的百分率统计为脆性断裂百分率，以断口塑性部分的面积占试样断口总面积的百分率统计为韧性断裂百分率。

按照断裂路径来分，断裂类型有穿晶断裂和沿晶断裂或晶间断裂，前者的裂纹路径横穿晶粒，如图 6-5a 所示。穿晶断裂是大多数金属材料在常温下发生的，根据断裂方式又可分为解理断裂和剪切断裂。其中剪切断裂是切应力作用下发生的，又有纯剪切断裂和微孔聚集型断裂之分。沿晶断裂的裂纹沿晶界扩展，如图 6-5b 所示，为大多数脆性断裂性质。晶界上薄层的脆性第二相或夹杂物等，破坏了晶界的连续性，如热脆、回火脆性、淬火脆性和应力腐蚀等，大多是沿晶断裂。

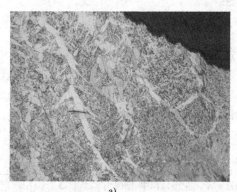 

晶界

a)　　　　　　　　　　　　b)

图 6-5　裂纹扩展路径
a）焊接热影响区穿晶断口　b）焊接热影响区粗晶沿晶断口

按照载荷种类来分，断裂类型有环境断裂和疲劳断裂。其中环境因素引起的应力腐蚀、氢脆等均属于环境断裂，断裂应力小，破坏性大。其他的分类方法此处不再赘述。

6.2　船体结构用钢及其焊接

CCS（包括 ABS）对适用于船体结构用钢按强度划分为一般强度船体结构用钢和高强度船体结构用钢两类。

结构钢焊接材料按其屈服强度分为（1、2、3）、（1、2、3、4）Y、40、42、46、50、55、62、69 共 9 个（强度）等级，每个等级按其缺口冲击韧度划分为 4~5 个（韧性）级别，见表 6-6。

表 6-6　结构钢焊接材料的力学性能

焊接材料级别	抗拉强度R_m /MPa	断后伸长率 A （%）	夏比 V 型缺口冲击试验 平均冲击吸收能量/J
1、2、3	≥400	22	≥47
1Y、2Y、3Y、4Y	≥490		
2Y40、3Y40、4Y40、5Y40	≥510		
3Y42、4Y42、5Y42	≥530	20	≥47
3Y46、4Y46、5Y46	≥570		
3Y50、4Y50、5Y50	≥610	18	≥50
3Y55、4Y55、5Y55	≥670		≥55
3Y62、4Y62、5Y62	≥720		≥62
3Y69、4Y69、5Y69	≥770	17	≥69

注：编号 XYZZ 中，ZZ 代表抗拉强度级；XY 表示 V 型缺口冲击试验温度，1Y 级为 20℃，2Y 级为 0℃，3Y 级为 −20℃，4Y 级为 −40℃，5Y 级为 −60℃。焊条符合 2Y 级及以上要求。

一般船体结构焊接材料的选择按照等强匹配原则，而耐蚀材料的焊接材料选择依照耐蚀性能匹配原则。其中，等强匹配时，第 2 章强度估算公式适用于焊缝力学性能。

6.2.1　一般强度船体结构用钢及其焊接性

1. 材料的力学性能

一般强度船体结构用钢主要以碳和锰作为合金化元素，见表 3-4，含锰量略高，碳和锰与铁形成固溶体和/或化合物，参考 2.3.3 节。一般强度船体结构用钢的钢材生产主要通过 TM、N、CR 或 AR 等固态相变和塑性加工工艺。一般强度船体结构用钢的力学性能见表 6-7。一般强度船体结构钢的屈服强度为 235MPa，同一板厚级的缺口冲击韧度相同，按冲击韧度试验温度的不同将冲击韧度分为 A、B、D 和 E 共 4 级。

表 6-7　一般强度船体结构用钢的力学性能

钢材等级	屈服强度R_{eH} 不小于 /MPa	抗拉强度R_m /MPa	伸长率A_5 不小于 （%）	夏比 V 型缺口冲击试验平均吸收能量不小于/J						
				温度 /℃	$t \leq 50mm$		$50mm < t \leq 70mm$		$70mm < t \leq 100mm$	
					纵向	横向	纵向	横向	纵向	横向
A	235	400~520	22	20	—	—	34	24	41	27
B				0						
D				−20	27	20				
E				−40						

2. 材料的焊接性

一般强度船体结构用钢的碳当量 C_{eq} 按式（6-1）计算，即

$$C_{eq} = C + \frac{Mn}{6} + \frac{Si}{24} \tag{6-1}$$

式中，C、Mn 和 Si 为质量分数。

由式（6-1）计算一般强度船体结构用钢的碳当量 ≤0.4%。特别是 D、E 韧性级钢的 S、

P 含量低，热裂纹敏感系数低；锰形成的碳化物起抑制铁素体晶粒长大的作用，因而热影响区的热敏感性较低。因此，一般强度船体结构用钢焊接性优良。

因此，一般强度船体结构用钢在焊接时一般不需预热、控制层间温度和后热，工艺规范可选区间大。各焊接方法通过控制焊接热输入都能获得与母材力学性能相匹配的接头。热输入较大的焊接方法如焊条电弧焊会产生粗晶区，使该区冲击韧度降低，可通过焊后热处理等方法加以改善。

焊接材料选择方面。选择原则是与焊接接头力学性能相匹配，不采用高强度级别的焊接材料，具体的选用见表 6-8。

表 6-8　一般强度船体结构用钢的焊接材料选用[6]

钢材等级	焊接级别						
	1	2	3	1Y	2Y	3Y	4Y
A	＊	＊	＊	＊	＊	＊	＊
B		＊	＊		＊	＊	＊
D		＊	＊			＊	＊
E			＊			＊	＊

注："＊"为适用。

6.2.2　高强度船体结构用钢及其焊接性

1. 材料的力学性能

高强度船体结构用钢按其最小屈服应力划分强度级，强度级划分为 27、32、36 和 40 共 4 级。各强度级又按测量缺口冲击韧度温度的不同分为 A、D、E 和 F 共 4 个韧性级，主要力学性能见表 6-9。

在高强度船体结构用钢板和宽扁钢中，热处理状态为 TM（CP）和 N，厚度不超过 100mm 的有 A32、D32、E32、A36 和 D36，厚度不超过 50mm 的有 A40、D40、E40、F32、F36 和 F40。它的含碳量低（$w_C \leqslant 0.18\%$），以锰和硅为主要强化元素。在屈强比不变的情况下，含锰量少，形成固溶强化而提高强度，而对塑性、韧性和冷脆性无大影响，并可减少氧、硫等杂质的有害作用；但锰会大幅降低钢的共析温度，从而增加材料对过热和冷却速度的敏感性，焊接时易引起晶粒粗化，因而高强度船体结构用钢含锰量在 0.9% ~ 1.6%（表 3-4）。高强度船体结构用钢中含有少量 Al、Nb 和 V 等细化晶粒元素，焊接时可有效抑制热影响区奥氏体晶粒长大和晶粒粗化。

表 6-9　高强度船体结构用钢的力学性能

钢材等级	屈服强度 R_{eH} 不小于 /MPa	抗拉强度 R_m /MPa	伸长率 A_5 不小于（%）	V 型缺口冲击试验平均吸收能量不小于 /J					
				温度 /℃	$t \leqslant 50mm$		$50mm < t \leqslant 70mm$		$70mm < t \leqslant 100mm$	
					纵向	横向	纵向	横向	纵向	横向
A27	265	410~530	22	0	27	20	34	24	42	27
D27				−20						
E27				−40						
F27				−60						

（续）

钢材等级	屈服强度R_{eH}不小于/MPa	抗拉强度R_m/MPa	伸长率A_5不小于（%）	V型缺口冲击试验平均吸收能量不小于/J						
				温度/℃	$t \leq 50mm$		$50mm < t \leq 70mm$		$70mm < t \leq 100mm$	
					纵向	横向	纵向	横向	纵向	横向
A32	315	400~590	22	0	31	22	38	26	46	31
D32				−20						
E32				−40						
F32				−60						
A36	355	490~620	21	0	34	24	41	27	50	34
D36				−20						
E36				−40						
F36				−60						
A40	390	510~650	20	0	39	26	46	31	55	37
D40				−20						
E40				−40						
F40				−60						

2. 材料的焊接性

高强度船体结构用钢中含有一定量的合金元素，使材料的奥氏体连续冷却组织转变图发生偏移，有较大淬硬性。考虑合金元素对焊接性的不同影响，国际焊接学会 IIW 在 1967 年提出的碳当量公式以评价焊接性，即

$$C_{eq} = C + \frac{Mn}{6} + \frac{Cr + Mo + V}{5} + \frac{Ni + Cu}{15} \tag{6-2}$$

式中，各元素符号表示该元素在钢中的质量分数。

CCS 对所有等级钢采用 IIW 公式评价焊接性。

在计算碳当量时，元素含量均取其质量百分数范围的上限。式（6-2）适用于中、高强度的非调质低合金高强度钢（$R_m = 500 \sim 900MPa$）。评价焊接性时，$C_{eq} \leq 0.4\%$ 时焊接性良好，板厚小于 20mm 时不需要预热；当 $C_{eq} = 0.4\% \sim 0.6\%$，特别是 $C_{eq} > 0.5\%$ 时，钢材易于淬硬，焊接时需要预热，并考虑焊后热处理工艺才能防止裂纹，属于可焊区；当 $C_{eq} > 0.6\%$ 时钢的淬硬倾向很大，焊接性急剧变差，更高的预热温度和其他工艺措施才能防止裂纹，属于难焊区。

高强度船体结构用钢按式（6-2）计算的碳当量一般不超过 0.40%，按碳当量-碳含量综合评价，其焊接性处于可焊区，如图 6-6 所示。常规焊接方法一般能获得性能匹配的焊接接头。

主流船级社（CCS、ABS、BV 等）推荐了式（6-2）；ABS 规范推荐 TMCP 高强度船体结构用钢均采用式（6-2）计算碳当

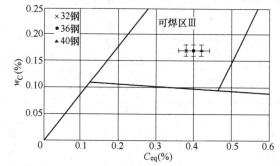

图 6-6　高强度船体钢的焊接性

量；日本工业标准 JIS 和日本焊接工程协会标准 WES 采用的碳当量公式为 $C_{eq}=C+Mn/6+Si/24+Ni/40+Cr/5+Mo/4+V/14$；美国焊接协会（AWS）采用的碳当量公式为 $C_{eq}=C+(Mn+Si)/6+(Cr+Mo+V)/5+(Cu+Ni)/15$，认为 $C_{eq} \leqslant 0.45\%$ 时焊接性良好；Uwer und Höhne 于 1991 年提出了碳当量 C_{ET} 公式为 $C_{ET}=C+(Mn+Mo)/10+(Cr+Cu)/20+Ni/40$，CCS 推荐该公式应用于屈服强度高于 460MPa 等级的钢[6]，标准 EN 1011-2：2004[142] 和 EN ISO 1011-2[143] 推荐该碳当量公式；ABS 采用该公式指导强度级高于 460MPa 钢材的设计。

式（6-2）中并不含硼元素，但当前超高强度钢（屈服强度>690MPa 的钢材）普遍含有微量的硼，使式（6-2）评价超高强度钢焊接性时出现一定偏差。日本学者伊藤提出的焊接冷裂纹敏感系数 P_{cm} 为

$$P_{cm}=C+\frac{Mn}{20}+\frac{Si}{30}+\frac{Cu}{20}+\frac{Ni}{60}+\frac{Cr}{20}+\frac{Mo}{15}+\frac{V}{10}+5B \tag{6-3}$$

式（6-3）适用于 $w_C<0.18\%$ 的高强度淬火回火钢（即调质钢）。ABS 规定碳的质量分数不超过 0.12% 的 TM 和 QT 钢采用式（6-3）评价冷裂纹敏感性[7]；CCS 推荐该公式用于碳的质量分数不大于 0.12% 的 TMCP 钢和 QT 钢，替代碳当量公式[6]，BV 采用了式（6-3）计算的 P_{cm} 值衡量焊接结构用高强度淬火回火钢的焊接性[8]。在日本焊接工程协会标准 WDES-l35《焊接结构用高强度钢》中规定了 P_{cm} 的允许值。

碳当量法和冷裂纹敏感系数法是直接从合金化角度评估焊接性，考虑了相对力学性能的影响，间接考虑应变强化和晶粒细化等组织状态因素对力学性能的影响，适用于材料设计阶段焊接性的粗略评估。

高强度船体结构用钢的含碳量较低，焊接热输入没有严格的限制。这些钢的脆化、冷裂倾向小，小热输入焊接时冷裂倾向也不大。但为提高过热区塑性和韧性，热输入偏小一些有利；为降低淬硬倾向，防止冷裂纹的产生，焊接热输入应偏大一些。对于含 V、Nb、Ti 的钢种为降低由沉淀相的溶入以及过热区晶粒粗大引起的脆化，应选择较小的焊接热输入，考虑适当的预热，可同时避免冷裂和粗晶脆化。

（1）焊接方法和焊接材料　高强度钢对焊接方法无特殊要求，常用的焊接方法如焊条电弧焊、埋弧焊、气体保护焊都可选用。焊接方法的选择主要根据材料的厚度、产品结构和具体施工条件来确定。

焊接材料选择原则是保证焊缝金属的强度、塑性和韧性等力学性能与母材相匹配，同时考虑接头的抗裂性。一般要求焊缝中的碳的质量分数不超过 0.14%，其他合金元素含量一般也低于母材，具体选用见表 6-10。

表 6-10　高强度船体结构用焊接材料选用

钢材等级	焊材级别							
	1Y	2Y	3Y	4Y	2Y40	3Y40	4Y40	5Y40
AH32、AH36	*	*	*	*	*	*	*	*
DH32、DH36		*	*	*	*	*	*	*
EH32、EH36			*	*		*	*	*
FH32、FH36				*			*	*
AH40					*	*	*	*

（续）

钢材等级	焊材级别							
	1Y	2Y	3Y	4Y	2Y40	3Y40	4Y40	5Y40
DH40						*	*	*
EH40						*	*	*
FH40							*	*

注："＊"为适用。

（2）焊接工艺 确定焊接工艺的要点是防止过热区脆化和冷裂纹，特别是厚板焊接时。

① 预热温度。一般 C_{eq} 小于 0.4% 时可不预热；C_{eq} 大于 0.4% 时，C_{eq} 越高，预热温度越高。此外焊接冷却速度越快（即板厚越大或环境温度越低）、拘束度越大、含氢量越高则预热温度越高。

② 焊后热处理。热轧和正火钢焊接船体结构，除电渣焊后因晶粒严重长大需正火处理外，一般不需要焊后热处理。

6.3 焊接结构用高强度钢、特殊性能钢及其焊接

在船舶工程用钢板、扁钢和型钢中，除了一般强度船体结构用钢、高强度船体结构用钢外，将采用特殊工艺或适用于特殊使用环境的材料定义为特殊高强度钢，其种类有焊接结构用高强度钢、锅炉与受压容器用钢、机械结构用钢、低温韧性钢、不锈钢、复合钢板、Z 向钢、适应高热输入焊接的船体结构用钢、锚链及其附件用轧制圆钢等。此外，还有钢管、铸钢/铁件和锻钢/铁件等。以下简要介绍焊接结构用高强度钢和特殊性能钢。

6.3.1 材料的力学性能

1. 焊接结构用高强度钢

海洋结构工程的热轧、细晶、可焊接高强度结构钢按其最小规定屈服强度分为 420MPa、460MPa、500MPa、550MPa、620MPa、690MPa、890MPa、960MPa 共 8 个等级，另有 1100 和 1300MPa 级已见研究报道。除屈服强度 890MPa 和 960MPa 未设 F 韧性级外，其他各强度级按冲击试验的温度分为 A、D、E 和 F 共 4 个韧性级，力学性能见表 6-11。

表 6-11 焊接结构用高强度钢的力学性能

钢级和交货状态		屈服强度 R_{eH}，不小于 /MPa			抗拉强度 R_m /MPa		伸长率 A_5 不小于 （%）		V 型缺口冲击试验		
		名义厚度 t/mm							温度 /℃	平均吸收能量 不小于 /J	
		≥3~50	>50~100	>100~250	≥3~100	>100~250	横向	纵向		横向	纵向
H420N/NR H420TM H420QT	A	420	390	365	520~690	470~650	19	21	0	28	42
	D								-20		
	E								-40		
	F								-60		

（续）

钢级和交货状态		屈服强度 R_{eH}，不小于 /MPa			抗拉强度 R_m /MPa		伸长率 A_5 不小于 （%）		V 型缺口冲击试验		
		名义厚度 t/mm							温度 /℃	平均吸收能量 不小于 /J	
		≥3~50	>50~100	>100~250	≥3~100	>100~250	横向	纵向		横向	纵向
H460N/NR H460TM H460QT	A	460	430	390	540~720	500~710	17	19	0	31	46
	D								−20		
	E								−40		
	F								−60		
H500N/NR H500TM H500QT	A	500	480	400	590~770	540~720	17	19	0	33	50
	D								−20		
	E								−40		
	F								−60		
H550TM H550QT	A	550	530	490	640~820	590~770	16	18	0	37	55
	D								−20		
	E								−40		
	F								−60		
H620TM H620QT	A	620	580	560	700~890	650~830	15	17	0	41	62
	D								−20		
	E								−40		
	F								−60		
H690TM H690QT	A	690	650	630	770~940	710~900	14	16	0	46	49
	D								−20		
	E								−40		
	F								−60		
H890TM H890QT	A	890	830	—	940~1100		11	13	0	46	49
	D								−20		
	E								−40		
H960QT	A	960	—	—	960~1150	—	10	12	0	46	49
	D								−20		
	E								−40		

高强度钢交货的热处理状态主要有 N/NR、TM 和 QT；当屈服强度超过 690MPa 时，钢材主要是 QT 和 TMCP 两类供货状态。

高强度船体结构用 QT 钢是经过完全脱氧和细晶处理的镇静钢，加入了用于合金化和细化晶粒的元素，碳、硅、锰、磷、疏、氮的含量有明确要求，如 $w_C \leqslant 0.18\%$、$w_{Mn} \leqslant 1.70\%$、$w_{Si} \leqslant 0.80\%$、$w_{Ni} \leqslant 2.00\%$、$w_{Cr} \leqslant 1.50\%$，属于低合金钢，且以淬火加回火状态（即调质态）交货，属于低碳调质钢，系列处理后晶粒度 ≥6，显微组织得到细化。与 TMCP 钢相比，具有稍高的含碳量。稍高的含碳量和加入合金元素的目的是提高淬透性。淬火后得到高强度和高硬度的低碳马氏体和下贝氏体，淬火后紧随回火工艺，以恢复部分韧性。这类钢可用于平台结构、军用舰船、潜艇及其他重要船舶工程结构以及海洋平台。

高强度船体结构用 TMCP 钢化学成分范围为：$w_C \leq 0.14\%$、$w_{Mn} \leq 1.0 \sim 1.70\%$、$w_{Si} \leq 0.60\%$、$w_{Ni} \leq 2.00\%$ 以及 $w_{Cr} \leq 0.50\%$。钢材生产过程中在奥氏体区间控制塑性变形量，破碎奥氏体晶粒，使铁素体晶粒细化；合金元素的碳、氮化物在铁素体中析出，强化基体，一般母材显微组织为贝氏体和铁素体的双相混合，此外还有少量马氏体、奥氏体等。与同强度级的 QT 钢相比，含碳量稍低，微量合金元素量稍高，目的是细化晶粒，促使沉淀强化；碳当量低，焊接工艺具有低的预热温度或可不预热的特点。

2. Z 向钢

1966 年英国焊接研究所经对 110 种钢材的统计分析得出以下结论：当钢材厚度方向的断面收缩率 $Z \geq 15\%$ 时，一般不会产生层状撕裂。

Z 向钢是因结构中承受厚度方向拉伸载荷而对钢材厚度方向有性能要求的厚度不小于 15mm 的板材与扁钢。Z 向钢是在某一等级结构钢（称为母级钢）的基础上经过特殊处理（如钙处理、真空脱气、氩气搅拌等）和适当热处理的钢材。由于在冶炼中采用钙或稀土处理以及除气等特殊措施，Z 向钢具有低 S、低气体含量和高的 Z 向（即厚度方向）断面收缩率等特点，因此被称为抗层状撕裂钢。

Z 向钢根据厚度方向拉伸试样断面收缩率的大小分为 Z25 和 Z35 两个级别。Z 向钢的标记是在母级钢的标记后面加上 Z 向钢等级的后缀 Z25 或 Z35，如 EH32-Z35 表示为具有最小厚度方向断面收缩率为 35% 的 EH32 级船体结构用钢。其中，船体结构用钢包括一般强度船体结构用钢、高强度船体结构用钢、焊接结构用高强度钢，锅炉与受压容器用钢、机械结构用钢、低温韧性钢、奥氏体不锈钢和双相不锈钢、复合钢板、Z 向钢、适应高热输入焊接的船体结构钢、锚链及其附件用轧制圆钢。船用钢板厚度为 50 ~ 100mm、屈服强度不小于 460MPa 的高强度船用钢的焊接，工艺检验时还需满足厚度方向上检验要求。

Z 向钢是典型的 TMCP 供货状态。此类钢的沉淀相热稳定性好，有效抑制焊接接头热影响区的晶粒粗化以保障焊接性，因而 Z 向钢焊接性优良，具有很高的抗层状撕裂能力。例如，我国的专用 Z 向钢 D36，30mm 厚时的 Z 向断面收缩率为 55% 左右。在 Z 向拘束应力很大的 Z 向窗口试验中，不预热也不产生层状撕裂。最有代表的是英国的 A 级（为最好）抗层状撕裂钢 BS4360-50D，使用厚度达 64mm，碳当量为 0.39%，夏氏 V 型缺口冲击吸收能量值在 -20℃ 时为 213.7J，其已广泛应用于钻井平台结构，焊后从未发生过层状撕裂。

3. 适应高热输入焊接的船体结构钢

高热输入焊接是指在厚板或大厚板焊接时为提高效率而采用的双丝或三丝埋弧焊、电渣焊。高热输入焊接适应性的钢材是适应采用最高热输入超过 5kJ/mm 焊接工艺用钢。标记是在母级钢标记后加上适应最高热输入的方式，如 AH32-W60 是指适应于最高焊接热输入 6kJ/mm 的 AH32 级高强度船体结构钢。

高热输入钢也属于微合金正火钢。钢中加入了微量 Ti（$w_{Ti} = 0.02\%$）等元素，利用 TiN 的质点来抑制晶粒的长大，改善热影响区的韧性。这种钢碳的质量分数小于 0.10%，碳当量 $\leq 0.36\%$，焊接性好，高热输入量焊接时过热区的脆化和软化现象较少。

4. 管线用钢

这类钢主要用于制造输送石油和天然气的管道，如 X60、X65、X70 等。管道工作环境恶劣，尤其在北极地区，对钢材的韧性要求极为苛刻。对于氢气管道，氢在一定压力下易于侵入材料内部，诱发氢脆性。为提高淬透性，X70、X80 管线钢中加入了少量 Ni、Cr 和 Cu，特别是 Mo，将铁素体的形成推迟到更低的温度，而有利于贝氏体低温转变。为了满足低温、氢环境下钢的应用，管线用钢的生产还采用 TMCP 以及加速冷却等先进技术，得到韧性优异的显微组织，如 X80 管线用钢显微组织为马氏体和奥氏体的双相组织，是一种高强度、高韧性细晶粒低碳贝氏体钢。X120 管线用钢显微组织则以板条马氏体为主。

6.3.2　焊接用高强度钢的焊接性

材料焊接性方面，CCS 采用式（6-2）和式（6-3）计算的焊接用高强度钢的碳当量，随强度增加，焊接性由 Ⅱ 区向 Ⅲ 区移动，H620 钢的焊接性已移到难焊区 Ⅲ，如图 6-7 所示。

1. 热影响区的显微组织状态

不同于一般强度船体结构用钢，焊接用高强度钢中合金含量不同。合金含量的增加使临界点发生变化，见式（4-12）的 Ac_3、式（4-17）的 Ms 和式（4-20）的 Bs。而且，不同强度钢的合金含量不同，对应不同的奥氏体连续冷却组织转变图，

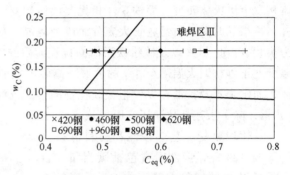

图 6-7　焊接用高强度钢的碳当量

因而有不同的淬硬倾向和临界冷却速度，使焊后冷却过程中，热影响区的相变并不相同，形成不同的常温相分数。

以 690MPa 级钢为例，化学成分（质量分数）为 C：0.15%，Si：0.3%，Al：0.08%，Mo：0.29%，Mn：1.7%，Ni：4.0%，Cr：1.5%，Nb：0.06%，P：0.02%，N：0.015%，S：0.01%，B：0.005%，其余为铁。供货状态为 QT。计算的 Ac_1 和 Ac_3 分别为 750℃、910℃。以 2.2kJ/mm 焊接线能量加热至 1300℃，保持 2s，再以 17℃/s 冷却速度通过 800~500℃区间。冷却下来后，重新加热至 750~800℃区间以模拟后道焊接的热影响，得到的显微组织状态和力学性能见表 6-12。

表 6-12　显微组织状态比较

区域	晶粒尺寸 /μm	相分布	MA 面积 （%）	MA 长度 /μm	R_{eL} /MPa	CTOD /mm	硬度 HV
母材	15×7.5	29%TM+64%TB+7%F	—	—	730	0.08	270
粗晶区	35×17	6%M+88%ATM+6%CM	4	0.79	950	0.022	380
内临界重结晶区	46×29	8%M+12%ATM+5%BF +71%GB+4%F	14	0.83	690	0.067	315

注：TM 为回火马氏体，TB 为回火贝氏体，ATM 为自回火马氏体，CM 为合并马氏体，BF 为贝氏体铁素体，GB 为晶状贝氏体。

在各显微组织状态参数中，焊接热影响区的位错密度测量数据较少。

2. 热影响区的力学性能

参见估算式（2-14）可知，热影响区呈现混合相的显微组织状态特征，使热影响区呈现

不均匀的力学性能。在力学性能试验如拉伸试验、冲击试验和硬度测量中，热影响区成为焊接接头破坏最为频繁的区域。按照降低力学性能匹配性的影响，可分为软化（或硬化）和脆化两大类。

（1）热影响区的软化　热影响区的软化是指热影响区硬度低于母材的现象，常伴随拉伸曲线中强度的降低。由式（2-1）可知软化的机制，晶粒尺寸粗大、沉淀相粗大与偏析均可能导致软化，而这些诱因在高强度钢的焊接热影响区均可能存在。高强钢软化程度约为 6%～60%[144]。

粗晶软化发生的区域在过热区、内临界区和重结晶区。过热区高温停留时间长，奥氏体晶粒长大时间充分；内临界区在加热过程中发生不完全的奥氏体化，其中珠光体类型或马氏体相发生奥氏体转变，而铁素体相无奥氏体相变，在热循环作用下发生再结晶，对铁素体而言，再结晶时间长，晶粒长大充分而成为粗晶，如690E钢经过焊接热循环后，该区的组织为块状 B、退火 M 以及针状铁素体晶粒长大后的粗大铁素体[145]；重结晶区在热循环中峰值温度处于母材回火温度至 Ac_1 的区域，高强度钢的马氏体相中的碳脱溶沉淀，形成退火马氏体，而碳来不及扩散，以较粗大碳化物的形式沉淀于晶界，降低了固溶强化效果。对于 TM-CP 钢，除了上述软化，还有时效软化[146]。

软化现象受工艺焊接性和材料焊接性的影响。材料焊接性因素包括碳当量、合金元素以及供货状态等，如 QT 系列的钢中，随碳当量增大，软化现象先加剧后变缓，如图 6-8[135,147~149] 所示，原因在于晶粒粗化引起的软化与碳当量增加引起的材料淬透性增加两种趋势的综合作用，晶粒粗大降低强度，而随碳当量增加，材料的淬透性增加，材料得到强化。钢中含有适量抑制晶粒长大的合金元素，如 Al、V、Ti

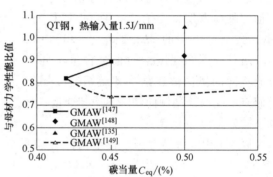

图 6-8　软化与碳当量关系

和 Nb 等强碳化物形成合金元素，在供货状态下（如正火）合金元素的存在形态为晶内的氮、碳化物沉淀相。在焊接热循环过程中，阻碍相/晶界的迁移，钉扎晶界（见式（2-7），沉淀相尺寸越小，如纳米量级，钉扎晶界效果越好），从而抑制奥氏体和铁素体晶粒的长大。同强度级的 TMCP 钢中含有合金元素高于 QT 钢的，粗晶软化趋向较小。例如，690MPa 强度级的 QT 钢和 TMCP 钢在相同焊接工艺条件下，过热区原奥氏体晶粒尺寸分别为 106 μm 和 57 μm。此外，对于 QT 来说，在材料热处理的淬火+回火工艺中，若回火温度越低，焊后的软化程度越大。

工艺焊接性因素包括焊接热输入量、焊接能量密度和预热温度等。大的焊接热输入量，高温停留时间长，粗晶区的沉淀相如 V、Ti 和 Nb 的碳化物发生固溶，降低了钉扎晶界抑制奥氏体长大的效果，粗晶区奥氏体晶粒和内临界区的铁素体晶粒显著长大，软化现象加剧，特别是 QT 状态的钢，如图 6-9 所示。热输入量对 TMCP 钢焊接性的影响，似乎存在一个相对优化的工艺窗口。Dzioba 等采用 0.18kJ/mm 的 LW 和 0.7kJ/mm 的 GMAW 焊接960钢，未发现明显的软化[146]。但小的焊接热输入量，高强度钢的重结晶区软化可能性增加[146]。采用低密度热输入的焊接方法时，则高温停留时间长，碳化物充分长大，软化区域变宽而易于断裂；采用高密度热输入的焊接方法时，则软化引起的塑性变形被硬的周边区域限制而非常窄，使重结晶区不至于成为接头强度的薄弱区域[144]。

高的预热温度，对于 TMCP 钢而言，软化程度加重，软化区域加宽。

相对地，高强度钢的热影响区还常见硬化现象，发生在细晶区，还有可能在粗晶区。原因在于高强度钢因高的碳和合金元素含量，淬硬倾向大，容易得到马氏体组织而使硬度增加。

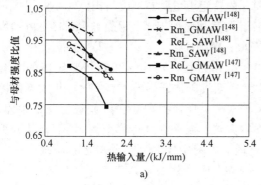

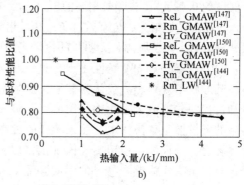

a)　　　　　　　　　　　　　　　　　　b)

图 6-9　焊接热输入量对软化的影响[144,147,148,150]

a）QT 690　b）TMCP 690

可以看出，软化对于焊接用高强度钢而言，材料的供货状态、合金化以及焊接工艺因素对软化的影响结果还较为发散，与影响因素的相互作用相关，在焊接规范的合理区间范围方面，研究成果较为一致，如合适的热输入范围。

（2）热影响区脆化　脆化是指塑性和韧性下降的现象。在冲击试验中，韧度低于母材；而在拉伸曲线上，体现在没有硬化曲线部分。力学性能试验的断口形貌呈脆性。高强度钢韧性下降幅度大，如图 6-10 所示。由式（2-16）的 DBTT 公式可知显微组织中晶粒尺寸分布不均匀、第二相、合金元素以

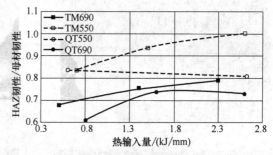

图 6-10　高强度钢的脆化现象[150]

及 MA 组元等，均使韧脆转变温度降低。此外，非显微组织状态因素，如氢脆、内应力的脆性，在高强度钢的热影响区也常见。

脆性第二相的断口图往往呈解理或河流花样，河流花样的汇合处往往可见颗粒状，即裂纹源，化学成分测量发现往往是致脆的冶金因素。测量裂纹源或可能诱因的尺寸，采用式（1-2）计算断裂应力。该应力与载荷-裂纹形核能量曲线（图 1-9）计算的断裂应力对比，若两者吻合，则可证实致脆原因。高强度钢热影响区的脆性第二相，有上贝氏体组织、魏氏组织、马氏体-奥氏体组元以及粗大析出相等，还有的第二相是粗大奥氏体冷却时转变而来的，如高碳马氏体（过热区碳和氮固溶量高），有时脆性因素处还会出现应变集中的现象（可采用 EBSD 测量）。

按照脆性原因，高强度钢焊接热影响区的脆性可分为粗晶脆性、析出脆性、热应变脆性和氢脆等。

1）粗晶脆性。粗晶在冷却过程中可能产生一系列不利的组织转变，如魏氏体、粗大的马氏体、塑性很低的混合组织（由铁素体、高碳马氏体和贝氏体组成）和 MA 组元；过热区金属碳、氮固溶量的增加，导致过热区韧性降低和时效敏感性增加；含钛钢（Ti 的质量分数约 0.22%）热输入过大时，过热区的 TiN、TiC 都向奥氏体内溶解。钛的扩散能力低，在随后的冷却过程中，即使大热输入条件下也来不及析出而停留在铁素体中，可显著提高铁素体的显微硬度，降低材料的冲击韧性。因而近代生产的大热输入钢中钛的质量分数都限制得很低（约 0.02%）。含碳量稍高的钢（$w_C \geq 0.2\%$），脆性组织主要是高碳马氏体。小的焊接热输入，预防晶粒粗大，可有效避免过热区粗晶脆性。与其他脆性相比，粗晶脆性断口是解理面尺寸较均匀、无裂纹源、无明显的化学成分集中现象，解理面尺寸与式（1-2）较吻合。

2）MA 脆性。MA 脆性由 MA 组元诱发。MA 组元为脆性马氏体和软相奥氏体的混合体，其形状不规则。一般认为其形成机制是：温度冷至贝氏体开始转变温度时，粗大奥氏体冷却过程中先形成无碳化物贝氏体（上贝氏体或铁素体贝氏体）（图 4-30b）或块状铁素体，多余的碳扩散至奥氏体中，使未转变的过冷奥氏体富碳。温度继续冷却至 Ms 以下，部分奥氏体转变为马氏体，残留奥氏体（因富碳，Ms 更低，如图 4-16 所示，而稳定）形成高碳马氏体与残留奥氏体混合物，即 MA 组元。约 20% 的 MA 以岛状形态分布在块状铁素体晶内，约 80% 的 M 形成于晶界特别是多晶粒的交叉界面，如图 6-11a 所示。在高强度钢厚板的多层

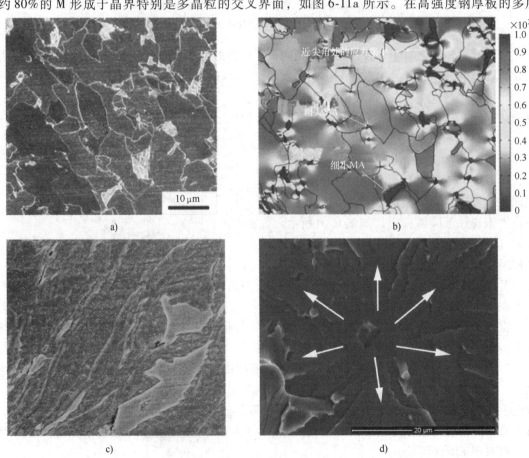

图 6-11　脆性机制

a）MA 分布　b）应力集中（单位为 MPa）　c）与基体的剥离　d）自裂形貌

多道焊中，一般以小的热输入焊接，后道工序对前道工序的焊接热影响区（如粗晶区）重新加热处理，极易诱发 MA 组元。此时，前道焊接形成的粗晶区，在后道焊后冷却时，晶粒粗大的奥氏体在快速冷却过程中，粗晶晶内的奥氏体来不及转变而粗晶外层已转变为马氏体，形成了 MA 组元。

MA 组元边界成分主要由 C、Mn、Mo、Ni 和 Cr 的聚集而成，而 Si、Cu、Al 和 P 很少[151]。高强度钢的沉淀相 TiN 和 Nb（CN）等对 MA 脆性也有促进作用[149]。

MA 组元的含碳量高于基体，硬度高，塑性差，而基体铁素体或贝氏体塑性好，承载时 MA 组元与基体变形不一致，边界出现严重应力集中，如图 6-11b 所示，应变不协调使 MA 组元剥离基体，如图 6-11c 所示，成为脆性断裂的裂纹起源，断口类似"自裂"状形貌，如图 6-11d 所示。根据 Griffith 公式即式（1-2），取 $\gamma_s = 8 \sim 14 \text{J/m}$ 时，则 MA 组元临界尺寸为 $2\mu m$ 左右时，达到临界应力而产生脆性开裂；更多研究认为组元大于 $1\mu m$ 即诱发裂纹[18]。MA 组元在晶界呈链状分布时，由式（1-2）可知，脆性大（c 可视为脆性组元尺寸）。当 MA 体积分数超过 6% 即可导致韧性显著恶化。

MA 组元形成条件：奥氏体晶粒粗大，即有过热条件，即粗晶区常见，或在多层焊中，焊接时 MA 组元形成在上一焊道的粗晶区；其次，冷却速度的影响，在形成上贝氏体的冷却速度，冷却速度太快或太慢都不能产生 MA 组元；第三是有一定的含碳量，一般强度船体结构用钢的焊接热影响区中很少见到 MA 组元。因此，MA 组元的影响因素既有材料焊接性因素，又有工艺焊接性因素。

MA 尺寸与碳当量和 $t_{8/5}$ 关系如图 6-12 所示，随 $t_{8/5}$ 增加和碳当量增加，MA 尺寸呈增大趋势。此外，研究表明，减少和降低上贝氏体质量分数可有效避免 MA 脆性。过短的 $t_{8/5}$ 时间，不利于马氏体回火分解和 MA 组元的分

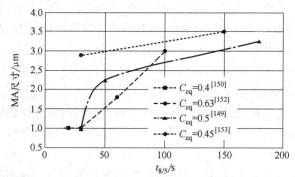

图 6-12　碳当量、$t_{8/5}$ 对 MA 尺寸影响[149,150,152,153]

解，且得到 100% 低碳马氏体，韧性不是最好；过长的 $t_{8/5}$，需要增加热输入，增加过热区的粗晶，而且会因产生粗大的上贝氏体和块状 MA 组元，脆性增加。可见，QT 钢焊接时一般有一个韧性最佳的 $t_{8/5}$ 时间，在这时得到低碳马氏体、（10%~30%）贝氏体的混合组织，韧性最好，对应的 $t_{8/5}$ 为 18s[154]。

3）析出脆性。析出脆性是由第二相析出诱发的脆性。焊接快速加热和冷却的热循环使热影响区处于非平衡状态。在时效或回火过程中，其过饱和固溶体（如马氏体）中将析出碳化物、氮化物、金属间化合物及其他亚稳定的中间相等，当析出相以块状或沿晶界以薄膜状分布时，会阻碍位错运动，使塑性变形难以进行，这种因析出相而使材料的强度、硬度和脆性增加的现象称为析出硬化。若析出物以弥散的细晶粒分布于晶内或晶界，有助于改善韧性。脆性估算可按式（1-2），在断口形貌中化学成分检测可鉴定析出相。

4）热应变脆性。受热温度在 Ac_1 以下，尤其最高加热温度在 200~400℃ 的区间（蓝脆温度区间）会出现韧性显著下降。由于脆化发生在焊接过程中，在热和应变同时作用下产生的一种应变时效脆化，故称为热应变脆化。应变时效脆化原因在于热应变引起位错增殖且

焊接热循环状态下原子扩散能力增加，使碳、氮原子析出并集中到位错周围，或杂质偏聚，发生时效。而杂质或碳化物钉扎位错和阻塞位错运动，导致脆化。QT钢含有较多固氮元素，如Al，焊接时热应变脆化不明显。热应变脆性的断口形貌中可测到应变集中的现象，结合化学成分检测，可确定脆性的冶金和力学原因。

5）氢脆或冷裂纹。高强度钢的氢脆现象较一般强度钢更为常见，特别是其粗晶区，原因在于高强度钢熔池高温下氢溶解度高，来不及逸出的氢存留在焊缝中。例如，960钢在$t_{8/5}$时间为7s时得到的热影响区氢溶解度达$1.8 \times 10^{-4}\%$，其中可扩散氢为$1.4 \times 10^{-4}\%$[135]。粗晶区邻近熔合线，在焊接高温状态下，使氢有能力且来得及从焊缝扩散至过热区。另一方面是粗晶区的淬硬条件。晶界是常见氢陷阱，激活能小，属于可逆氢陷阱（见4.1节【知识拓展】），氢易于聚集；而粗晶晶界面大，可容纳氢的量大；粗晶区的马氏体、上贝氏体以及铁素体相等，断裂表面能低。这三点原因使得粗晶区氢脆敏感性是热影响区最大的区域，极易在拉应力作用下导致氢脆或开裂。氢脆机理见3.4节，氢断口形貌常见白点或微裂纹。

材料因素对氢脆敏感性方面，高强度钢合金含量高，Ms点较高，如图4-16和式（4-17）所示，有利于马氏体自回火而降低氢脆倾向；另一方面，高强度钢高的碳当量使其淬硬倾向大。QT钢含有微合金Nb，与碳形成的碳化物，在粗晶区热循环温度时发生溶解，降低了钉扎晶界阻碍晶粒长大的作用。TMCP钢微合金Ti，形成的碳化物分解温度在1300℃以上，因而热循环作用下仍能有效钉扎粗晶区晶界，阻碍粗晶区晶粒长大；其次，钛化物诱捕氢后形成不可逆陷阱而避免氢的扩散；第三，TMCP钢在Ac_3线以上轧制过程中形成细小奥氏体晶粒和多的晶核数量，使随后快冷的组织晶粒细小，因而较QT钢有较高的抗氢脆能力。

工艺因素对氢脆敏感性方面，热输入量大或预热和后热情况下，冷却速度快，高温停留时间长，有利于马氏体的自回火，提高马氏体韧性，避免冷裂；但易使晶粒粗大，增加氢脆敏感性。小的热输入量，高强度钢因合金含量高而淬硬倾向大，易得到马氏体，在来不及回火以及有大的组织应力情况下，脆性倾向大，氢脆敏感性大。因而过大和过小的热输入量均易产生氢脆。

目前工程上采用消氢热处理，在焊接工艺结束后，对焊道处加热，温度升高，缺陷中可逆氢陷阱中氢率先被激活而运动，从而使氢向钢材外扩散以得到消除。加热的方法主要有火焰加热。

3. 焊接工艺

热轧和正火供货状态钢材采用常用的焊接方法，如焊条电弧焊、埋弧焊和气体保护焊。焊接材料的选择原则是保证焊缝金属的合金化，使其强度、塑性和韧性等力学性能与母材相匹配，同时考虑接头的抗裂性。一般要求焊缝中碳的质量分数不超过0.14%，其他合金元素含量一般也低于母材。在厚板、低温或强度级别高的情况下，为防冷裂应选用低氢型焊条。

工艺要点在于防止过热区脆化和冷裂纹。采用预热方法，并控制热输入，并注意焊后处理。

（1）预热　焊前将待焊部位加热到一定温度，然后立即施焊，称为预热。当热输入提高到最大允许值时，裂纹还不可避免则需要预热。预热可以减小接头焊接温度不均匀分布的程度,因而可降低焊接应力,有利于降低裂纹率;预热可减慢焊后的冷却速度,有利于控制 $t_{8/5}$ 时间和增加马氏体转变速度,使马氏体自回火作用提高抗裂性;预热可降低结构的拘束度,特别是角接接头。预热温度和层间温度的选择需要考虑的因素有母材和焊条的碳当量、焊接结构的刚性、焊接方法以及环境温度等。一般 C_{eq} 小于 0.4% 时可不预热。C_{eq} 大于 0.4% 时,C_{eq} 越高,预热温度越高。此外焊接冷却速度越快(即板厚越大或环境温度越低)、拘束度越大、含氢量越高,则预热温度越高。GMAW 焊接的预热温度 70℃、120℃、150℃ 和 180℃ 对低温冲击韧性影响试验,结果表明,预热/层间温度为 70℃ 时的 Q690E 钢的低温(−37℃)冲击韧性最好;随温度升高,韧性变差,120℃ 和 150℃ 的预热对韧性影响不大,而预热温度为 180℃ 韧性最低[145],说明材料往往有一个防冷裂的最低预热温度。多层焊时层间温度不得低于预热温度。

(2)焊接热输入量 钢的 C_{eq} 不超过 0.5% 时,有一定的淬硬倾向,因而对于厚板往往需要进行预热,薄板可不考虑预热;C_{eq} 大于 0.5% 时,钢的淬硬倾向和冷裂倾向高,控制热输入、预热和焊后热处理等措施可预防裂纹。按规定,在焊接 960MPa 强度级及以上的 QT 钢时须采用钨极氩弧焊或电子束焊等高能量密度的焊接方法。对强度级低于 960MPa 的调质钢来说,原则上 SAW、GMAW、TIG 和 LHW 以及 EBW 等都可采用,但对强度级大于 686MPa 的钢材来说,GMAW 是应用和研究最多的自动焊工艺,且 $t_{8/5}$ 时间一般控制在 10~20s 范围,确保在 800~500℃ 之间的冷却速度大于产生脆性混合组织的临界温度,同时,降低 Ms 点附近的冷却速度,防止冷裂。如果必须采用热输入量大的方法,焊后必须调质处理。含碳量低的热轧钢(09Mn2、09MnNb 等)以及含碳量偏下限的 16Mn 钢焊接时,焊接热输入没有严格的限制。因这些钢的脆化、冷裂倾向小,小热输入焊接时冷裂倾向也不大。但为提高过热区的塑韧性,热输入偏小一些有利。当焊接含碳量偏高的 16Mn 时,为降低淬硬倾向,防止冷裂纹的产生,焊接热输入应偏大一些。对于含 V、Nb、Ti 的钢种为降低由沉淀相的溶入以及过热区晶粒粗大引起的脆化,应选择较小的焊接热输入。对含碳量和合金元素较高的 490MPa 级的正火钢(如 18MnMoNb),淬硬性增加,随热输入减小,过热区冲击韧性下降,冷裂倾向增加。比较合理的方法是:较小热输入加适当预热,可同时避免冷裂和粗晶脆化。从防冷裂出发,要求冷却速度慢,焊接热输入高,但对防止脆化来说却要求冷却速度较快。通过工艺试验确定其冷却速度的允许范围,其下限取决于不产生冷裂,而上限取决于不出现脆化组织。

(3)焊后热处理 焊缝完成后立即进行的热处理,为焊后热处理,其目的有三:消氢、消减残余应力以及改善焊缝组织和性能,消氢处理温度为 200~350℃,保温 2~6h,有助于焊缝及热影响区中氢的逸出。消应力处理相当于高温回火,缓慢冷却,可有效降低应力峰值。不稳定的淬硬组织经焊后热处理可以稳定,以改善焊接接头的塑性和韧性。

【知识拓展】 高强度钢脆性断裂机制分析

高强度钢焊接接头的力学性能与母材的匹配性是高强度钢的主要焊接性问题。焊缝的力学性能在焊丝保障情况下,一般易于热影响区达到匹配性要求,而热影响区由于被动接受热影响而成为性能最为敏感的区域。断裂类型见 6.1 节【知识拓展】,其中脆性原因分析是材料设计和工艺设计的重要手段。脆性原因分析一般需结合显微组织图、断口形貌图及化学成分的 EDS 或 XRD 测量、XRD 的相分析以及力学性能实验。断口形貌的解理面即反映晶粒尺寸，与由断裂应力根据式（1-2）计算的临界尺寸进行比较，结果可互相印证。

当晶向相同或相近时，小角度晶界比例高，韧性低，脆性大。晶向角度 可用 EBSD 极图测量。各类断口形貌见表 6-13。

表 6-13　各类断口形貌

类型	断口形貌	辅助判据	特征
夹杂物脆性断裂			断口见裂纹源，裂纹扩展方向由裂纹源向四周。裂纹源处成分测量结果中含 Si、Ti、O 等
MA脆断			由 MA 向四周呈辐射状，河流解理面平滑，剥离脆性 由裂纹源头的形状可估计 MA 尺寸（底部无河流处的自裂开口），或为 Twin 马 氏 体（Mohse-ni[155]） 成分中含碳量略高
粗大析出相脆断			小角度晶界多，如 BF，铁素体块 穿过 PAGB 的大解理面的穿晶断裂 大热输入的粗晶区发生
			铁素体附近有 Ti(N)、Al、Si、Mn、O 和 Nb(CN)，非金属夹杂，辐射状；未溶氧、氧化的 Ti、Al、Si 等（熔点以上）；促进解理形核 在粗晶区、内临界区、临界温度以下区域都会发生

（续）

类型	断口形貌	辅助判据	特征
粗晶区脆断			沿先析奥氏体晶界的大解理面，扩展耗能小，开裂临界应力采用式(1-2)估算 在粗晶区发生
氢脆 HE	 微孔洞	 位错纳米结构	局部塑性氢脆(HELP)：穿晶、解理面、河流花样中心的微孔(无第二相颗粒)、撕裂棱(TEM测撕裂棱下方是高密度位错)。与脆断的撕裂棱区别在于脆断的应变是由裂纹的位移产生的。局部塑性是大应变产生的，存在集中位错，可由 EBSD 测量验证
	 微裂纹		HEDE 氢脆：原子聚合力断裂；解理面、微孔、撕裂棱(颗粒状，沿晶断裂)

6.4　低温韧性钢及其焊接性

　　低温韧性钢是指用于低温（-10～-196℃）的钢，CCS 船级规范的低温从-40℃起算[6]。这类钢在低温下不仅具有足够的强度，更重要的是具有足够的冲击韧性。船舶工程领域的低温钢主要应用于液化气运输船的货舱与管道等结构。

　　钢的"低温"韧性体现在韧脆转变温度低于服役温度。韧脆转变温度与显微组织状态有关，一般体心立方晶格结构的钢材随温度下降，屈服强度快速增加，脆性倾向也增加，有明显的韧脆转变；面心立方晶格结构的钢材随温度下降，强度增加，而塑性和韧性仍保持较高水平。缩小钢奥氏体相区的合金元素，如碳、硅、磷、硫和氮等，韧脆转变温度高，其中磷的影响最为显著；相反，扩大钢奥氏体相区的合金元素，如锰、镍等，是降低 Ms 点的合金元素，奥氏体在低温下仍稳定，韧脆转变温度低。由式（4-17）可知，每增加 1% 的镍，韧脆转变温度约可降低 18℃ 左右。此外，显微组织的晶粒越细小，韧脆转变温度越低。例如，碳的质量分数为 0.2% 的碳素钢的韧脆转变温度在-20℃ 左右。碳素钢中含有使晶粒得到细化、第二相晶粒尺寸和分布状态得到优化的合金元素，可以降低韧脆转变温度，见式（2-16）。

6.4.1 低温韧性钢的力学性能

低温韧性钢按晶格点阵类型来分，有体心立方的铁素体低温钢和面心立方的奥氏体低温钢两大类；低温韧性钢按合金成分来分，有碳锰钢和镍合金钢两大类。其中，碳锰钢按最小屈服强度划分为315MPa、355MPa和390MPa级，韧性等级用符号CL-Ⅰ、CL-Ⅱ和CL-Ⅲ描述，其中，C表示CCS，L表示低温，适用于不低于−55℃的环境，化学成分主要有$w_C \leqslant$ 0.18%、$w_{Mn} \leqslant 0.70\% \sim 1.70\%$、$w_{Si} \leqslant 0.10\% \sim 0.50\%$、$w_{Ni} \leqslant 0.80\%$和$w_{Cu} \leqslant 0.35\%$，以正火或QT状态交货，是以铁素体相为主的低合金钢。镍合金钢的化学成分见表6-14，含碳量低，硫、磷杂质控制严格。镍用于扩大奥氏体相区，合金元素则起固溶强化和晶粒细化的作用，是以奥氏体相为主的低合金钢。

表 6-14　镍合金钢的化学成分（质量分数,%）

牌号	C	Mn	Si	P	S	Ni	其他元素
1.5Ni	≤0.14	0.30~1.50	0.10~0.35	≤0.025	≤0.02	1.30~1.70	Cr≤0.1
2.25Ni	≤0.14	≤0.70	≤0.30	≤0.025	≤0.02	2.10~2.50	Mo≤0.08
3.5Ni	≤0.12	0.30~0.80	0.10~0.35	≤0.025	≤0.02	3.20~3.80	Cu≤0.1
5Ni	≤0.12	0.30~0.90	0.10~0.35	≤0.025	≤0.02	4.70~5.30	Cr+Mo+Cu≤0.1
9Ni	≤0.10	0.30~0.90	0.10~0.35	≤0.025	≤0.02	8.5~10.0	Al(酸溶)≥0.015

表6-15列出了镍合金钢的力学性能。低温韧性钢除了满足冲击韧性要求外，根据订货协议进行落锤试验，规范对落锤试验温度提出了要求。

表 6-15　镍合金钢的力学性能

牌号	热处理状态	屈服强度 R_{eH}/MPa 不小于	抗拉强度R_m/MPa	伸长率 $A(\%)$ 不小于	温度/℃	冲击吸收能量/J 不小于	
						纵向	横向
1.5Ni	N 或 NT 或 QT 或 TMCP	275	470~640	22	−65	31	22
					−70		
					−75		
					−80		
3.5Ni	N 或 NT 或 QT 或 TMCP	345	440~690	21	−95	34	24
					−100		
					−105		
					−110		
9Ni	两次 NT 或 QT	490	640~830	19	−196	39	26

6.4.2　低温韧性钢的焊接性

1. 焊接性分析

（1）碳锰钢　无镍低温钢属于低合金高强度钢，其碳当量要满足协议要求。从使用性能角度，焊接性问题主要有两个方面：一是大热输入量时过热区脆化；二是含有钒、钛、铌、铜、氮等元素的钢种焊后消除应力热处理时，如果加热温度处于回火脆性敏感温度范围，会析出脆性相，出现回火脆性。

（2）镍合金钢　碳当量低，其中镍是增加淬透性的合金元素，采用高镍型和中镍型焊条焊接且适当热输入时，一般不产生冷裂纹。镍除了增加钢的淬透性以外还是促热裂的元素，特别是采用高镍型焊条，但由于含镍低温钢中含碳量低，硫、磷等杂质低，焊接时热影响区基本上不会产生液化裂纹。因此，焊接工艺制定的重点在于控制低温韧性和工艺性的磁偏吹问题。

1）钢的脆性倾向。镍合金钢具有回火脆性倾向，焊后回火时的温度和冷却速度要控制。3.5Ni钢有应变时效倾向，当冷加工变形量在5%以上时要消除应力热处理以改善韧性。有资料认为，9Ni钢焊后一般不需要进行消除应力热处理，但当冷加工变形量超过3%时，需进行552~583℃的退火处理。

2）9Ni钢的磁偏吹。磁偏吹是指焊接时电弧偏向焊丝中心线一侧的现象。磁偏吹影响焊缝成形，容易引起焊接缺陷。9Ni钢是一种强磁性材料，磁导率高和较高的剩磁感应强度，容易发生磁偏吹。一般情况下，当带磁性管子采用直流电源焊接时，如焊条电弧焊或氩弧焊的打底焊，特别是打底焊的初始部位，会出现磁偏吹现象，但填充和盖面焊接时一般不会发生。若坡口内有剩磁，则会吸附铁锈和铁粉，引起焊接缺陷。通常焊接部位的残留磁场应低于 $5×10^{-3}$T 才能施焊。

3）9Ni钢低温韧性下降。热影响区的超临界区峰值温度过高，产生粗大贝氏体和马氏体组织，减少奥氏体量，降低了低温韧性。

2. 焊接工艺

在低温钢焊接时，除了防止裂纹外，关键是要保证焊缝和过热区的低温韧性。工艺上解决热影响区韧性的办法是控制热输入，焊缝的韧性除了控制热输入外，更主要的是控制焊缝的成分。

（1）焊接热输入　为避免焊缝金属及近缝区形成粗晶组织而降低低温韧性，要采用小的焊接热输入，小的焊接电流和多道焊以减少高温停留时间，避免粗晶区过热，并通过多层焊的热处理作用细化晶粒。多道焊时要控制层间温度不得过大。而且，对于低镍钢应将热输入控制在使 $t_{8/5}$ 小于 20 s 以保证接头韧性。

（2）预热　3.5Ni钢焊薄板时可不预热，厚板只需要预热至100℃。9Ni钢是依靠控制化学成分、热处理方法及组织而获得极为优良的低温韧性的。因此，焊接时应严格控制焊接热输入和冷却速度，大多数情况下应避免预热并控制层间温度，一般焊接厚度50mm以下的9Ni钢不需要预热，避免组织发生不利的变化导致热影响区的韧性下降。

（3）焊接材料　为保证焊接接头的低温韧性，焊接材料的含镍量一般比母材的高。

1）焊接低镍钢时，除要保证焊缝的低温韧性外还要保证焊缝与母材等强。焊接材料中除了含有镍1%~3%外，还含有钼0.2%~0.5%，有时还含有少量铬，但含镍量不应过高。焊态下焊缝中镍的质量分数超过2.5%就会出现粗大的板条状贝氏体或马氏体，使焊缝韧性下降。焊后不再进行调质处理的低镍钢，焊缝金属中镍的质量分数应低于2.5%。只有经过焊后调质处理，焊缝韧性才随含镍量增加而增加。除了尽量降低碳及硫、磷、氧的含量外，还应控制焊缝中硅、锰的含量。焊条电弧焊、熔化极气体保护焊及埋弧焊等焊接方法均可施焊。例如：焊条电弧焊焊接 3.5Ni 钢时常采用含钼焊条如日本的 NB-3N（焊接热输入控制在 20~25kJ/cm 以下），9Ni 钢采用 ENiCrMo-3 型焊材等（焊条直径 3.2mm，电流 80~100A，电压 19~23V，焊接速度 110~160mm/min）；MIG 和 TIG 焊时可采用与母材成分相似的碳的质量分数很低（如 0.03%）的 3.5Ni-0.15Mo 焊丝；埋弧焊焊接 3.5Ni 钢可选用 3.5Ni-0.3Ti 的焊丝配烧结焊剂，如 LT-3N 焊丝配 BL-3N 焊剂。

2）9Ni 钢的焊接材料。如果采用成分相近的焊接材料，所获得的焊缝低温韧性明显低于母材。为保证焊缝具有与母材相适应的低温韧性，在生产中都采用了奥氏体焊接材料，按镍的质量分数可以分为三类：含镍在 60% 以上的 Inconel 型 Ni-Gr-Mo 系合金、含镍约 40% 的 Fe-Ni-Cr 系合金、含 13Ni-16Cr-Mn-W 的奥氏体不锈钢。

含镍焊接材料的力学性能满足表 6-16 中要求。

表 6-16　含镍焊接材料的力学性能

焊接材料级别	抗拉强度 R_m/MPa	伸长率 A（%）	夏比 V 型缺口冲击试验		弯曲试验
			温度/℃	冲击吸收能量/J	
1.5Ni	≥490	≥22	−80		试样表面任何方向应不出现长度超过 3mm 的开口缺陷
3.5Ni	≥450		−100	≥34	
5Ni	≥540	≥25	−120		
9Ni	≥640		−196		

6.5　不锈钢及其焊接性

在船舶与海洋工程领域用的不锈钢主要使用于腐蚀环境，如化学品船和液化气体船的液货舱和油、气、水处理用的受压容器或其他结构工程。

不锈钢的"不锈"原因在于两个方面，铬的质量分数超过 12% 时与氧生成 Cr_2O_3 是致密氧化膜，也称为钝化膜，保护基体不进一步被氧化，因而耐腐蚀。另一方面是，18% 的铬和 8% 的镍配合，耐蚀性好，为典型 18-8 系列不锈钢。

不锈钢材料按相来分，有奥氏体不锈钢和奥氏体/铁素体双相不锈钢（也称为双相不锈钢）两大类。

6.5.1　不锈钢的力学性能

不锈钢的种类多，表 6-17 列出了部分奥氏体不锈钢的主要化学成分和力学性能。

表 6-17　部分奥氏体不锈钢的主要化学成分和力学性能[6]

牌号	代号	主要化学成分(质量分数,%)							抗拉强度 R_m/MPa 不小于
		C	Cr	Ni	Si	Mn	Mo	N	
06Cr19Ni10	S30408	≤0.08	18.0~20.0	8.0~11.0	≤1.0	≤2.0	—	—	515
022Cr19Ni10	S30403	≤0.03	18.0~20.0	8.0~12.0			—	—	480
06Cr17Ni12Mo2	S31608	≤0.08	16.0~18.0	10.0~14.0			2.0~3.0	—	515
022Cr17Ni12Mo2	S31603	≤0.03	16.0~18.0	10.0~14.0			2.0~3.0	—	480

（续）

牌号	代号	主要化学成分（质量分数，%）							抗拉强度 R_m/MPa 不小于
		C	Cr	Ni	Si	Mn	Mo	N	
022Cr19Ni13Mo3	S31703	≤0.03	16.0~18.0	11.0~15.0			3.0~4.0	—	520
022Cr19Ni13Mo4N	S31753	≤0.03	16.0~18.0	11.0~15.0	≤1.0	≤2.0	3.0~4.0	0.10~0.22	570
06Cr18Ni11Nb	S34778	≤0.08	17.0~19.0	9.0~12.0			—	—	520

6.5.2　不锈钢的焊接性

1. 焊接性分析

焊接性问题主要有腐蚀和裂纹两个方面。

（1）腐蚀　焊接接头中可能会产生焊缝的晶间腐蚀、热影响区敏化区晶间腐蚀和热影响区过热区的"刀蚀"。

1）焊缝的晶间腐蚀。焊缝化学成分与母材不匹配时，在敏化温度的区域，如多层焊的前一层焊道中或焊缝再次经历敏化温度（平衡态敏化温度区间是 450~850℃），就会在晶界上析出铬的碳化物（$Cr_{23}C_6$）而使晶粒边界贫铬，耐蚀性下降。若暴露于腐蚀介质中，则产生晶间腐蚀。在一定温度下不锈钢中铌和钛会优先与碳形成稳定的 NbC 或 TiC，避免 $Cr_{23}C_6$ 的形成，进而避免了贫铬。因此焊接材料中含有足量铌、钛合金或含碳量低，可有效避免焊缝的晶间腐蚀问题。

2）热影响区敏化区晶间腐蚀。焊接热影响区中加热峰值温度处于敏化温度区间的区域也会由于奥氏体晶粒边界析出碳化铬造成晶粒边界贫铬而产生晶间腐蚀。与焊缝的晶间腐蚀问题相同，对于含有钛、铌的奥氏体不锈钢母材，或含有一定数量 δ 铁素体的双相不锈钢，或超低碳的奥氏体不锈钢母材，在焊接工艺方面采用低热输入、快速冷却的工艺措施等有利于防止热影响区敏化区晶间腐蚀。

3）热影响区过热区的"刀蚀"。刀蚀是指发生于含有铌、钛的 18-8 钢过热区的晶间腐蚀。含有钛、铌成分的不锈钢焊接接头的过热区，加热温度超过 1200℃，NbC 或 TiC 将固溶于奥氏体晶粒内。冷却时，体积小且活泼的碳原子向奥氏体晶界扩散并聚集于此，而 Ti 来不及扩散留在晶内。该过热区再经历 600~1000℃ 中温敏化加热时，$Cr_{23}C_6$ 在晶界沉淀，使晶粒的边界贫铬。若遭遇腐蚀环境，晶间腐蚀从表面开始往内渗透，直至形成刀切状腐蚀破坏。由以上分析可知形成刀蚀的必要条件是高温过热和中温敏化。不含钛或不含铌的不锈钢和超低碳不锈钢刀蚀问题少见。

4）应力腐蚀开裂。奥氏体不锈钢在氯化物、氟化物等介质中对应力腐蚀破坏较为敏感。引起应力腐蚀的拉应力主要来源于焊接残余拉应力，零件冷加工（如冷弯、切削、打磨）、热加工（如热弯、火焰矫正、焊后热处理）及安装过程中产生的残余拉应力，工件使用过程中产生的工作应力。应力腐蚀开裂对于不锈钢焊接问题较难解决。

（2）焊接热裂纹　奥氏体钢的导热系数小，线膨胀系数大，焊接应力水平高；奥氏体母材及焊缝的合金成分较复杂，焊接时容易形成各种低熔共晶物，分布于晶界成为液态薄膜，因此焊缝和近缝区都可能产生热裂纹；含奥氏体相的焊缝结晶时易形成方向性极强的柱状晶（特别是单相奥氏体钢），结晶时有利于杂质偏析而形成液膜，因而易引起焊缝的结晶裂纹。

防止热裂纹可以采取如下措施：选用使焊缝为奥氏体铁素体双相组织的焊接材料，铁素体含量为 4%~12% 为宜；减少 S、P 等杂质含量：采用小的焊接热输入，控制层间温度，焊接时焊条不做摆动等工艺措施；尽量采用低氢型焊条和无氧焊剂。

2. 焊接工艺

（1）焊接材料　奥氏体不锈钢通常选用熔敷金属成分与母材基本相当的焊接材料，以保障焊接接头的耐蚀性与母材相当。焊接材料根据其适用的不锈钢进行分级，具体分级符号为 304、304L、304LN、316、316L、316LN、317、317L、317LN、309、309L、347、2205、2550、2750。

（2）焊接工艺　需要进行焊前准备。焊前板材表面必须彻底清除油、漆、污物和杂质。坡口应采用机加工或磨削的方法制备，避免采用火焰切割。焊前靠近焊缝的板材表面应有适当的保护措施，以防焊接过程中飞溅或其他物体沾污或擦伤板材表面。

焊接奥氏体不锈钢时应采用短电弧，并使电弧稳定而快速地直线前进。面向腐蚀介质一侧的焊道通常在最后焊接，并且不得在面向腐蚀介质的钢板表面引弧或随意焊接安装装配用的临时构件。

6.6　铝合金及其焊接性

铝合金不仅被大量应用于建造快速舰艇和特种船舶（如水翼船、高速双体船、气垫船）的船体，而且越来越多地应用于民用船舶的上层建筑、低温液化气船的容器等部位。与复合材料一起，成为小型船舶主要船体结构材料。

6.6.1　铝合金的力学性能

铝是一种常用的有色金属，密度小，为 $2.5\mathrm{g/cm^3}$，约为钢的 1/3，被称为轻金属；熔点低，为 660℃，且高温熔化时无颜色变化。铝的导热性好，约为低碳钢的 5 倍；线膨胀系数大，约为低碳钢的 2 倍。

铝化学性质活泼，在空气中极易生成致密难熔的氧化膜（Al_2O_3 熔点 2050℃），可防止基体进一步氧化，因而有良好的耐蚀性。纯铝具有面心立方点阵结构，没有同素异构转变，塑性好，无低温脆性转变，但强度低。

纯铝中加入镁、锰、硅、铜及锌等元素后，可获得不同性能的合金，如牌号 5A01 中镁有 6.0%~7.0%。根据铝合金的化学成分和制造工艺可分为变形铝合金和铸造铝合金两大类。变形铝合金又可分为非热处理强化铝合金和可热处理强化铝合金。非热处理强化铝合金通过加工硬化、固溶强化来提高力学性能，如铝镁合金，它们的性能特点是强度中等、塑性和耐蚀性好（常称为"防锈铝"），焊接性较好，是目前焊接结构中应用最广泛的铝合金。铝镁合金的强度随含镁量的增高而增高，但含镁量增多时会出现脆性相（Mg_2Al_3），使合金的塑性、耐蚀性、特别是抗应力腐蚀性能下降。

铝合金板材与型材主要为轧制铝合金，即变形铝合金，其典型力学性能见表 6-18。

表 6-18　轧制铝合金力学性能[6]

牌号	状态	厚度 t/mm	规定塑性延伸强度 $R_{p0.2}$/MPa	抗拉强度 R_m /MPa	最低断后伸长率(%)
					50mm
5A01	O	3≤t≤50	≥165	≥325	10
	H112	3≤t≤50	≥165	≥325	10
	H32	3≤t≤50	≥245	≥365	8
5454	O	3≤t≤50	≥85	215~285	17
5083	O	3≤t≤50	≥125	275~350	12
5383	O	3≤t≤50	≥145	≥290	—
5059	O	3≤t≤50	≥160	≥330	24
5086	O	3≤t≤50	≥95	240~305	16
5456	O	3≤t≤6.3	130~205	290~365	16
5754	O	3≤t≤50	≥80	190~240	18

注：O 是指退火状态；H112 是指退火后经过轻微加工硬化处理（如矫正）；H32 是指加工硬化后进行稳定化处理。

6.6.2　铝合金的焊接性

1. 焊接性分析

铝及其合金化学性质活泼，导热快、膨胀系数大等物理化学性能，使其焊接性较差，容易出现气孔、裂纹、氧化和软化等质量问题。

（1）气孔　铝及其合金焊接时最常见的缺陷是气孔，尤其是纯铝和防锈铝。氢是熔焊时产生气孔的主要原因。这是由于氢在液态铝中的溶解度是固态铝中的 20 倍，焊接熔池凝固时，溶解在液态铝中的氢几乎全部析出形成气泡。但因铝及铝合金比重小，气泡上浮速度慢；同时因铝及其合金导热快、熔池存在时间很短，氢来不及上浮析出，因而留在焊缝中形成气孔。此外，氧化膜（特别是有镁存在时氧化膜不很致密）可以吸收较多水分成为氢的来源。

（2）热裂纹　铝合金是典型的共晶型合金，在凝固的后期，低熔点的共晶相以"液态薄膜"的形式最后凝固于晶界。同时，铝及其合金的线膨胀系数是钢的 2 倍，凝固的体积收缩率达 6.5%左右，使焊缝中产生过大的拉伸应力，因而导致热裂纹产生。低熔共晶与组织应力结合，使热裂纹成为铝合金最常见的严重焊接缺陷之一。

（3）易氧化　铝是活泼金属，与氧的亲和力大，在常温下便能与空气中的氧结合，在工件表面生成 Al_2O_3 薄膜。由于 Al_2O_3 熔点高达 2050℃，远超过铝的熔点，焊接时难以熔化；而且 Al_2O_3 密度（3.83g/cm³）大于铝，在熔池中难以浮出；同时，铝及其合金导热性强，散热快，熔池存在时间短，凝固时熔池黏度大而阻碍氧化物的上浮，使氧化物在焊缝中保留下来形成夹渣。因此，焊前必须清除氧化膜，是铝合金焊接的特点。

（4）焊接接头的软化　经冷作硬化或经时效强化的铝合金，焊接时不可避免地会出现接头的软化，并且随焊接热输入的增大而增加。软化往往发生在再结晶温度（约 200~300℃）的区域。

（5）变形和下塌　铝合金的线膨胀系数大，凝固时的体积收缩率比钢大，焊接变形大。

铝及其合金从固态到液态升温过程中无色泽变化,焊接时不易判断是否熔化及熔化温度。同时铝及其合金的强度随温度的上升而迅速下降,以致造成焊缝因无法承受自身重量而突然下塌,甚至因熔池过热而烧穿工件。

2. 焊接工艺

(1)焊前准备　必须严格清除焊丝、工件表面的氧化膜。清除有机械或化学的方法。化学清除效率高,质量稳定,适用于清理焊丝及尺寸不大、成批生产的工件。化学清除前应先除油。可在室温下用有机溶剂(汽油、煤油、丙酮等)除油;或用 4.4% Na_3PO_4、4.4% Na_2CO_3、2.7% Na_2SiO_3 加 88.5% H_2O 制成混合溶液除油,将工件在 60℃的该溶液中浸泡 5~8min,然后在 30℃热水中冲洗、冷水中冲洗,用干净的布擦干。在工件尺寸较大、生产周期较长、多层焊或化学清除后又沾污时,常采用机械清除。用有机溶剂去油后直接用 $\phi0.15mm$ 的钢丝刷或不锈钢丝刷刷到露出金属光泽;也可用刮刀去膜,但不宜用砂纸砂轮打磨,以免焊接时滞留的沙粒造成夹渣。一般去膜后要尽快地施焊,清理后时间过长未焊则需重新处理。

铝及其合金接头形式及坡口准备工作原则上与结构钢焊接时相同,主要考虑能否去除氧化膜。在氩弧焊时要注意使坡口间隙的氧化膜有效地暴露在电弧作用范围内。可采用刨或磨等加工方法制备坡口。

(2)电弧气氛的保护　氩弧焊时可利用电弧的阴极雾化作用去除氧化膜。氩气的纯度必须在 99.9%以上。焊条电弧焊要采用对铝有强腐蚀作用的药皮去除氧化膜。注意使用这类焊剂时不要采用搭接形式的接头,以免残渣落入板间隙中无法去除。

(3)焊接方法　各种熔焊方法中以氩弧焊应用最为广泛,但铝焊条质量难以控制,对操作要求高,焊接质量不稳定,主要用于无氩弧焊的场合。造船业主要用 TIG 和 MIG 焊接铝合金。采用 TIG 焊接时若直流反接,电流不能太大以免钨极烧损,因此熔深浅。直流正接时可加大熔深又无阴极雾化作用。故 TIG 焊通常采用交流。MIG 焊接一般采用直流反接,适用于焊厚板铝合金。焊接时应采用垫板和夹具防止焊缝下塌和焊接变形。近年来,由于铝制船舶船型尺寸相对固定,适宜于批量化建造,因而自动激光焊也得到了应用。

(4)焊接材料　选用铝及其合金焊丝时,要考虑焊缝的抗裂性、接头的力学性能及耐海水腐蚀性能等与母材相匹配。可采用同质焊丝也可采用异质焊丝,同质焊丝的成分与母材相同,或直接从母材上切板条用作填充材料;异质焊丝的成分与母材有较大不同,主要是为提高接头的抗裂性,如考虑到抗裂性能,焊接含 3%Mg 的铝合金时常选用含镁量稍高的焊丝。

第7章 造船材料与焊接数字化技术

数字化造船已深入造船业的日常，材料与焊接的数字化也紧跟步伐，在焊接变形、焊接应力以及焊接工艺数据管理等方面获得了应用，在焊接缺陷方面也得到了重视。

7.1 焊接热力过程的数值计算

焊接应力是导致破坏的诱因，焊接变形影响建造精度和效率。早期采用余量建造法，在分段上船台之前测量分段结构尺寸，将多余的分段割除。国际海事组织颁布并于 2008 年 7 月实施《所有船舶专用海水压载舱和散货船双舷侧处所保护涂层性能标准》（performance standard for protective coating，PSPC）。该标准规定喷丸处理后合拢对接缝打磨总面积不超过 $25m^2$ 或小范围破损面积总和不超过全舱面积 2%。超过该面积则要重新喷砂除锈。为避免修补面积的超标，余量造船逐渐被预留补偿量技术替代。补偿量是指补偿焊接变形的缩短量，预留补偿量则是在下料开始将焊接变形量加放到原材料尺寸上。与余量相比，补偿量要小得多，焊后若收缩量超过或小于补偿量，都将大幅度影响建造成本，因而需要对补偿量进行准确的预测。补偿量大小取决于焊接变形量，而焊接变形依赖于结构刚性、结构形式、材料的热导率以及热膨胀系数等诸多因素。经验公式法是最早得到应用的预测方法，通过建造经验的积累和传承，预测焊接变形量。解析方法求解焊接应力与变形，虽然经验公式较多，计算速度快，也有不足之处：简化条件多，难以模拟焊接工艺各因素的影响，精度相对较低。随着计算机和计算技术进步，数值计算焊接应力与变形技术已相当成熟，方便求解各种条件下的高精度数值，获得应力与变形的趋势，从而为生产实际提供指导。虽然仍有些计算条件的简化，但随着计算机技术的提高，精度正逐步提高，成为焊接热力过程的重要计算手段。我国船厂开始试用数值计算方法获得分段焊接变形量。

在各类数值方法中，采用有限元法求解居多。通过有限元方法模拟焊接热力过程的实施过程，阐述数值计算的基本理论和思想。

7.1.1 理论基础

基于有限元法（finite element method，FEM），进行热力耦合计算。有限元法求解思想是：将结构离散成若干个单元，再对每个单元按照一定的构件近似计算物理量，如温度、应力和应变以及位移和约束载荷等。焊接应力是由温度引起的，因此要计算两个物理场。两个物理场同时进行计算的方法称为直接耦合法。由式（5-2）计算出温度场后，将温度作为载荷计算应力和应变，这种计算方法称为顺序耦合法。对于焊接情况，温度对应力和应变产生影响，但反过来，应力和应变的变化对温度的影响小，可以忽略不计，因而可以采用顺序耦合法，而且顺序耦合法计算速度快。在温度场计算结束后，计算应力场的顺序耦合有限元求解式为

$$\{d\sigma\} = [D]\{d\varepsilon\} - \{c_t\}dT \tag{7-1}$$

式中，$[D]$ 是弹塑性变形矩阵；$\{d\sigma\}$ 和 $\{d\varepsilon\}$ 分别是与温度有关的应力和应变增量；$\{c_t\}$ 是温度引起的应力增量。

主要节点操作包括温度场计算、边界条件设置和热源定义；温度场计算结束后进行应力-应变计算。

1. 温度场计算

电弧温度分布如图 5-3 所示，数值计算时电弧模型一般采用高斯分布和 Goldak 两种分布。高斯电弧模型也称为 Conical 模型，关于电弧中心轴线对称，如图 7-1 所示，工件上任一点（x，y，z）的热流密度 q_{Gs} 采用高斯模型可表示为

$$q_{Gs} = \frac{3Q}{\pi r_e^2}\exp\left(-3\frac{x^2+y^2+z^2}{r_e^2}\right) \tag{7-2a}$$

式中，r_e 是热源半径；Q 是热输入量。

Goldak 热源根据电弧前后不对称的情况采用前端和后端两个椭球模型模拟，因而更接近行走中电弧的温度分布，如图 7-2 所示。工件上任一点（x，y，z）的热流密度的 Goldak 双椭球函数描述为

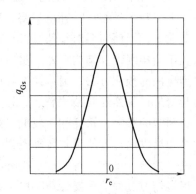

图 7-1　高斯模型示意图

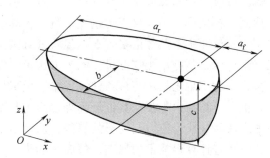

图 7-2　Goldak 模型参数

$$q_{Gk} = \begin{cases} \dfrac{6\sqrt{3}f_f Q}{a_f bc\sqrt{\pi^3}}\exp\left[-3\left(\dfrac{x^2}{a_f^2}+\dfrac{y^2}{b^2}+\dfrac{z^2}{c^2}\right)\right] \\[4mm] \dfrac{6\sqrt{3}f_r Q}{a_r bc\sqrt{\pi^3}}\exp\left[-3\left(\dfrac{x^2}{a_r^2}+\dfrac{y^2}{b^2}+\dfrac{z^2}{c^2}\right)\right] \end{cases} \tag{7-2b}$$

式中，$f_f = 2 - f_r$，且前部热量大于后部热量，即 $f_f < f_r$；其余各系数含义与取值见表 7-1。

表 7-1　热源模型系数

前轴长/mm	后轴长/mm	椭球宽/mm	椭球深/mm	前后分配系数		条件	出处
a_f	a_r	b	c	f_f	f_r		
2	6	2.5	3	0.6	1.4	—	参考文献[157]
2.3	7.7	2.75	0.8	0.83		GTAW, $Q = 1.5\text{kJ/mm}$ $v = 1\text{mm/s}$	参考文献[158]
3.2	4.5	2.5	—	2.8		$P = 623\text{W}, v = 0.85\text{mm/s}$	参考文献[159]
3.1	6.7	4.3	2.9			GTAW, $P = 934.8\text{W}$, $v = 2\text{mm/s}$	参考文献[160]

得到瞬态温度场，是求解二阶微分方程，见式（5-2），需要初始条件和边界条件才有定解。

1）定解的边界条件。式（5-2）的热传导方程有三类边界条件：第一类是给出边界上的温度 T；第二类是给出边界上的热流密度；第三类是给定介质的温度 T 和换热系数，由高温的工件物体通过传导和辐射向介质释放热能，即向环境、气体的传导有两种设置方式。若有限元几何模型中只是给出焊接结构件，则可选择第一类和第二类边界条件进行设置。其中，第二类边界条件是根据牛顿传热规律，即边界上的热流 q_c 为

$$q_c = h_c(T - T_0) \tag{7-3a}$$

式中，h_c 是热流密度，与固体表面和环境有关，一般取 $5 \sim 20\text{W}/(\text{m}^2 \cdot \text{K})$；$T_0$ 是环境温度。

第三类边界条件是根据 Stefan-Boltzmann 辐射规律，边界上的热流 q_r 为

$$q_r = \varepsilon_r \sigma_r (T^4 - T_0^4) \tag{7-3b}$$

式中，ε_r 是黑度，是区别于黑体的材料系数；σ_r 是 Stefan-Boltzmann 常数，为 $5.67 \times 10^{-8}\text{W}/(\text{m}^2 \cdot \text{K}^4)$。

热传导控制方程参考式（5-2），其中热源采用焓描述时，焊接热传导控制表示为

$$\frac{\partial T}{\partial x}\left(\lambda \frac{\partial T}{\partial x}\right) + \frac{\partial T}{\partial y}\left(\lambda \frac{\partial T}{\partial y}\right) + \frac{\partial T}{\partial z}\left(\lambda \frac{\partial T}{\partial z}\right) = \frac{\partial H}{\partial t} \tag{7-4}$$

式中，λ 是热导率，单位为 $\text{W}/(\text{m} \cdot \text{K})$；$H$ 是焓，$H = \int \rho c(T)\, \mathrm{d}T$，$\rho$ 是工件材料的密度，单位为 kg/m^3，c 是比热容，单位为 $\text{kJ}/(\text{kg} \cdot \text{℃})$。焊接条件下，焓与热输入量和相变有关。

与式（5-2）相比，式（7-4）考虑了相变焓的变化。

2）定解的初始条件。焊接前的瞬间，工件上温度的分布，一般取为室温。

2. 力场计算

如 5.3 节所述，焊接应力的产生原因在于工件的约束和局部的热胀冷缩。在数值计算中，热胀冷缩的设置是通过定义温度相关的材料本构关系来实现，而工件的约束模拟工件的重量和装夹。在焊接应力场的计算中，温度由式（7-2）~式（7-4）在热分析数值计算后获得，作为载荷耦合至应力场模型中，由式（7-1）计算应力场。

值得说明的是，材料本构关系的硬化模型，一般数值计算软件中会提供多种输入类型，如率相关、率无关，或者采用材料拉伸试验数据，选择时注意对比，选择吻合程度较高的模型。一般强度钢材选用率无关模型即可有较高的计算精度。由于材料力学性能的温度依赖性，参见 5.3 节和图 5-12，因此，热-力耦合分析中还要输入材料不同温度下的应力-应变关

系。例如，有文献认为不锈钢高温下至奥氏体状态的热-力性能采用图 5-12 模拟时精度较高。

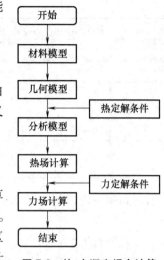

图 7-3　热-力顺序耦合计算流程

7.1.2　计算流程

顺序耦合计算焊接热-力过程，包括定义单元类型和自由度、定义材料热-力属性、建立结构几何模型和网格划分、定义热输入和定解条件等步骤，流程如图 7-3 所示。

7.1.3　焊接应力和变形有限元计算算例

算例采用有限元分析软件，以热-力顺序耦合为例说明计算过程，为节约篇幅和避免突兀，采用对接焊缝以期抛砖引玉。除了焊接时的热过程和力的计算是弹性以外，焊缝和热影响区的应力-应变关系还涉及了塑性行为，因而也称焊接应力应变计算为热-弹塑性模拟。计算用软件相当多，以有限元思想计算的如 ANSYS、ABAQUS 等。

计算条件：几何模型如图 7-4 所示，开 V 形坡口的对接焊缝的焊接。采用国际单位 m、s、kg 制单位，两块板尺寸为长 0.5m×宽 0.25m×厚 0.008m，对接接头开 V 形坡口，具体操作步骤如下。

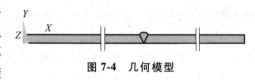

图 7-4　几何模型

1. 建立几何模型

（1）选择分析类型　在单元类型选择前确定分析类型，可以过滤无热自由度的单元类型。如图 7-5 所示，GUI：Main Menu→Preferences→Thermal→OK。

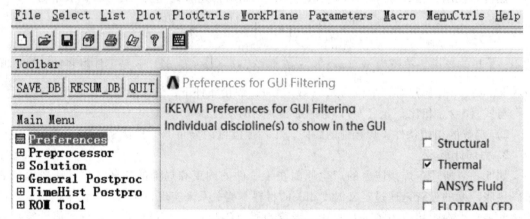

图 7-5　选择分析类型

（2）选择单元类型　有限元分析功能的定义是通过单元自由度实现的，而熔化焊接的温度施加于结构局部的过程，其实质是热-力耦合或热-弹塑性相互作用的过程。进行有限元模拟时，其单元自由度包含热和力两个自由度，且需非线性单元，即要有中间节点功能，以方便力计算时温度结果的耦合加载。GUI：Main Menu→Preferences→Element Type→Add/

Edit/Delete→Thermal Solid→Quad 4node 55→Apply；再选 8node 77→OK，已选择的单元列表出现在单元类型栏，如图 7-6 所示。

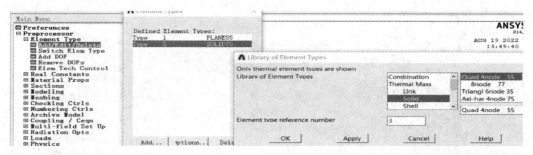

图 7-6　选择单元类型

（3）建立模型　采用由下往上建模方法，首先创建点，再建面，然后拉伸成体。创建点 GUI：Main Menu→Preferences→Modeling→Create→Keypoints，输入点坐标：1（0，0）；2（0.25，0）；3（0.5，0）；4（0.5，0.008）；5（0.254，0.008）；6（0.246，0.008）；7（0，0.008）；8（0.25，0.01），建成后的点如图 7-7 所示。

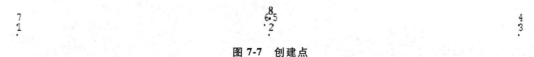

图 7-7　创建点

建立圆弧。GUI：Main Menu→Preferences→Modeling→Create→Arcs→Through 3 KPs，分别选择 5、8 和 6。

建立线。连接点 2 和 5，连接点 2 和 6。

建立面。GUI：Main Menu→Preferences→Modeling→Create→Areas→Arbitrary→By lines，顺时针方向单击线 25、圆弧和线 26，为焊缝面，面的编号自动为 1。

创建对接板的面。GUI：Main Menu→Preferences→Modeling→Create→Areas→Arbitrary→Through KPs，分别单击选择点 1→点 2→点 6→点 7 和点 2→点 3→点 4→点 5，面编号分别为 2 和 3，建立的面如图 7-4 所示。

注：点、线或面以及节点、单元等元素的编号显示与否在 Menu：PlotCtrls→Numbering 中设置。

（4）设置材料属性　在式（7-4）中，有热导率，此外，还需设置比热容。GUI：Main Menu→Preferences→Material Models→右侧 Thermal 中分别单击选择 Specific heat（这里钢材取 470）和 Thermal conduct（钢材取 268），并赋值，如图 7-8 所示。钢材的各参数见附录。

2. 网格划分

（1）定义线网格数　GUI：Main Menu→Preferences→Meshing→Size Cntrls→ManualSize→Lines→Picked Lines，如图 7-9a 所示。选择模型界面中关键点 2 和 5 的连线、关键点 2 和 6 的连线，以及圆弧，并确认，在跳出的文本框 Number 中输入 8。

定义面网格划分方式。GUI：Main Menu→Preferences→Meshing→MeshTool，出现文本框如图 7-9b 所示，其中 Mesh 下拉列表框中选择 Areas，形状框中选择 Quad（四方单元），划分方式选择 Mapped（扫掠）。定义后单击 Mesh，在跳出的选择框中选择焊缝面。

注意：对于不规则几何面，采用 Mapped 方式分网，可得到单元长宽比不超过 3 的网

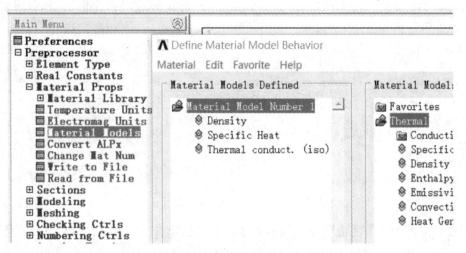

图 7-8　热分析材料模型

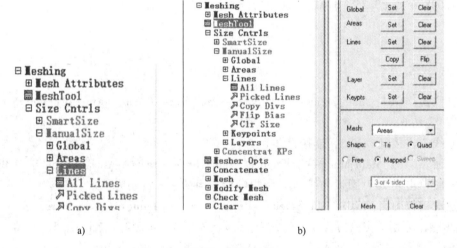

a)　　　　　　　　　　　　　　　　b)

图 7-9　网格定义

a）定义线网格数　b）定义面网格划分方式

格。有限元中单元邻边尺寸超过程序设定值会提示网格划分不通过，以不计算或提示大畸变的方式，即使计算，结果也易失真。

（2）工件划分面网格　同上步骤，对面 2 和面 3 划分网格。焊缝的网格如图 7-10 所示。可以看出，焊缝的网格较为均匀，长宽比例适当。在物理量变化梯度大的地方，网格要密些，以计算精度为主要考虑。而在物理量变化平缓的地方，网格可以稀疏些，以减小计算量和节约计算成本为主要考虑。

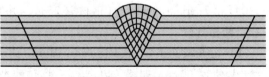

图 7-10　焊缝的网格

（3）建立体网格　体网格划分有两种方式，一种是由面建立体之后分网，另一种是划分网后的面进行拉伸为体，在拉伸的同时生成网格。这里以后一种方法为例，为此需先拉伸之前定义要拉伸的网格数，如图 7-11 所示。

GUI：Main Menu→Preferences→Modeling→Extrude→Ext Opts，在出现的对话框中选择先前定义的体单元 SOLID70；接着定义单元划分数量（这里定义的是 100），以及选择拉伸过程中是否删除原来的面，这里选择删除面单元。如果这里不选，须在体网格生成后再另行删除。

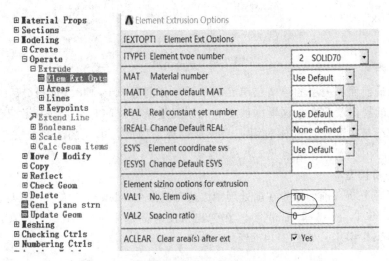

图 7-11 拉伸生成体网格

（4）拉伸面建立体网格 GUI：Main Menu→Preferences→Modeling→Operate→Extrude→Areas。选择焊缝面，拉伸。进行相同的步骤，拉伸两侧的板。网格要求长、宽、高之比不要超过 2，否则在非线性计算中出现畸变而不收敛。其次，焊缝是加载部位，非线性集中，因此焊缝及其附近要用细网格，而其他地方用粗网格。网格模型如图 7-12 所示。

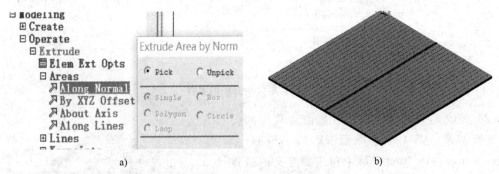

a) b)

图 7-12 建立体网格
a) 体拉伸定义 b) 网格模型

（5）节点合并 由于各面是独立拉伸的，相邻面各自独立于体，面上节点具有相同坐标，为此需合并这些节点，使载荷能通过节点正常传递到邻近的体。GUI：Main Menu→Preferences→Numbering Ctrls→Merge Items，下拉列表框中选择 Nodes，如图 7-13 所示。

注意：这一步骤比较重要，特别是力分析计算中，很多计算结果不收敛都与节点不传递载荷有关，节点合并后，相连接的节点合并为一个点，使体之间载荷和结果连续。

节点合并后，打开单元号的显示，可以看到，焊缝最前面单元的单元号是 1~48；在纵

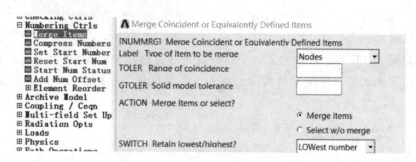

图7-13　合并节点

向方向，挨着最前面那一层的第2层单元的单元号分别是101~148，直到最后一层，每层单元号增加100的规律没有变。这里增加100的原因是纵向拉伸时单元划分数量为100，如图7-11所示。焊缝是由面拉伸成体时第一个形成的体，因此，单元的编号是先于其他两块板的。单元的编号由小到大，起点是1。

3. 建立分析模型

（1）定义热分析　前面操作在前处理中，这时操作在 Solution 菜单下。GUI：Main Menu→Solution→Analysis Type→New Analysis，在弹出来的对话框中选中 Transient→OK，在跳出的文本框中选中 Full→OK，如图7-14所示。

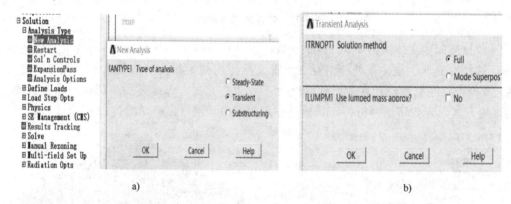

a) 　　　　　　　　　　　　　　　　　b)

图7-14　定义热分析的类型

（2）定义定解的边界条件　数值计算中的设置步骤有两步：第1步选择面，Menu→Select \ Entities→areas→By Num/Pick→单击要定义的边界面；然后主菜单 Menu→Select \ Entities→Nodes→Attached to \ Areas，all；第2步，GUI：Main Menu→Solution→Define Loads→Apply→convection→On Nodes→OK，加边界后模型如图7-15所示。

（3）定义热辐射条件　以式（7-3）为例说明。工件表面是高温，热量会向低温的空气辐射。数值计算中的设置步骤有2步。第1步选择面上的

图7-15　定义热分析边界条件

节点，Menu→Select→Entities→areas→By Num/Pick 单击要定义的辐射面，然后主菜单 Menu

→Select→Entities→Nodes→Attached to \ Areas，all；第2步，定义面的辐射参数，Main Menu→Solution→Define Loads→Apply→Convection→On Nodes，如图7-16所示。

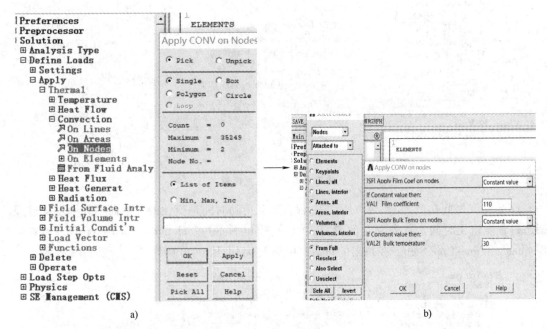

图7-16　定义热辐射

a）热辐射节点定义　b）热辐射参数

（4）定义定解的初始条件　求解积分式（7-4）的二元微分方程，需要初始条件，即温度初始值 T_0。在焊接条件下，工件初始温度为室温。

GUI：Main Menu→Solution→Define Loads→Apply→Initial Condit'n→Define→在跳出的文本框中选中 Pick，如图7-17所示。在跳出的文本框 DOF to be specified 中选择 TEMP→在 Initial value of DOF 输入室温 20（单位为℃）。

焊接过程是瞬态过程，焊缝的形成有先后，因此焊接移动热源作为载荷，以命令流的形式加载。至此，除热源外的式（7-3）中初始条件和边界条件均已设置完成。

（5）定义积分求解条件　微分方程式（7-4）中对时间的差分格式，需指定是向前差分或向后差分，用"－1"和"1"表示。取"－1"

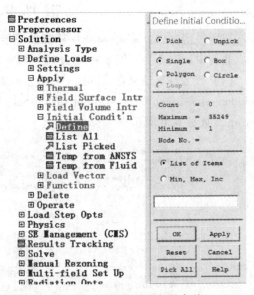

图7-17　设置热分析初始条件

在应力和应变计算中更为稳定。GUI：Main Menu→Solution→Load Step Opts→Time/Frequenc→Time Integration→Amplitude Decay，在出现的对话框中，按图7-18所示设置差分格式和误差标准。

注意：不定义差分格式计算会出错。

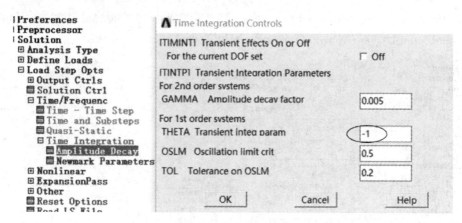

图 7-18　差分格式设置

（6）定义时间初值为零　针对瞬态过程，其载荷随时间是变化的，因而不同于定常过程，瞬态过程需定义时间。首先是时间置零。GUI：Main Menu→Solution→Load Step Opts→Time/Frequenc→Time-Time Step，在跳出的对话框中输入 0，即从 0s 开始计算，如图 7-19 所示。

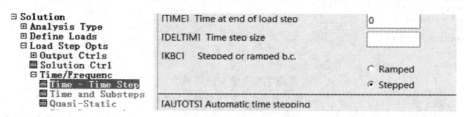

图 7-19　焊接开始时间置零

在顺序耦合中，应力-应变场计算的温度载荷是按时间点读入的，因此，时间必须对应上。此例中，取 0 为温度场和应力-应变场的参考时间。

（7）设置计算结果存储方式　设置是存储各载荷步还是最终载荷步。GUI：Main Menu→Solution→Load Step Opts→Output Ctrls→Solu Printout→对话框中选中每一载荷子步 Every Nth substp，如图 7-20 所示。

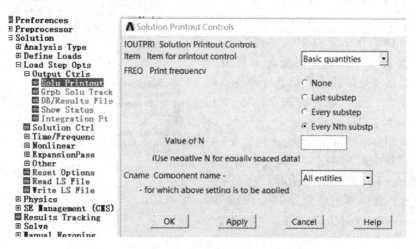

图 7-20　设置计算结果存储方式

4. 加载与求解

如前所述，焊接过程需要进行瞬态分析，即不同时间时热源是运动的。可以采用命令流形式进行热源的加载，但需核对每一载荷步加载的单元，否则容易出错。采用 APDL 编程的方法和循环程序，则可避免出错。为此，需先定义热源覆盖区域，然后热源当前加载计算；再进行一个位置的热源加载。为模拟焊炬沿焊缝长度方向上的移动，将各位置离散为小区域内。为此先定义一个数组，数组名设为 Seam，焊缝横截面单元数为 48 个，纵向单元为 100 个，因此数组大小为 48×100。数组定义的操作为 Menu→Parameters→Array Parameters→Define/Edit，在对称框中选择 Add，在弹出的对称框中定义，如图 7-21a 所示。输入后单击 OK，返回矩阵定义的界面。单击 Edit，选择 Seam 矩阵，进入矩阵定义对话框，在数组（1,1）中输入"1"，代表了焊缝横截面上第 1 个单元，如图 7-21b 所示。保存后退出数组定义对话框。

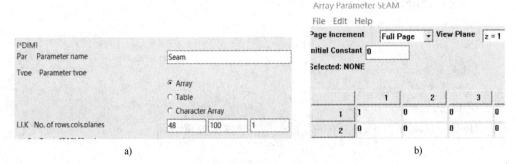

a)   b)

图 7-21 焊缝单元矩阵设置

a）数组定义 b）数组的单元号输入

接下来利用焊缝单元号递增 100 的规律，用 APDL 循环语句填充数组，命令流为

* do,i,1,48

* do,j,2,100

seam(i,j)= seam(i,1)+j-1

* enddo

* enddo

将上述命令流复制到命令栏，打开数组，确认焊缝数组是否正确填充，这是焊接数值计算程序设计第一个要点。

瞬态加载容易产生计算不稳定的问题，因此，焊接数值计算程序设计的第二个要点在于采用逐步加载的方式，即先施加一小段时间的载荷，再施加长时间的载荷，然后删除载荷，为下一载荷做准备。APDL 的命令流为

T=t+dt1   ! t 的初值即为 0,dt1 为小段时间的变量

Time,t

Solve

T=t+Dt-2*dt1   ! Dt 是焊缝纵向每单元长度上热量输入总时间,即焊炬停留时间

Time,t

Nsubt,5

Solve

　　上面程序表明，先施加小段时间 dt1，使程序计算稳定，然后再施加焊炬在单元长度上停留的时间，该时间是由焊接速度换算得来的。

　　第三个焊接热模拟的程序设计要点在于焊接过程的连续性，采用循环程序重复上述加载过程。这里的循环数是 100，因此，包括了加载的连续焊接程序为

```
! 定义变量
    T = 0
    Dt1 = 0.001        ! 稳定程序需要的瞬态时间
    Dt = 1.2           ! 每段焊缝上停留时间
    Maxt = 1600        ! 温度载荷变量
! 焊接过程模拟程序
    * do,j,1,100
    / solu
    Esel,all
    Eplot
    * do,I,1,48
    * do,k,1,8
    D,nelem(seam(I,j),k),temp,maxt      ! 施加温度载荷
    * enddo
    * enddo
    T = t+dt1
    Time,t
    Solve
    T = t+Dt-2 * dt1
    Time,t
    Nsubt,5
    Solve
    * do,I,1,48
    * do,k,1,8
    Ddele,nelem(seam(I,j),k),temp    ! 删除温度载荷,焊炬向前移动
    * enddo
    * enddo
    T = t+dt1
    Time,t
    Nsubt,1
    Solve
    * enddo
```

　　注：在上述焊接计算程序中，电弧热是以温度作为载荷进行加载的，是一种间接考虑热的方法。电弧热的直接加载可以采用热源换算，采用单元生热命令。命令流过程为选择单

元→施加单元生热：BFE，all，HGEN，value（热量）；热源向前移动时的热能移除命令：
BFEDELE，all，HGEN。其余命令流程可参考写出，不再赘述。

5. 结果文件查看与分析

有限元设置结果文件的查看为后处理。查看结果文件时，先选择载荷步，再查看结果。

GUI：Main Menu→General Postproc→Read Results→By Pick→单击载荷步→Read，如
图 7-22 所示。

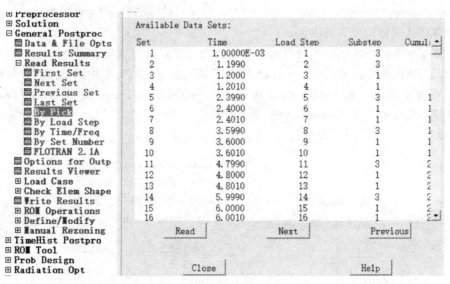

图 7-22 指定载荷步

温度场分布云图的查看，GUI：Main Menu→General Postproc→Plot Results→Contour Plot→
Nodal Solu，打开对话框选择 Nodal Temperature，如图 7-23 所示。在界面下端 Undisplaced
shape key 中可以设置是否和原型一起查看等选项，Scale Factor 中设置放大比例。

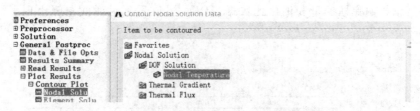

图 7-23 查看温度场结果的设置

温度场分布云图如图 5-5 所示。注：在 Maiu→PlotCtrls→Style→Contours→Uniform Con-
tours 以及 Style→Multilegend Options→Contour Legend 中设置云图的输出形式。

7.1.4 力场计算

热-力顺序耦合是将温度场计算结果耦合至力场计算中，以温度场结果为载荷，施加到
力场计算模型中。进行顺序耦合的要求有两点：一是力场物理模型与温度场的相同；二是时
间载荷步相同。前者通过计算单元转换实现，后者在 APDL 命令流中实现。力场分析的几何
模型和网格直接由热分析导入，其余计算流程类似于一般物理场计算，包括建立几何模型、
建立分析模型、求解以及求解结果查看四部分。

1. 建立几何模型

（1）选择分析类型　GUI：Main Menu→Preferences→Structural 和 Thermal→OK，界面如图 7-5 所示。

文件操作：先将温度场计算模型 .db 和 .dbb 文件（包含网格信息的物理模型）另存至力场计算目录下。

分析软件操作：将温度场分析的单元自由度转换为力场分析的单位自由度。GUI：Main Menu→Preprocessor→Element Type→Switch Elem Type，对话框中选 Thermal to Struc→OK，将单元自由度切换为结构计算自由度。

注：焊接性质的力场包含了材料的弹塑性行为，单元自由度要求具备非线性计算能力，因此，单元必须是有中间节点的。ANSYS 中 18X 系列的单元均为有中间节点的非线性单元。

（2）设置单元自由度　GUI：Main Menu→Preprocessor→Element Type→Add/Edit/Delete 打开的确认单元类型为 18X 系列，如图 7-24a 所示。在打开的对话框中 K6 选择 Mixed U/P（综合的位移/力），如图 7-24b 所示。

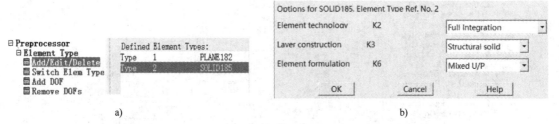

a)   b)

图 7-24　设置单元自由度

a）确认非线性单元　b）定义单元自由度

（3）定义材料属性　GUI：Main Menu→Preprocessor→Material Props→Material Model，打开对话框。在右侧对话框中选择 Structural→Linear→Isotropic，即为各向同性模型，如图 7-25 所示输入温度依赖的弹性模量和泊松比数据→OK，可以看到对话框左侧出现了 Linear Isotropic 项。

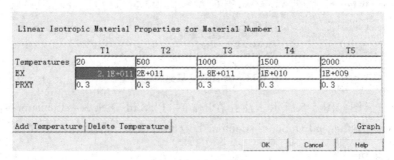

图 7-25　设置弹性项

类似地，选择 Structural→Nonlinear→Inelastic→Rate Independent（率不相关）→Isotropic Hardening plasticity→Mises Plasticity，选择等向硬化的塑性行为，即屈服面在各方向均匀扩散，输入温度相关的本构模型，如图 7-26 所示。

材料本构模型直接影响计算精度。材料本构模型可通过拉伸试验测量获得，也可文献引

Bilinear Isotropic Hardening for Material Number 1

	T1	T2	T3	T4	T5
Temperature	20	500	1000	1500	2000
Yield Stss	4.6E+008	4.58E+008	4.5E+008	1E+007	1E+006
Tang Mod	1.93E+010	1.9E+010	1.8E+010	1E+009	1E+008

图 7-26　本构模型

用。塑性本构模型的含义可查阅文献，对结构用钢来说，属于非功能材料，因而各向同性硬化模型的计算精度已足够。奥氏体本构方程参考式（4-14）～式（4-16），高强度钢 690 的本构模型可参考图 5-11 和图 5-12。注意，设置双线性材料模型定义非线性时，图 7-26 所示的大变形要较图 7-25 所示的小变形的模量要大，否则会提示 TB，BISO 的斜率问题。

　　类似地，选择 Structural→Density，输入材料密度，这里取常数 7850→OK。

　　类似地，选择 Structural→Thermal Expansion→Secant Coefficient→Isotropic，输入热膨胀系数。线膨胀系数一般是随温度变化的变量，参考表 5-5。

　　建好的力分析的材料模型，如图 7-27 所示。

　　力场顺序耦合计算的材料清单必备以上四项。如果焊缝材料类型不同于母材，如高配或低配情况，或者异种材料焊接，均可类似上述步骤，在图 7-27 所示菜单 Material 的下拉菜单中选择新建材料。

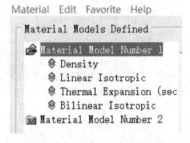

图 7-27　力分析的材料模型

2. 建立分析模型

　　（1）定义新分析　GUI：Main Menu→Solution→Analysis Type→New Analysis，在弹出的对话框中单击 Transient→OK，在跳出的文本框中单击 Full→OK，如图 7-14 所示。

　　（2）设置分析参数　GUI：Main Menu→Solution→Analysis Type→Sol'n Controls，在弹出的对话框中的 Basic→Analysis Options 中设置 Large Displacement Transient，焊接应力和变形中选择大变形分析，如图 7-28a 所示。

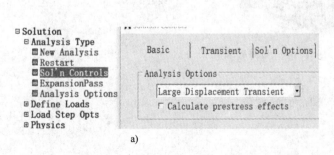

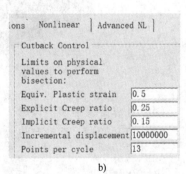

图 7-28　求解设置

a）设置大变形　b）设置收敛标准

在对话框中的 Nonlinear 中设置收敛标准，如图 7-28b 所示。

GUI：Main Menu→Solution→Analysis Type→Analysis Options 中设置修正的牛顿迭代算法 Modified N-R，作为线性方程组收敛的迭代算法，如图 7-29 所示。

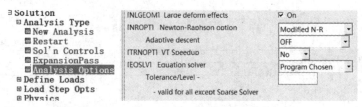

图 7-29　定义方程组的非线性迭代算法

（3）定义约束　力分析中约束的要点是防止刚性位移。选择面上节点，GUI：Main Menu→Solution→Define Loads→Apply→Structural→Displacement→On Nodes，单击 Pick，如图 7-30a 所示。打开的对话框中选择要施加的位移约束，如图 7-30b 所示。

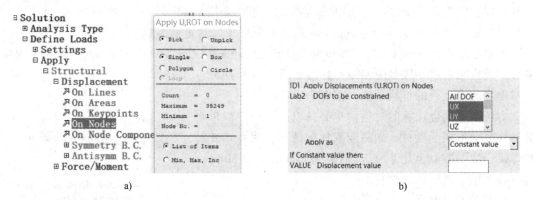

a)　　　　　　　　　　　　　　　　　　　　　　　　b)

图 7-30　定义力分析边界

a）约束点　b）约束分量

示例施加的位移约束，如图 7-31 所示。

图 7-31　位移约束

（4）计算结果存储的设置　同图 7-20。

（5）定义变量　选择与热分析相同的时间变量。

T = 0

Dt1 = 0.001

Dt = 1.2

（6）定义时间积分　同图 7-18。

找到温度场分析所在的目录，将结果文件 .rth 重命名（这里命名为 temperature.rth），并复制当前力场分析目录下，如图 7-32 所示。

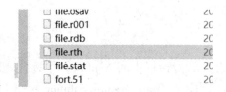

图 7-32　温度场结果的加载

（7）加载求解　焊接应力与变形是温度载荷引起的，温度分布在热分析中以载荷步的形式存于结果 .rth 的文件中。力分析时加载温度载荷的命令是 Lread。途径是 GUI：Main Menu→Preprocessor→Loads→Define Loads→Apply→load type→From source；或者 Main Menu→Solution→Define Loads→Apply→load type→From source，选择温度场结果文件 temperature.rth。

同样，焊接过程是瞬态过程，焊缝的形成是温度载荷分步加载的过程，因此采用 APDL 命令流进行加载。要注意的是力分析的时间节点或载荷步必须与热分析的时间节点或载荷步相同，才能以时间节点或载荷步为指针读取当前温度场的分布结果进行加载。与温度场计算对应的命令流为

```
*do,i,1,100
/solu
Esel,all
Eplot
T=t+dt1
Time,t
Esel,all
Eplot
Ldread,temp,,,t,,temperature,rth    !读入温度场结果文件并加载
Esel,all
Eplot
Solve
T=t+Dt-2*dt1
Time,t
Nsubt,5
Ldread,temp,,,t,,temperature,rth
Esel,all
Eplot
Solve
T=t+dt1
Time,t
Nsubt,1
Ldread,temp,,,t,,temperature,rth
Esel,all
Eplot
Solve
*enddo
```

如有冷却过程，则要求时间节点或载荷步相同。

结果查看。热分析后可以提取 $t_{8/5}$ 时间，并与式（5-3）～式（5-5）比较；可以提取应力分布数据，与图 5-14 比较。注意，应力提取时，在位移或力约束的节点及邻近区域的节点，应力数据会失真。因此，应力数据提取时应选择稍远离约束节点。

【知识拓展】 热弹塑性焊接过程有限元数值计算的收敛问题

与物理工艺试验对比，数值计算能节省试验成本、时间。不同系列工艺条件进行对比，计算结果必呈现一定的趋势，这个趋势则是可信的，可用于物理工艺试验的趋势性判断和方向指导。

目前数值计算在工程结构上的应用，焊接应力与变形分析多。温度场的分布为中心高四周低沿焊接方向的椭圆状（图5-5），椭圆状的宽窄除物理上与焊接速度相关外，板端面温度约束条件（图7-15）有关，即与板宽有关。应力应变场的计算精度主要在于约束条件和材料的本构模型（即应力-应变关系）。文中有限元模拟焊接应力应变场可以适用于焊接接头。如果要计算大型焊接结构，无论文中所述的热力顺序耦合分析还是直接耦合分析，计算量大，存储要求高，而且极可能不收敛。一般对单道焊缝的弹塑性行为进行简化，一般简化为力初始载荷，然后在结构模型上加载初始载荷进行弹性有限元分析，解决计算成本问题。同样，计算精度有赖于初始载荷的简化程度，具有焊接应力中的纵向和横向应力之外的焊接顺序因素的横向应力分量，可以保障精度，结果可用于船舶工程结构的焊接生产程序优化。然而，尽管焊接变形问题相伴熔化焊接技术而生，即使在计算机技术发展的今天，计算成本和精度的矛盾严重阻碍了焊接变形分析软件在造船企业的应用。

除了大型结构焊接应力与变形分析，通过差异化设置焊接接头不同区域的材料本构模型，可以进行焊接接头应变或应力分析，从而获得应变脆化的数据。如设置距离焊缝一定距离的单元或材料不同热物理性能（材料的本构模型和热膨胀系数、导热系数和比热容）时，则可模拟不同组织状态下（如马氏体、铁素体、珠光体或贝氏体等）热影响区的应力应变分布，即可用于应变时效时应力应变的分布，这一类应用很少见。这可能与马氏体等相不同时热物理性能参数难以查找有关。

材料材质不均匀时引起的应力集中（图1-11）涉及了材料的非线性。非线性在有限元计算中易引起不收敛。夹杂物引起的裂纹扩展和断裂强度采用有限元分析。

有限元各软件操作都有一定的技巧，如ANSYS的一个命令操作结束，下一个命令执行之前，如果执行命令的对象是面、体或节点等，此时要在菜单上选择Select→everything。

一条焊缝是逐步形成的，文中例子以一条焊缝已经存在的方式，只是将热源逐步移动。与热源和焊缝同步模拟相比，未形成焊缝的刚度会影响模拟的精度。可采用生死单元方法模拟焊缝单元的逐步形成。采用ekill命令将没有焊接到的单元"杀死"以及选择"生"的单元else, s, live, 设置后的程序计算时不考虑这些单元的刚度；待焊到的单元"复生"。生死技术的应用使原本非线性的计算不容易收敛，计算时间长且对精度影响不明显。

进行模型多个对象选择时，是鼠标连续单击，单击对象皆选中。鼠标尽量置于对象的中心区域。此时为默认的选择模式，鼠标提示的箭头是向上的；如果单击失误，右击切换为取消模式，此时鼠标提示的箭头是向下的，单击对象被取消选择，从选择列表中剔出；取消结束再单击，恢复原选择模式，继续选择对象。

如求解开始而在计算程序未结束即自动退出，可设置不退出，命令为：NCNV, 2。然后再检查程序停止的原因。一般情况下，非线性时程序的退出有三种可能：刚体位移、计算机内存不够和程序的报警次数超过缺省值。前两种处理的方法分别是检查三个方向是否均有约束和留出足够多的内存。第三种处理的方法是增大允许报警次数，命令为：NERR, n。

其中变量 n 为警告次数，可设为一个较大的数。

计算过程中提示大变形而结束计算，原因有两个方面：一是节点约束时节点数过少，使约束节点受力后产生应力或变形过大而超出极限，计算中止；二是网格不合格。分别通过增加约束的节点数和修正网格至合理形状来解决。

计算前提示 TB，BIOS 有台阶，由非线性材料性能引起的，修改。

计算中没有提示节点计算结果，命令激活，/Graphics，full，之后再提取节点应力。

7.2　焊接裂纹扩展行为的数值分析

断裂的过程即为裂纹扩展过程。解析方法包括基于能量平衡原理的 Griffith 脆断公式，考虑裂纹尖端区塑性变形的韧性材料脆性裂纹扩展，裂纹尖端应力场和位移场的应力强度因子 K 以及弹塑性条件下裂纹开裂的 COD 准则和与裂纹路径无关 J 积分，见 1.5 节，是数值分析的理论基础。

金属材料断裂问题，如焊接热裂纹或结晶裂纹，热影响区的 MA 组元引起的脆性裂纹、氢脆、液化裂纹以及粗晶脆性，断口形貌均呈脆性。类似夹杂物引起的脆性开裂在解析上可采用式（1-2）求解，在数值上可采用 Abaqus 塑性金属损伤求解应力场或 Abaqus 求解 K 值（设置裂纹的方法）；对于裂纹扩展过程中与夹杂物的相互作用以及相互作用过程中能量的耗散和夹杂物尺寸对裂纹的偏转或吸附作用，属于典型的脆性问题。这类脆性问题与复合材料夹层裂纹扩展时的定向性是显然不同的，裂纹走向是不确定的。针对裂纹脆性扩展过程中由于夹杂物或第二相引起应力场变化而引起的应力强度因子和扩展方向的不确定性问题，采用 Abaqus 的扩展有限元法模拟可以获得较高精度。而且，数值模拟结果对于理解裂纹萌生和扩展的机理、再现显微实验中见到的裂纹偏转行为以及裂纹扩展中能量耗散均有一定的指导意义。

7.2.1　裂纹的萌生

在有限元模拟中，材料的破坏行为需要定义，因而与传统有限元法相比，裂纹萌生与扩展除了与传统有限元中材料性能的弹性、硬化行为有关外，需要定义材料的破坏准则。在 Abaqus 中，材料破坏准则在材料属性中定义，包括 Damage for Ductile Metals 塑性金属损伤、Traction-Separation 损伤、纤维增强复合物的损伤、弹性体损伤几类[161]。Traction-Separation 法则的损伤是针对 Cohesive Element（黏结单元），设置膜厚度变量，模拟复合材料胶合层脱黏问题，即已知裂纹扩展路径情况，与实验观察结果吻合较好；服从纤维增强复合物的损伤针对玻璃纤维材料；弹性体损伤针对类似橡胶类材料等。实际上，混凝土也有塑性损伤模型可使用。

塑性金属损伤包括 Ductile 塑性损伤、Johnson-Cook 损伤、剪切损伤、FLD 损伤、FLSD 损伤、M-K 损伤、MSFLD 损伤等。剪切损伤用于预测剪切带局部化引起的损伤，FLD、FLSD、MSFLD、M-K 损伤都是用于预测金属薄片成形引起的损伤。塑性损伤和 Johnson-Cook 损伤都是一类模型，预测由于塑性金属内部空隙形核、成长和合并引起的损伤萌生。钢材的损伤往往采用塑性损伤和 Johnson-Cook 损伤准则。每种类型的损伤定义中，主菜单是关于损伤的萌生，子菜单是关于损伤的演化。塑性损伤基于假定损伤萌生时的等效塑性应变是三轴应力和应变率的函数，由 MISES、Johnson-Cook、Hill、Drucker-Prager 塑性模型整合得到，主菜单参数是断裂应变（损伤发生时的等效断裂应变）、应力三轴度（$R = -p/q$，其中 p 是压应力或静水压应力，q 是 MISES 等效应力）和应变率（等效塑性应变率 ε_{pl}）。不同的三轴应力和应变率对应不同的损伤萌生的断裂应变。各参数以表格的形式输入，参数可以是材料性能已知或假定的。Johnson-Cook 损伤需要输入 5 个失效参数 D1-D5、熔点，显然是用于模拟热过程中弹塑性行为。

损伤的演化在 Abaqus 中的损伤模型的子菜单中设置。不同的损伤萌生模型，损伤演化模型变化不大，其中塑性损伤和 Johnson-Cook 损伤的子菜单相同。塑性损伤以位移和能量变量作为破坏时损伤的演化准则。以位移作为损伤变量时，类似于脆性模型的方法；以能量作为损伤变量时，通过断裂所需的能量求出损伤变量。损伤的演化采用重置材料刚度的方法进行模拟，若未损伤之前刚度的损伤因子为0，损伤后刚度的损伤因子为1，如图 7-33 所示。该参数在单元的 Max Degradation 中设置为 1，并通过是否删除损伤单元的方式在后处理中显示损伤情况[161]，如图 7-39 所示。

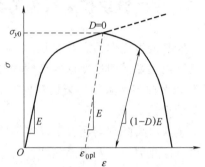

图 7-33　材料刚度降低示意图

裂纹扩展计算若是采用有限元法，则计算流程类似于其他问题的有限元方法。各有限元方法具体过程大同小异，包括建模、材料力学性能的定义、分网、定义定解条件以及加载。若是动态问题，加载的时间要定义。Abaqus 的计算流程包括建立几何模型 Parts、材料模型 Materials、截面赋材料性质 Sections、网格划分后装配 Assembly 以及加载求解中的载荷步设置和求解变量的设置等，均可在 Model 下操作。这里以焊缝中夹杂物引起的应力集中和损伤为问题背景，建立二维几何模型，说明延性损伤数值计算的要点。

1. 建立几何模型

（1）建立模型　新建 Part，出现的 Modeling Space 中选择 2D Planar；在 Type 文本框中选择 Discrete rigid；在 Base Feature 文本框中选择 Wire；在 Approximate size 中输入范围，如输入了 100，设置后→continue。

（2）区域划分　若几何模型中有不同材料性质的部分，则需划分区域。按 ⬚ 按钮进行划分分区，设置后→Done。由于夹杂物和基体力学性能不同，因而设置两种材料的区域。

在几何建模过程中，区域划分时需确保区域的封闭。一般在建完内剖面后，再建立外截面区域，否则会提示 Self crossing-section 问题。此时须重新建模，或把内部区域先删除，以剖面划分的方式重新建立内剖面。

2. 建立材料模型

新建 Materials ⬚，分别设置材料的 Elastic、Plastic 性能，再设置破坏准则，如图 7-34 所示。钢质基体为塑性材料，因此选择的塑性破坏模式为 Ductile Damage。

完整的弹塑性损伤问题需要设置的材料属性包括弹性 Elastic、塑性 Plastic 以及 Damage 共三项，如图 7-35 所示。对于多种力学性能的材料，需建立各自的材料模型。基体和夹杂

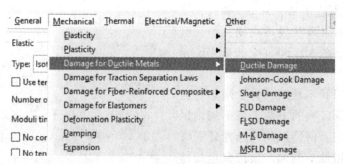

图 7-34 设置材料的破坏准则

物两种力学性能的材料参数要分别设置。其中，若夹杂物是脆性时，材料模型中可只设置弹性 Elastic。

（1）建立截面 单击 ✥ 新建截面，按图 7-36 所示定义截面种类。要注意的是，截面的定义是 Solid，而不是 Shell，虽然是平面问题，但与二维 Shell 问题不能混淆。否则，后面材料性能赋值时会提示错误。

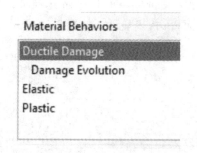

图 7-35 塑性断裂分析所需的材料性能

图 7-36 截面的定义

（2）定义截面性能 单击 ✥ 为截面赋材料性能。在选择截面界面中，依次单击截面（可以多选），选择完成后→Done，出现界面如图 7-37 所示，完成设置，即将定义的 Section 名称赋予截面。

3. 网格划分

网格划分包括设置网格数，再设置单元形状 Shape、然后定义单元性质。

（1）设置网格数 单击 ▦ 为各边设置网格数量。网格疏密设置的原则是在应力梯度较大的区域设置密网格，而在应力梯度较小的区域设置稀疏网格。在基体中含夹杂物的问题，在夹杂物和钢中增加了一个过渡区域

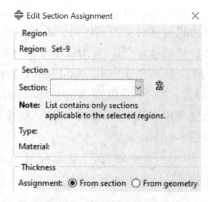

图 7-37 截面赋材料性能

Section，此区域为基体金属。在设置网格数量时，由于此区域应力梯度大，设置了密的网格，这样在远离夹杂物的其他基体区域可采用稀疏网格，以有效分配计算资源。

（2）设置单元形状 单击 ▦ 设置单元形状 Shape，出现 Mesh Controls，如图 7-38 所示。如果夹杂物几何形状比较接近四边形，在 Technique 中可以选择 Sweep 分网；如果形状不规

则，在 Algorithm 中选择 Medial axis 模式，能得到理想网格；如果形状极不规则，如含有直线、曲线边界，在 Algorithm 中选择 Advancing front 合适。

几何模型的形状不规则，为了网格划分可控，最好采用分区域的方法，将不规则区域整合得比较规则。网格形状的选择还需考虑分析结果的适用性。例如，损伤分析的结果用于后续 XFEM 分析的初始载荷，即前道分析的结果要耦合至后道分析中，则两个分析的几何模型和网格就要求相同。而 XFEM 需要的是 Quad 网格，因而前道分析也需要设置成 Quad 网格。

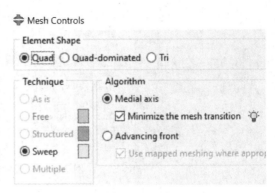

图 7-38　设置单元形状

（3）单元设置　单击 ⊞ 设置单元类型，首先要选择区域，完成后跳出单元类型对话框。分析问题的类型不同，单元类型是不同的。选择 Quad 单元则出现 Element Controls，Viscosity 需要 Specify 为 0.001，为常规计算精度的设置。在 Element deletion 选项中，Yes 表示达到损伤准则的单元将在后处理结果中不再显示；而 No 代表显示，如图 7-39 所示。

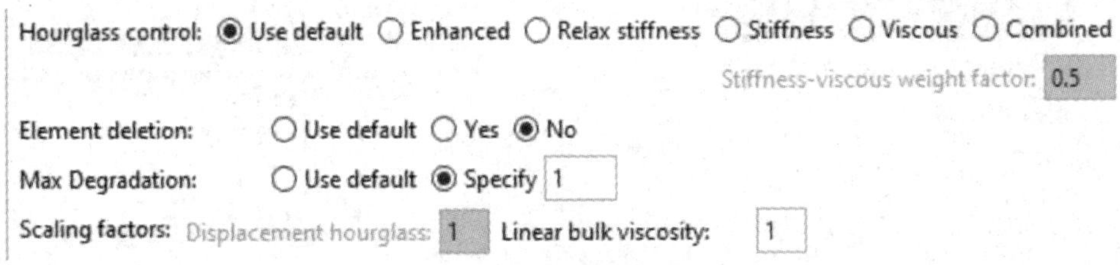

图 7-39　单元性质的设置

Max Degradation 设置为 1，这是当应力超过材料抗拉强度时，发生软化现象，使刚度降低。当 Max Degradation = 1 时，单元完全软化，不再承受载荷。注意，这一个设置还需要在 fieldout 输出变量中设置破坏模式 SDEG 来激活，如图 7-40 所示。

（4）网格划分　单元设置好后，单击 ⊞ 对各区域划分网格。

（5）组装　在 Model 菜单中选择 Assembly，单击 ⊞ 装配各区域。

4. 建立分析模型

建立分析模型包括建立载荷步和设置输出变量。建立载荷步 step1，设置输

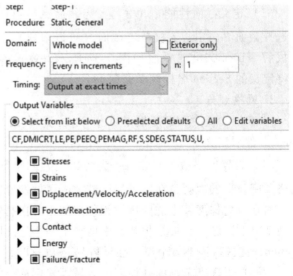

图 7-40　计算变量的设置

出变量，在 Field Output 中选择应力、应变和位移以及破坏模式 Failure/Fracture，如图 7-40 所示。

在 Failure/fracture 中选择 SDEG；在 State/field/User/Time 中设置 STATUS。

5. 加载

施加载荷和边界条件，定义 Job 文件。

6. 求解及结果查看

在 .odb 结果文件中查看 Field Output 设置变量的分布云图以及夹杂物尖端单元的损伤情况。比较夹杂物尺寸和夹杂物软硬变化，计算夹杂物尖端的应力集中分布，分析夹杂物/第二相尺寸对开裂的影响机制。计算夹杂物尖端的应力集中分布情况以及夹杂物尖端裂纹可参考图 1-11。

7.2.2　扩展有限元法模拟裂纹与夹杂物相互作用

数值上再现裂纹的萌生与扩展，需要模拟工程断裂时新表面的产生与扩展，即要解决几何非线性问题，包括新表面的位移不连续和裂纹尖端应力的奇异性。经典有限元法以连续函数作为形函数 $N(x)$，单元内节点的位移函数 $u(x)$ 采用形函数 $N_i(x)$ 的插值来描述，$u(x) = \sum_{i=1}^{m} N_i(x)u_i$，式中，$u_i$ 为连续节点的自由度。而扩展有限元法（Extended Finite Element Method，XFEM）采用几何体与网格分离的单位分解法思想，在裂尖附近，引入扩展或增强函数表示位移几何意义的间断特性，即

$$u_{\mathrm{XFEM}}(x) = \sum_{i \in S} N_i(x)u_i + \sum_{i \in S_{\mathrm{h}}} N_i(x)H(x)a_i + \sum_{i \in S_{\mathrm{c}}} N_i(x)\sum_{a=1}^{4}\varphi_a(x)b_i^a \tag{7-5}$$

式中，S 是节点总数；S_{c} 和 S_{h} 分别是裂尖节点数和裂纹内部节点数；右侧第一项相当于标准有限元位移函数的插值；第二项的 $H(x)$ 是位移跳跃函数，a_i 是跳跃自由度数，第二项描述裂纹产生的不连续性；第三项是增强项，$\varphi_a(x)$ 是裂尖奇异性函数，b_i^a 是自由度数。

位移跳跃函数 $H(x)$ 表示为

$$H(x) = \begin{cases} 1 & \text{当}(x-x')n \geq 0 \\ -1 & \text{其他} \end{cases} \tag{7-6}$$

式中，n 表示裂纹 x' 处外法线方向；x' 表示裂纹上距离采样点 x 最近的点。

裂尖奇异性函数 $\varphi_a(x)$ 定义为水平集函数，即

$$\varphi_a(x) = \left[\sqrt{r}\sin\frac{\theta}{2}, \sqrt{r}\cos\frac{\theta}{2}, \sqrt{r}\sin\theta \cdot \sin\frac{\theta}{2}, \sqrt{r}\sin\theta \cdot \cos\frac{\theta}{2} \right] \tag{7-7}$$

式中，(r, θ) 是裂尖极坐标，如图 7-41 所示。

水平集函数代表了水平集法思想。水平集法是用于追踪移动界面的数值方法，用于追踪裂纹界面，XFEM 对于任意裂纹扩展而不需网格更新。在 XFEM 中，定义了变量 PHILSM 和 PSILSM 两个符号距离函数追踪裂纹表面和尖端。

XFEM 自 1999 年提出，在分析裂纹脆性扩展方面获得了较高模拟精度，证实了数值计算的潜力。通过引入塑性材料和塑性断裂模型，在塑性断裂问

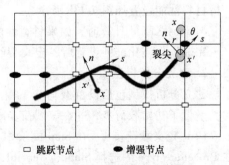

图 7-41　XFEM 节点示意图

题中的裂纹扩展分析中也开始获得应用。

这里以焊接热影响区的马氏体基体中含 MA 组元的夹杂物为问题背景，分析裂纹扩展过程中与夹杂物间的相互作用。MA 组元中的 M 含碳量高，硬度高于基体和内核奥氏体。当裂纹行至夹杂物附近，裂纹主平面会发生偏转，后沿 MA 相界面行进，如图 7-56 所示。裂纹被 MA 偏转和捕获的行为，其能量耗散必然不同。对于不同 MA 的尺寸，通过比较裂纹扩展时的偏转行为和能量耗散，可以得到临界 MA 尺寸，对于焊接工艺程序的优化具有一定的指导意义。

XFEM 分析流程包括建立几何模型和材料模型、划分网格、建立分析模型等。夹杂物与基体材质不同，考虑基体具有一定的塑性，MA 组元在承载时有一定的应力集中行为，为此先进行了 Ductile Damage 分析，并将载荷作用下应力分布作为初始载荷耦合至 XFEM 分析中。以此为例说明 XFEM 在分析焊接裂纹中的应用。

建立的几何模型和网格沿用 7.2.1 节的，不再赘述。重点介绍预置裂纹和 XFEM 计算流程，包括将文件 Model 另存为 XFEM 版本，裂纹建模、组装、改材料破坏模型，新建 Step、Nonlinear、Creat，建立 Interact 和 XFEM 分析中 Fieldout 输出的设置。加载时为了在 interface 上施加预应力载荷，设置了 Initial 载荷步，最后设置载荷步进行 XFEM 分析计算的设置等。

打开马氏体基体中含 MA 组元的几何模型，沿用划分好的网格模型。在装配前需分离原几何模型和网格，在几何建模中将裂纹画好后，将裂纹与原几何模型装配，装配后划分网格。这里重点说明 XFEM 中裂纹扩展的设置和求解载荷步的设置。算例的初始应力问题，需根据实际情况确定是否适用。

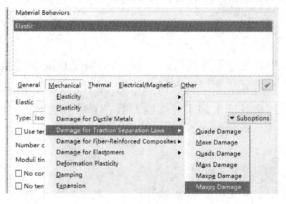

图 7-42　材料性能

1. 建立材料模型

开裂过程中为脆性，XFEM 分析中材料模型重新设置，新建的材料模型包括 Elastic 和 Damage 设置，XFEM 分析的选择是 Damage for Traction Separation Laws 模式，如图 7-42 所示。

如前所述，损伤准则的设置在主、子菜单中。以最大应力破坏准则时，损伤演化准则设置子菜单如图 7-43a 所示。马氏体基体钢的断裂能参照高强度钢的，并在子选项中设置 Damage Stabilization Cohesive。完整的 XFEM 分析材料性能设置如图 7-43b 所示。

Abaqus XFEM 计算时，如果材料性能中没有指定损伤模型，会提示损伤模型错误。

完成损伤演化准则设置后，定义裂纹并装配几何模型和裂纹。

2. 建立分析模型

建立分析模型包括设置载荷步、输出变量设置以及裂纹设置。为了考虑应力集中的影响，增设了初始载荷步，并在该载荷步施加初始应力。

（1）定义载荷步 1　在 Step 模块中，新建载荷步，出现 Step-1 对话框中，选择 Initial，在 Procedure type 中选择 Static，General，然后 Continue，如图 7-44 所示。

（2）定义初始载荷步的内容　定义初始载荷的内容在（7）中说明。

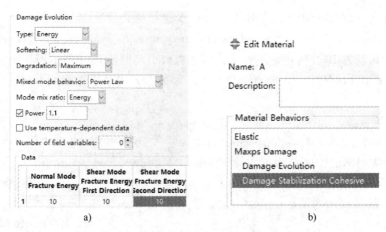

图 7-43　XFEM 中材料性能设置

a）损伤演化准则　b）材料性能

（3）定义载荷步 2　选择 Type 为 Static，General 后 Continue，在 Edit Step 对话框中单击 Basic 项，设置大变形 Nlgeom 为 On，如图 7-45 所示。

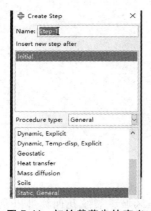

图 7-44　初始载荷步的定义

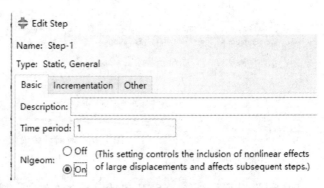

图 7-45　裂纹演化的大变形设置

（4）求解设置　在 Incrementation 中设置载荷步增量方式，即最小空间步长/时间步长，如图 7-46 所示。这个选项的设置与程序收敛性有关，Maximum 值影响不大，可适当设置较大值；Initial 可适当用小值，如 $10^{-2} \sim 10^{-3}$ 量级；Minimum 要用小值，如 10^{-5} 量级。

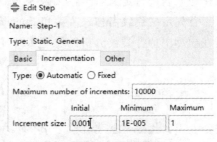

图 7-46　载荷步增量

程序采用载荷步增量的过程是，用 Initial 值输入进行迭代计算，如果计算结果收敛，则继续以这个值代入计算下一步，如果不收敛，则自动减小时间步长（Time Increment）重新计算直到收敛，然后计算下一步。其中 Maximum 值和 Minimum 值分别是 Abaqus 在收敛计算时时间步长的上下限，同时 Total Time＝求和（Time Increment * Number），当时间步长很小时，需要计算的步数 Number 相应增大，计算时间随加，因此 Number 一般要设置较大值。Minimum 并不是越小越好，因为 Number 即计算时间增大，

Abaqus 计算精度一般约在 10^{-5}，当时间步长小于这个值，计算结果已经没什么意义了。如果此处设置不合适，计算不会收敛，出现 Too many attempts made for this increment 的提示。

若 Minimum 设为 10^{-5} 时还是不收敛，可适当减小空间步长（即把网格画细点）。因此，XFEM 计算中增加收敛的方向主要有两个考虑：增加最大增量步数或减小最小增量步大小和细分网格。

设置大变形参数，如图 7-47 所示，在 Other→General Solution Controls→Edit→Step-1 选择。在出现的 WARNING 提示中可直接 Continue，出现的 General Solution Controls Editor 对话框中选择 Specify，设置 Time Incrementation 选项，如图 7-48 所示。

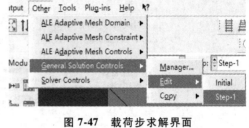

图 7-47　载荷步求解界面

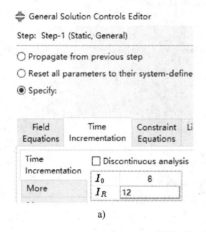
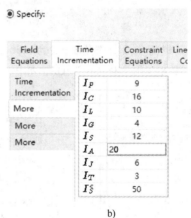

图 7-48　时间增量设置

a）时间增量　b）迭代次数

（5）定义 XFEM　定义 XFEM 包括定义裂纹名称、裂纹扩展区域、裂纹几何模型以及裂纹扩展过程中的接触模型。这里涉及两个独立几何体：裂纹与 MA 和基体的相互作用，程序以接触问题进行定义。

首先定义裂纹名称，主菜单 Special 下拉菜单中定义裂纹，如图 7-49a 所示；单击 Create 后在模型中选择裂纹分析的类型 XFEM，如图 7-49b 所示。

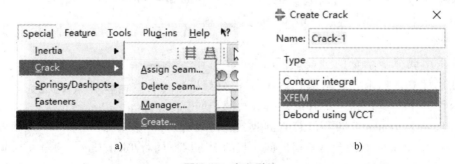

图 7-49　定义裂纹

a）裂纹的定义　b）定义 XFEM

接着出现 Edit Crack 对话框，需要定义裂纹扩展区域 Region，选择 Picked 后，回到模型界面，选择基体材料的区域作为裂纹扩展的区域，如图 7-50 所示。

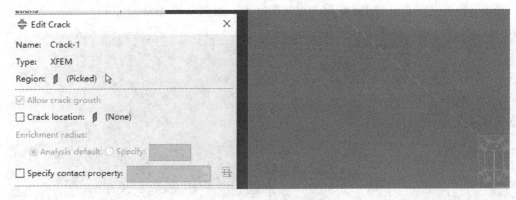

图 7-50 定义裂纹扩展区域

返回 Edit Crack 对话框，单击 Crack location 后，出现 Picked 按钮，单击后两次回到模型界面，选择裂纹几何模型，如图 7-51 所示。

裂纹几何模型的选择只有一次，单击后操作界面再次返回至 Edit Crack 对话框。最后完成裂纹扩展过程中与材料接触模型的定义，单击 Specify contact property 后，单击右侧按钮，如图 7-52a 所示，建立接触。在跳出的对话框中选择接触过程中的物理量相互作用的行为，有 Mechanical、Thermal 以及 Electrical 等选项，裂纹扩展分析中选择 Mechanical 中的 Normal Behavior，即力学正应力接触，如图 7-52b 所示。

接触性质中定义 Pressure-Overcloser 为"Hard"Contact，即裂纹扩展的接触中无变形。也正因如此，XFEM 裂纹扩展分析模拟脆性裂纹的扩展，对裂尖塑性行为，这个选项是无法模拟的。一般 Abaqus 中的接触问

图 7-51 定义 XFEM 的裂纹

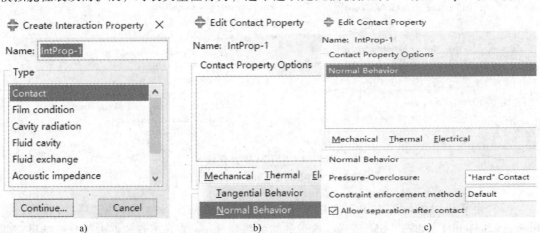

图 7-52 定义 XFEM 接触模型

a）定义接触 b）定义接触类型 c）接触模型

题，如螺栓连接的接触，需在相互作用模块创建耦合约束，将螺栓孔内表面与中心点建立耦合，在耦合点加载集中心作用，固定模型下表面。

完成 XFEM 定义后，Model 界面为点选的状态，如图 7-53 所示。

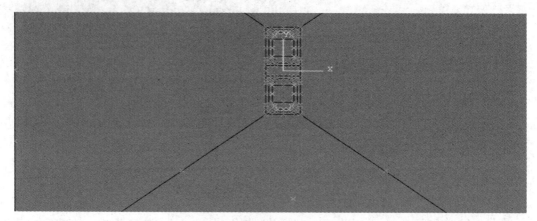

图 7-53　XFEM 定义后的模型

（6）定义输出变量　在 Field Output1 中 Edit，除了选择 Stress、SDEG 之外，选择 DMI-CRT 和 STATUS 两个变量，在变量中用于定义 XFEM 状态变量的，如图 7-54 所示。

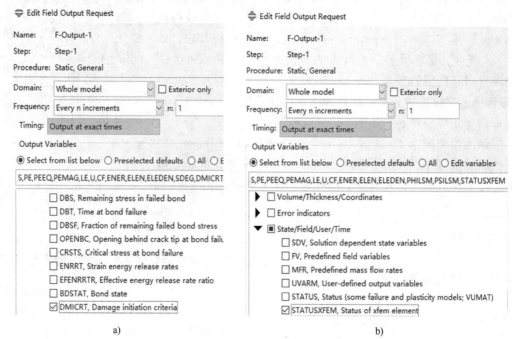

a)　　　　　　　　　　　　　　　　b)

图 7-54　XFEM 输出变量
a）定义 DMICRT　b）定义状态变量

（7）定义初始载荷　在预应力计算中，在 Initial 载荷步 Step 中，施加初始载荷，即 Predefined Field-1，如图 7-55a 所示。这里的初始载荷 Stress 来自于弹塑性力学分析结果，如图 7-55b 所示，其中的 Specification 是指耦合初始应力所在的文件。要求两者的网格和几何模型相同。

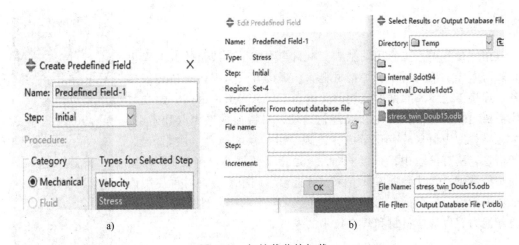

图 7-55　初始载荷的加载

a）定义初始载荷　b）耦合初始应力

有兴趣的话，可以不设置初始载荷，比较一下其与预应力加载对裂纹扩展能量耗散的区别。

加载求解后，得到裂纹扩展能量耗散以及裂纹扩展路径。如图 7-56a 所示，马氏体基体中硬相 MA 组元作为夹杂物，MA 组元硬于马氏体基体，使裂纹主平面发生偏离，即偏转裂纹到 MA 后，被 MA 界面捕捉，然后沿 MA 扩展，使 MA 与基体呈剥离机制开裂。而实验的断口形貌（图 7-56b）中，MA 组元呈裂纹源的自裂以及向四周脆性扩展的特征，数值模拟的结果吻合 MA 断口形貌。

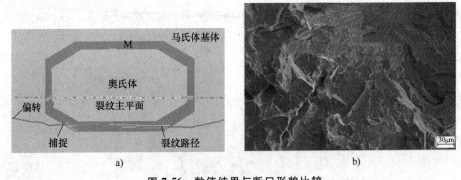

图 7-56　数值结果与断口形貌比较

a）数值模拟裂纹扩展路径　b）MA 断口形貌

7.3　焊接生产和工艺评定的数字化

数字化技术和信息化技术在造船技术、生产和管理中得到推广应用，与造船行业结合的智能化应用渐入佳境，体现在繁琐纸质文件的数字化，查询、工时、焊接材料消耗、焊接工艺参数的监测与预警，甚至焊接任务的认领、焊工健康状态的监测等大量信息的管理。除了前述焊接应力与变形的模拟之外，焊机群控管理、焊接工艺评定专家系统的应用侧重于造船行业特点。

7.3.1 基础数据库

数据库是各类系统使用的基础。材料与焊接生产涉及的数据库包括船舶与海洋工程材料库、焊接材料库、焊接方法、焊接工位、焊接设备、焊接工艺等。数据库建设的关键在于信息索引。因此，建立数据库需要对数据进行标准化和规范化处理，对特征数据提取和索引。例如，材料库中信息应有化学成分、碳当量、强度等力学性能信息、生产信息，所有信息中，强度+韧性级是特征数据，以强度+韧性级作为特征数据，其他数据库或专家系统检索、调用或查询时可使用该特征数据索引。典型的基础数据库如图 7-57 所示。基础数据库需具备更新能力，以适应材料和焊接技术的发展。

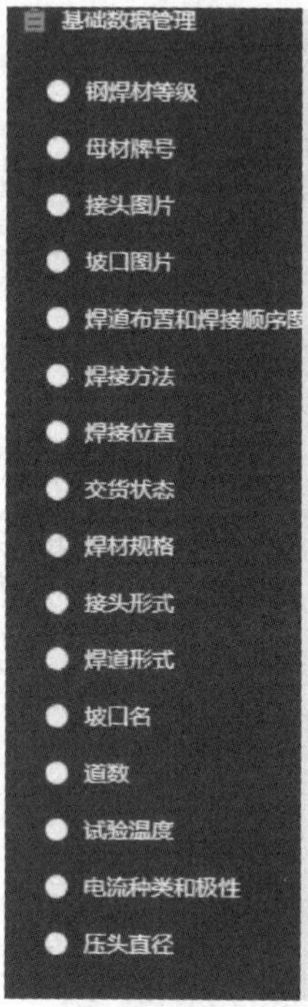

7.3.2 焊接工艺评定专家系统

船舶用钢材和铝合金材料在焊接结构生产前应获得焊接工艺认可。在规范规定的材料范围内，由工厂进行焊接工艺评定，即制定焊接工艺计划书（PWPS）、焊接工艺试验报告（WPQR）和焊接工艺规程（WPS）三份文件，得到合格的焊接工艺参数供船级认可。其中，焊接工艺计划书在焊接工艺认可试验前编制，用以指导完成焊接工艺认可试验；焊接工艺试验报告描述和记录焊接工艺认可试验中使

图 7-57 典型的基础数据库

用和得到的技术参数，如焊接电流、电压、热输入量、焊接材料、坡口形式、预热、焊机等焊接工艺参数，以及性能评价的各项试验结果，如拉伸试验、弯曲等；焊接工艺规程是根据合格的焊接工艺试验报告，对焊接工艺计算书修改完善后经船级社批准的技术文件，用以指导焊接生产。专家系统的关键在于其"专业性"设计，包括各关联关系的内置。

1. 工艺认可文件的关联关系

焊接工艺评定系统中三份文件的数据关系，如图 7-58 所示。在三份文件中，WPS 按项目管理，具备查询和新增功能。新 PWPS 制定时，可以借鉴已有 WPS 中参数，即有向 PWPS 转换的功能；PWPS 中实验项目通过菜单式指定，并自动转入 WPQR 中记录结果。三份文件之间，由 WPQR 分别

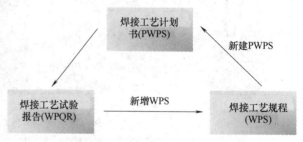

图 7-58 工艺认可文件的数据关联

关联，且索引时指向 WPS。采取的三文件联动方式，在文件中导入数据。

2. 专家系统智能化设计

智能化一方面依据工艺认可文件间数据流程进行自动数据提取，另一方面规则条款的应用过滤是船舶业应用和智能程度的重要体现。过滤功能应用在输入中，如在种类繁多的母材种类中，快捷查找提高效率，输入关键字即能将预期材料种类显示在选项中，如图 7-59a 所示，输入钢，则钢材种类出现在对话框的下拉菜单中，但下拉菜单中选项多，不便快速查找，此时在母材牌号文本框中输入"550"，便能出现"AH550、DH550、EH550、FH550"

4项，过滤后简单明了。过滤功能应用在规则条款中，母材种类一经确定，焊接工艺如方法、焊材过滤后出现在下拉菜单中，过滤大部分焊材，如图7-59b所示。

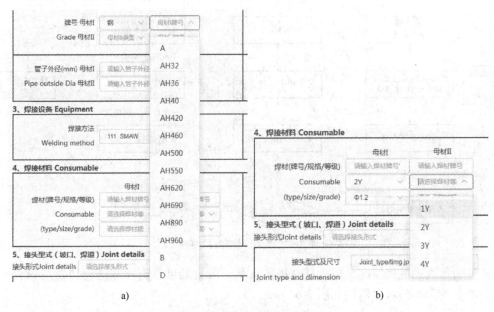

图7-59　专家系统智能化设计

a）母材种类信息的过滤　b）焊接材料的过滤

再如WPQR中试验合格的工位、焊接热输入量等参数，在新建WPS文件时，除了复制操作外，还需按规范条款进行自动转换，提高专业性和智能化程度，减轻操作者工作强度和降低失误。

材料输入后，给出合理的焊接规范建议，如 $t_{8/5}$、热输入量或焊接热输入等，需要根据材料的碳当量、Ms 和 Bs 以及各焊接方法的 $t_{8/5}$ 以避免MA成分、高强度钢的自回火脆化和软化。

此外，在推广应用阶段，在数据标准化信息（如焊接方法的编号、焊接工位、接头类型等）还不广为熟知的情况下，系统的帮助和提示功能的设置有效降低软件应用和知识学习的门槛。

7.3.3　焊机群控和焊接生产信息管理

焊机群控是一种管理模式，该系统由数字化焊机、通信系统和服务器群组等组成，采用焊接大数据进行焊接生产管理、焊接质量分析以及焊接工时和耗材的统计等。焊机群控是将焊接规范参数提取并集中显示，与WPS文件设置的阈值比对，超出即警示，从而对生产状态进行监督管理；提取焊接规范参数数据，统计焊接工时和耗材；提取焊接工时和设备信息，对焊接设备和任务进行管理，实现生产进度的自动统计。系统是以人员、设备、任务为一体的业务管理，如图7-60所示。

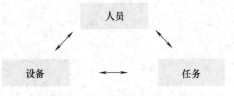

图7-60　焊机群控关系的管理

多对象之间建立的关联关系和数据流程，如图7-61所示。

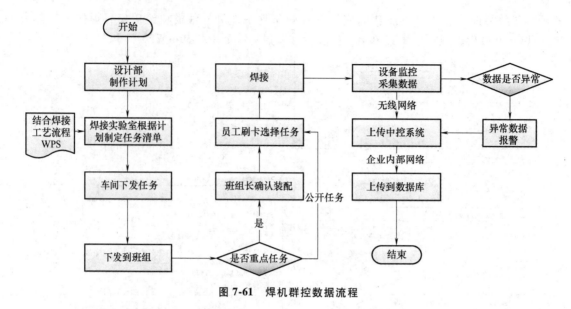

图 7-61　焊机群控数据流程

任务端可查询进展情况、焊机号与操作人员，人员端可查询任务进度和使用焊机号等。焊机群控系统采集的数据示例如图 7-62 所示。

一、主要情况										
作业课	班组	设备使用数量/台	焊工上线数量	有效工时/h	总耗材/kg	设备使用率(%)	平均焊工工作效率(%)	平均电流/A	平均电压/V	平均温度/℃	平均湿度(%)
制造部	制造装焊3班	26	33	26	239.8	49	11.85	192	31	26.32	54.71
制造部	焊接技术室	0	0	0.00	0.00	0.00	0.00	0	0	0.00	0.00
二、具体情况										
作业课	班组	施焊员	有效工时/h	总耗材/kg	平均焊工工作效率(%)	平均电流/A	平均电压/V	平均温度/℃	平均湿度(%)		
制造部	制造装焊3班	(A76457)××××	1.61	11.24	20.13	275	39	35.41	56.33		

图 7-62　焊机群控系统采集的数据示例

相对于单台焊机焊接电流、电压和焊接速度等规范参数的手工记录，焊机的群体控制将区域焊机群连接成组，统一分配任务、统一管理，并实时监控各个作业区域的焊接任务完成情况，有利于精细化和科学化管理，打通焊接数字化和信息化管理环节，进一步提高船舶建造技术和效率。

附　录

附录A　材料性能数据

1. 高强度钢36的物理性能（表A-1）

表A-1　高强度钢36的物理性能

温度/℃	线膨胀系数($\times 10^6$)/℃$^{-1}$	弹性模量/GPa	屈服强度/MPa	v
20	12	206	420	0.29
100	12	203	400	0.29
200	12	201	380	0.295
300	12	200	350	0.295
400	12	165	290	0.3
500	12	100	230	0.3
600	12	60	160	0.32
700	12	40	100	0.32
800	12	30	100	0.35
900	12	20	60	0.35
1000	15	10	60	0.39

注：比热容$c = 3.9$MJ/($m^3 \cdot$ K)；传热系数$h_c = 300$W/($m^2 \cdot$ K)；热导率$\lambda = 48.6$W/(m$\cdot$ K)[162,163]。

2. 不锈钢316L的物理性能和力学性能（表A-2和表A-3）

表A-2　不锈钢316L的物理性能

温度/℃	比热容c/ [kJ/(kg $\cdot$ K)]	传热系数h_c/ [W/($m^2 \cdot$ K)]	热导率λ/ [W/(m $\cdot$ K)]	线膨胀系数($\times 10^6$)/ ℃$^{-1}$	弹性模量/ GPa
20	0.488	—	14.12	14.56	171
100	0.502	13.57	15.26	15.39	165
200	0.52	17.67	16.69	16.21	157.5
300	0.537	21.96	18.11	16.86	150
400	0.555	27.08	19.54	17.37	142.5

（续）

温度/℃	比热容 c/ [kJ/(kg·K)]	传热系数 h_e/ [W/(m²·K)]	热导率 λ/ [W/(m·K)]	线膨胀系数($\times 10^6$)/ ℃$^{-1}$	弹性模量/ GPa
500	0.572	33.34	20.96	17.78	135
600	0.589	40.98	22.38	18.12	127.5
700	0.589	50.19	23.81	18.43	120
800	0.589	61.18	25.23	18.72	109
900	0.589	74.13	26.66	18.99	96.9
1000	0.589	89.21	28.08	19.27	83
1100	0.589	106.6	29.50	19.53	64.4
1200	0.589	126.48	30.93	19.79	47.3
1300	0.589	149.01	32.35	20.02	25
1400	0.589	174.37	33.78	20.21	1.7
1500	0.589	202.74	33.78	20.21	1.7
1600	0.589	234.28	33.78	20.21	1.7
1700	0.589	269.17	33.78	20.21	1.7
1800	0.589	307.57	33.78	20.21	1.7
2000	0.589	395.64	33.78	20.21	1.7

表 A-3　不锈钢 316L 的力学性能（应力-应变的温度依赖性）

温度/ ℃	真实塑性应变（%）					
	0	0.2	1	2	5	10
	真实应力/MPa					
23	210	238	292	325	393	494
275	150	173.7	217	249	325	424
550	112	142.3	178	211	286	380
750	95	114.7	147	167	195	216
800	88	112	120	129	150	169
900	69	70	71	73	76	81
1100	22.4	23.4	24.4	25.4	26.4	27.4
1400	3	4	5	6	7	8

附录 B　焊缝强度的高频随机振动设计

　　在机车中，监测运行状态时，将传感器安装在连接座上，连接座则焊接在机车上。焊接接头受高频振动，进行焊缝强度设计。工况是高频的随机振动，疲劳强度需进行设计。不同焊缝尺寸，疲劳强度要满足要求。与一般结构受力分析相比，高频随机振动设计在加载上有明显不同。在一般程序中难以用到，但往往又会在工程实践中碰到。

　　有限元的计算程序包括几何建模、材料建模、网格划分、建立分析模型以及求解。这里阐述主要不同点。

建模同结构计算一样，但对网格有更高要求。如果使用了 Copy 等逻辑运算，需要将采用不同体 Copy 时的重复节点删除，否则程序不会计算。这个功能在 Coupling/Ceqn 中的 Coincident Nodes 中设置精度，如图 B-1 所示。注意，由于节点是重复的，所以 Tolerance 中设置小值。

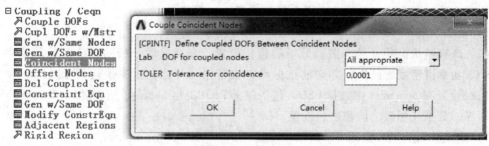

图 B-1　节点合并

高频疲劳问题有限元求解主要在于加载方式。高频加载之前需进行模态分析。

（1）模态分析

1）定义模态分析，如图 B-2 所示。

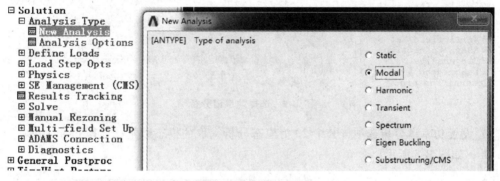

图 B-2　定义模态分析

2）设置模态分析项，如图 B-3 所示。注意，一定要选择 elem result，才能计算 1σ 结果。

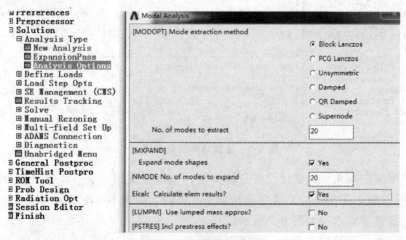

图 B-3　设置模态分析项

3）施加模态分析约束，模态分析 apply →structural→displacement→on nodes 选择底部节点，为随机振动分析加载加速度的部位，必须加载位移约束。此步骤不做，在随后的随机振动分析中就不能加上约束。此时可同时施加三个方向位移约束。

4）施加重力加速度，必须是 y 方向 -9.8。要注意的是，如果施加的是 x 方向加速度，此处约束也是 x 方向。施加的节点要选择加速谱的加载节点。

5）模态求解。

（2）高频随机振动（功率谱）分析的载荷设置 高频振动分析的载荷工况是功率谱密度 PSD。功率谱密度为已知，如柴油机振动、机车振动等，在相关规范中可查得。其 Load Step Opts 设置在 Spectrum 中选择 PSD，包括定义 PAD 类型 Setting、表形式的 PSD vs Freq 以及计算等，分别在加载之前和之后设置。

1）定义分析类型，如图 B-4 所示。

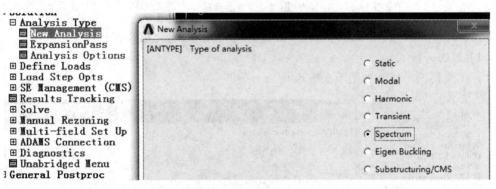

图 B-4 选择功率谱分析

2）设置功率谱分析选项，其中 20 为模态分析提取的模态数量；选择 elem stress；选择 P.S.D.，如图 B-5 所示。

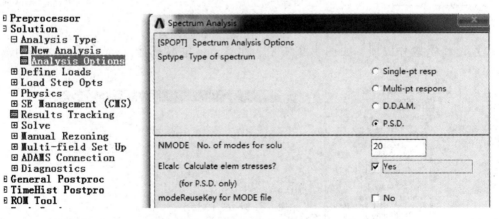

图 B-5 设置功率谱分析选项

3）在接下来的菜单中，继续设置分析类型，选择功率谱中 $g^{**}2$ 选项，为加速度密度谱中加速度平方值；在 SEDX/Y/Z 中选择加速度方向，如图 B-6 所示。

4）定义加速度谱表，如图 B-7 所示。

5）模态合并。进行模态合并，如图 B-8 所示。

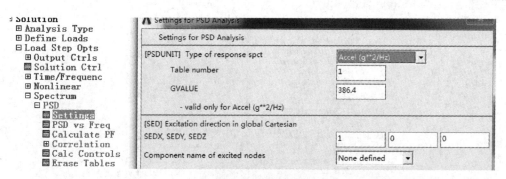

图 B-6　功率谱参数

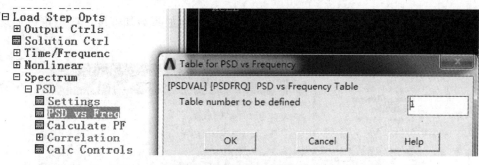

图 B-7　定义加速度谱表

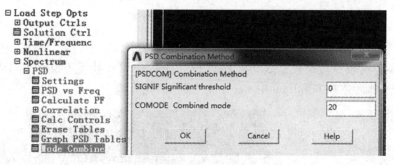

图 B-8　模态合并

6）设置好后，可以画出输入的加速度谱，如图 B-9 所示，从打印出的加速度谱中检查是否与所输入的一致。

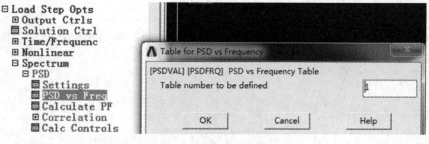

图 B-9　画加速度谱

（3）施加载荷　在 Apply Load 模块中施加载荷。

1）在高频振动分析中，加速度谱即为载荷。按图 B-10 所示选择加载命令，选择节点。

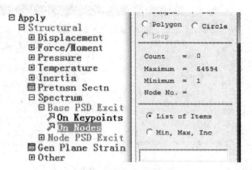

图 B-10　施加载荷

2）施加重力加速度。注意先要全选节点，然后才施加重力加速度，避免重力加速度只加载在部分节点上，如图 B-11 所示。

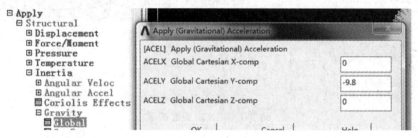

图 B-11　施加重力加速度

（4）计算设置　此处计算加速度、速度和位移。

（5）计算各模态参与质量系数　在 Load Step Opts 中设置计算各模态参与质量系数，如图 B-12 所示，然后选择 Spectrum 中 Calculate PF，启动计算。

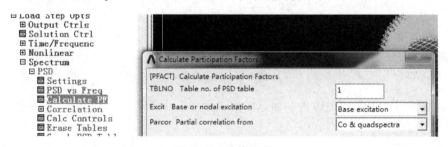

图 B-12　计算设置

要注意的是，如果在 Spectrum 中计算设置的顺序不对，则结果中各模态参与质量系数为 0，对应的应力结果就会有误。

参 考 文 献

［1］ 全国钢标准化技术委员会. 金属材料　力学性能试验术语：GB/T 10623—2008［S］. 北京：中国标准
出版社，2008.

［2］ 中国船级社. 船体结构疲劳强度指南［S］. 北京：人民交通出版社，2021.

［3］ 中国船级社. 船体结构波激振动和砰击颤振直接计算评估指南［S］. 北京：人民交通出版社，2018.

［4］ 于海成. 超大型集装箱船砰击颤振响应研究［D］. 哈尔滨：哈尔滨工程大学，2020.

［5］ 中国船级社. 液舱晃荡载荷及构件尺寸评估指南［S］. 北京：人民交通出版社，2020.

［6］ 中国船级社. 材料与焊接规范［S］. 北京：人民交通出版社，2022.

［7］ American Bureau of Shipping. Rules for materials and welding［S］. Houston：American Bureau of Ship-
ping，2019.

［8］ Bureau Veritas. Rules for the classification of steel ships Part D-materials and welding［S］. Paris：Bureau
Veritas，2020.

［9］ TIRYAKIOGLU M. On the relationship between Vickers hardness and yield stress in Al-Zn-Mg-Cu alloys
［J］. Materials science and engineering A，2013，633：17-19.

［10］ KRISHNA S C, GANGWAR N K, JHA A K, et al. On the prediction of strength from hardness for copper
alloys［J］. Journal of materials，2013，4：1-6.

［11］ PAVLINA E J, VAN TYNE C J. Correlation of yield strength and tensile strength with hardness for steels
［J］. Journal of materials engineering & performance，2008，17（1）：888-893.

［12］ MURAKAMI Y. Metal fatigue：Effects of small defects and nonmetallic inclusions［M］. Netherlands：
Elsevier science Ltd，2002.

［13］ SREENIVASAN P R, RAY S K, MANNAN S L, et al. Dynamic fracture toughness and charpy impact
properties of an AISI 403 martensitic stainless steel［J］. Journal of nuclear materials，1996，228：
338-345.

［14］ KIM S A, JOHNSON W L. Elastic constants and inernal friction of martensitic steel, ferritic-pearlitic steel,
and iron［J］. Materials science and engineering A，2007，452-453：633-639.

［15］ KANG J H, INGENDAHL T, BLECK W. A constitutive model for the tensile behavior of TWIP steels：
composition and temperature dependencies［J］. Materials & design，2016，90：340-349.

［16］ ZHAO X H, YUE Z M, WANG G, et al. Role of GNDs in bending strength gain of multilayer deposition
generated heterostructrued bulk aluminum［J］. Materials & design，2022，219：110769.

［17］ FREUND L B, SURESH S. Thin film materials：stress, defect formation and surface evolution［M］.
Cambridge：Cambridge univresity Press，2004.

［18］ TWEED J H, KNOTT J F. Micromechanisms of failure in C-Mn weld metals［J］. Acta metallurgrica，
1987，36：475-483.

［19］ LIU T, LONG M J, CHEN D F, et al. Effect of coarse TiN inclusions and microstructure on impact tough-
ness flutuation in Ti microalloyed steel［J］. Journal of iron and steel research international，2018，25：
1043-1053.

［20］ SAN MARTIN J I, RODRIGUEZ-IBABE J M. Determination of energetic parameters controlling cleavage
fracture in a Ti-V microalloyed ferrite-pearlite steel［J］. Scripta materialia，1999，40：459-464.

［21］ ALEXANDER D J, BERNSTEIN I M. Cleavage fracture in pearlitic eutectoid steel［J］. Metallurgical
transactions A. 1989，20（11）：2321-2335.

［22］ THIESSEN R G, RICHARDSON I M, SIETSMA J. Physically based modelling of phase transformations
during welding of low-carbon steel［J］. Materials science and engineering，2006，427：223-231.

[23] SONG W, PRAHL U, MA Y, et al. Multiphase-field simulation of cementite precipitation during isothermal lower bainitic transformation [J]. Steel research international, 2018, 16: 1-6.

[24] PAPADIOTI I, BELLAS I, Tzini MIT, et al. TRIP steels: a multiscale computational simulation and experimental study of heat treatment and mechanical behavior [J]. Materials, 2020, 13: 1-40.

[25] RUDNIZKI J, PRAHL U, BLECK W. Phase-field modelling of microstructure evolution during processing of cold-rolled dual phase steels [J]. Integrating materials manufacturing inovation, 2012, 1: 19-31.

[26] UMEMOTO M, GUO Z H, TAMURA I. Effect of cooling rate on grain size of ferrite in a carbon steel [J]. Journal of materials science & technology, 1987, 3: 249-255.

[27] SAVRAN V. Austenite formation in C-Mn steel [D]. Delft: Delft University of Technology, 2009.

[28] KEENE B J. Review of data for the surface tension of pure metals [J]. International materials Reviews, 1993, 38: 157-192.

[29] RICE J R. Mechanics of crack tip deformation and extension by fatigue [J]. Fatigue crack propagation, 1967, 247-265.

[30] MODI O P, DESHMUKH N, MONDAL D P, et al. Effect of interlamellar spacing on the mechanical properties of 0. 65% C steel [J]. Materials characterization, 2001, 46: 347-352.

[31] YEN H W, CHEN P Y, HUANG C Y, et al. Interphase precipitation of nanometer-sized carbides in a titanium-molybdenum-bearing low-carbon steel [J]. Acta materialia, 2011, 59: 6264-6274.

[32] GONG P, LIU X G, RIJKENBERG A, et al. The effect of molybdenum on interphase precipitation and microstructures in microalloyed steels containing titanium and vanadium [J]. Acta materialia, 2018, 161: 374-378.

[33] HALL EO. The deformation and ageing of mild steel: III Discussion of result [J]. Proceeding of the physical society, 1951, B64: 747.

[34] PETCH N J. The cleavage strength of polycrystals [J]. The journal of the iron and steel institute, 1953, 174: 25.

[35] DOLLAR M, BERNSTEIN I M, THOMPSON A W. Influence of deformation substructure on flow and fracture of fully pearlitic steel [J]. Acta metallurgica, 1988, 36: 311-320.

[36] 郝新江, 刘慧卿, 郝士明, 等. 具有失稳分解强化的 Hall-Petch 关系 [J]. 东北大学学报, 2002 (2): 137-140.

[37] MINTZ B. Importance of ky (Hall-Petch slope) in determining strength of steels [J]. The Metal Society, 1984, 11 (7): 265.

[38] PICKERING F B. Physical metallurgy and the design of steels [M]. London: Applied science publishers, 1978.

[39] LONG S L, LIANG Y L, JIANG Y, et al. Effect of quenching temperature on martensite multi-level microstructures and properties of strength and toughness in 20CrNi2Mo steel [J]. Materials science and engineering A, 2016, 676: 38-47.

[40] BADINIER G, SINCLAIR C W, ALLAIN S, et al. The mechanisms of transformation and mechanical behavior of ferrous martensite: Reference module in materials science and materials engineering [M]. Amsterdam: Elsevier, 2017.

[41] SHAKHOVA I, DUDKO V, BELYAKOV A, et al. Effect of large strain cold rolling and subsequent annealing on microstructural and mechanical properties of an austenitic stainless steel [J]. Materials science and engineering A, 2012, 545: 176-186.

[42] DINI G, NAJAFIZADEH A, UEJI R, et al. Tensile deformation behavior of high manganese austenitic steel: the role of grain size [J]. Materials & Design, 2010, 31: 3395-3402.

［43］ DI-SCHINO A, SALVATORI I, KENNY M. Effects of martensite formation and austenite reversion on grain refining of AISI 304 stainless steel ［J］. Journal of materials science, 2002, 37: 4561-4565.

［44］ SINGH K K, SANGAL S, MURTY G S. Hall-Petch behavior of 316L austenitic stainless steel at room temperature ［J］. Journal of materials science & technology, 2002, 18: 165-172.

［45］ OZDEMIR F, WITHARAMAGE C S, DARWISH A A, et al. Corrosion behavior of age hardening aluminum alloys produced by high-energy ball milling ［J］. Journal of alloys and compounds, 2022, 900: 163488-163499.

［46］ DUAN Y, TANG L, XU G, et al. Microstructure and mechanical properties of 7005 aluminum alloy processed by room temperature ECAP and subsequent annealing ［J］. Journal of alloys and compounds, 2016, 664: 518-529.

［47］ TAN Y B, WANG X M, MA M, et al. A study on microstructure and mechanical properties of AA 3003 aluminum alloy joints by underwater friction stir welding ［J］. Materials characterization. 2017, 127: 41-52.

［48］ BEMBALGE O B, PANIGRAHI S K. Development and strengthening mechanisms of bulk ultrafine grained AA6063/SiC composite sheets with varying reinforcement size ranging from nano to micro domain ［J］. Journal of alloys and compounds, 2018, 766: 272-278.

［49］ SMITH W F, HASHEMI J, PRESUEL-MORENO F. Foundations of materials science and engineering ［M］. New York: Mcgraw-Hill Publishing, 2006.

［50］ GRAY J M, BARBARO F. Evolution of microalloyed steels since microalloying '75 with specific emphasis on linepipe and plate: HSLA Steels 2015, Microalloying 2015 & Offshore engineering steels 2015 ［M］. Washington, DC: The Minerals, Metals & Materials Society, 2015, 53-70.

［51］ NABARRO FRN. Fifty-year study of the Peierls-Nabarro stress ［J］. Materials science and engineering A, 1997, 234-236: 67-76.

［52］ HEIDARZADEH A, MOHAMMADZADEH R, JAFARIAN H R, et al. Role of geometrically necessary dislocations on mechanical properties of friction stir welded single-phase copper with medium stacking fault energy ［J］. Journal of materials research and Technology, 2022, 16: 194-200.

［53］ SHANMUGASUNDARAM T, HEILMAIER M, MURTY B S, et al. On the Hall-Petch relationship in a nanostructured Al-Cu alloy ［J］. Materials science and engineering A, 2010, 527: 7821-7825.

［54］ ESTRIN Y. Unified constitutive laws of plastic deformation. Dislocation density related constitutive modeling ［M］. Cambridge: Academic press, 1996: 69-106.

［55］ SCHINO A. DI-SALVATORI I, KENNY J M. Effects of martensite formation and austenite reversion on grain refining of AISI 304 stainless steel ［J］. Journal of materials science, 2002, 37: 4561-4565.

［56］ GALINDO-NADA E I, RAINFORTH W M, RIVERA-DIAZ-DEL-CASTILLO E J. Prediction microstructure and strength of maraging steels: elemental optimization ［J］. Acta materialia, 2016, 117: 270-285.

［57］ 雍岐龙. 钢铁材料中的第二相 ［M］. 北京: 冶金工业出版社, 2006.

［58］ JIA T, ZHOU Y L, JIA X X, et al. Effects of microstructure on CVN impact toughness in thermomechanically processed high strength microalloyed steel ［J］. Metallurgical and materials transactions. 2017, 48: 685-661.

［59］ MINTZ B, MORRISON W B, JONES A. Influence of carbide thickness on impact transition temperature of ferritic steels ［J］. Metals technology, 1979, 6: 252-260.

［60］ IRVINE K J, GLADMAN T, PICKERING F B. Strength of austenite stainless steels ［J］. J. Iron & Steel Inst of Japan, 1969, 207: 1017-1028.

［61］ 唐骜. 先进高强钢的介观尺度变形特征及其与损伤形核的关联研究 ［D］. 上海: 上海交通大

学，2020.

[62] ZHANG S, HU W, BERGHAMMER R, et al. Microstructure elvolution and deformation behavior of ultra-fine-grained Al-Zn-Mg alloys with fine precipitates [J]. Acta materialia, 2010, 58: 6695-6705.

[63] GLADMAN T. Precipitation hardening in metals [J]. Materials science and technology, 1999, 15: 30-36.

[64] CHEN M Y, GOUNÉ M, VERDIER M, et al. Interphase precipitation in vanadium-alloyed steels: strengthening contribution and morphological variability with austenite to ferrite transformation [J]. Acta materialia, 2014, 64: 78-92.

[65] GUBICZA J, SCHILLER I, CHINH N, et al. The effect of severe plastic deformation on precipitation in supersaturated Al-Zn-Mg alloys [J]. Materials science and engineering A, 2007, 460-461: 77-85.

[66] LONG L, PAN Q, LI M, et al. Study on microstructure and mechanical properties of 3003 alloys with scandium and copper addition [J]. Vacuum, 2020, 173: 109112.

[67] 雍岐龙. 微合金碳氮化物在铁素体中的沉淀强化机制的理论分析 [J]. 科学通报, 1989 (9): 707-709.

[68] YILDIRIM C, JESSOP C, AHLSTROM J, et al. 3D mapping of orientation variation and local residual stress within individual grains of pearlitic steel using synchrotron dark field X-ray microscopy [J]. Scripta Materialia, 2021, 197: 113783.

[69] LI Y J, MUGGERUD AMF, OLSEN A, et al. Precipitation of partially coherent α-Al (Mn, Fe) Si dispersoids and their strengthening effect in AA 3003 alloy [J]. Acta materialia, 2012, 60: 1004-1014.

[70] CUI L, JIANG S, XU J, et al. Revealing relationships between microstructure and hardening nature of additively manufactured 316L stainless steel [J]. Materials & Design, 2021, 198: 109385.

[71] LI C, XIE Y, ZHOU D, et al. A novel way for fabricating ultrafine grained Cu-4. 5 vol% Al_2O_3 composite with high strength and electrical conductivity [J]. Materials characterization, 2019, 155: 109775.

[72] CONRAD H. Effect of interstitial solutes on the strength and ductility of titanium [J]. Progress in materials science, 1981, 26: 123-403.

[73] DYAKONOV G S, ZEMTSOVA E, MIRONOV S, et al. An EBSD investigation of ultrafine-grain titanium for biomedical applications [J]. Materials science & engineering A, 2015, 648: 305-310.

[74] FUKUHARA M, SANPEI A. Elastic moduli and internal frictions of Inconel 718 and Ti-6Al-4V as a function of temperature [J]. Journal of materials science letters, 1993, 12: 1122-1124.

[75] FISK M, ION J C, LINDGREN L E. Flow stress model for IN718 accounting for evolution of strengthening precipitates during thermal treatment [J]. Computational materials science, 2014, 82: 214-219.

[76] XU T Y, ZHOU S W, MA X Q, et al. Significant reinforcement of mechanical properties in laser welding aluminum alloy with carbon nanotubes added [J]. Carbon, 2022, 191: 36-47.

[77] LIANG H Q, GUO H Z, NING Y Q, et al. Analysis on the constitutive relationship of TC18 titanium alloy based on the softening mechanism [J]. Acta metallurgica Sinica, 2014, 50: 871-878.

[78] HAN C S, GAO H J, HUANG Y G, et al. Mechanism-based strain gradient plasticity I: Theory [J]. Journal of mechanic & physics of solids, 1999, 47: 1239-1263.

[79] 景秀并，张大卫，林滨. 介观尺度切削过程的材料本构关系分析 [J]. 兵工学报, 2010, 31 (5): 620-623.

[80] ARSENLIS A, PARKS D M. Crystallographic aspects of geometrically-necessary and statistically-stored dislocation density [J]. Acta materialia, 1999, 47: 1597-1611.

[81] ARSENAULT R J, SHI N. Dislocation generation due to differences between the coefficients of thermal expansion [J]. Materials science and engineering A, 1986, 81: 175-187.

［82］　POHJONEN A, SOMANI M, PORTER D. Modelling of austenite transformation along arbitray cooling paths［J］. Computational materials science, 2018, 150：244-251.

［83］　WANG X L, WANG Z Q, XIE Z J, et al. Toughening coarse grained heat affected zone of high strength offshore engineering steel by enhancing the completeness of austenite-bainite transformation［J］. Materials letters, 2019, 257：126727.

［84］　GUTIÉRREZ I. Effect of microstructure on the impact toughness of Nb-microalloyed steel：generalization of existing relations from ferrite-pearlite to high strength microstructure［J］. Materials science and engineering A, 2013, 571：57-67.

［85］　ISASTI N, JORGE-BADIOLA D, TAHERI M L, et al. Microstructural features controlling mechanical properties in Nb-Mo microalloyed steels. Part Ⅱ：Impact toughness［J］. Metallurgical and materials transactions, 2014, 45：4972.

［86］　李根, 兰鹏, 张家良. 基于 Ce 变质处理的 TWIP 钢凝固组织细化［J］. 金属学报, 2020, 56（5）：704-714.

［87］　QIN R S. Using electric current to surpass the microstructure breakup limit［J］. Science reports, 2017, 7：41451.

［88］　CHEN R, JIANG P, SHAO X Y, et al. Improvement of low-temperature impact toughness for 304 weld joint produced by laser-MIG hybrid welding under magnetic field［J］. Journal of materials processing technology, 2017, 247：306-314.

［89］　陈章兰. 一种焊接钢板的方法和装置：201910398903.2［P］. 2019-05-14.

［90］　MAYNIER P, JUNGMANN B, DOLLET J. Creusot-Loire system for the predication of the mechanical properties of low alloy steel products［C］. Chicago：Metall Soc of AIME, 1978：518-545.

［91］　WEISS R J, TAUER K T. Thermodynamics and magnetic structures of the allotropic modifications of manganese［J］. Journal of physics & chemistry of Solids, 1958, 4：135-143.

［92］　COUNTS W, WOLVERTON C, GIBALA R. First-principles energetics of hydrogen traps in α-Fe：point defects［J］. Acta materialia, 2010, 58：4730-4741.

［93］　LEE J, LEE J Y, LEE Y. The Hydrogen solubility in AISI 4340 steel in the temperature range of 298 to 873 K and atmospheric hydrogen pressure［J］. Journal of materials science letters, 1983, 17：426-432.

［94］　CHOO W, LEE J Y. Thermal analysis of trapped hydrogen in pure iron［J］. Metallurgical and materials transactions A, 1982, 13：135-140.

［95］　LEE H, LEE J Y. Hydrogen trapping by TiC particles in iron［J］. Perspect Hydrog metals, 1986, 421：6.

［96］　HSU Y T, JIANG H Y, YEN H W, et al. Hydrogen-induced embrittlement of nickle-chromium-molydenum containing HSLA steels［J］. Journal of the Chinese institue of engineers, 2020, 43：58-66.

［97］　ROBERTSON I M, SOFRONIS P, NAGAO A, et al. Hydrogen embrittlement understood［J］. Metallurgical & materials transactions A, 2015, 46：1085-1103.

［98］　GONG P, NUTTER J, RIVERA-DIAZ-DEL-CASTILLO P E J, et al. Hydrogen embrittlement through the formation of low-energy dislocation nanostrctures in nanoprecipitation-strengthened steels［J］. Sciene advances, 2020, 6（46）：11.

［99］　余永宁. 金属学原理［M］. 北京：冶金工业出版社, 2000.

［100］　张宏博, 张士宪, 李慧蓉, 等. 含铬碳钢梯度材料扩散行为的研究［J］. 热加工工艺, 2018（22）：124-127.

［101］　侯增寿, 赵兴国, 侯文义, 等. 界面过程控制生长≠扩散控制［J］. 材料热处理学报, 2005, 26（3）：6-9.

[102] 亓海全，雍岐龙，雍兮，等. 低碳钢奥氏体中 Ti 夹杂溶解度积的分析 [J]. 特殊钢，2010，31（2）：8-9.

[103] MITTEMEIJER E J. Fundamentals of materials science：The microstructure property relationship using metals as model systems [M]. London：Springer，2010.

[104] CALLISTER W D. Materials science and engineering：An introduction [M]. New York：John Wiley & Sons Inc，1997.

[105] ISHEIM D, GAGLIANO M S, FINE M E, et al. Interfacial segregation at Cu-rich precipitates in a high-strength low-carbon steel studied on a sub-nanometer scale [J]. Acta materialia，2006，54：841-849.

[106] YOU W, XU W, BAI B, et al. Materialometrical approach of predicting the austenite formation temperatures [J]. Materials science and engineering A，2006，419：276-282.

[107] TRZASKA J, DOBRZANSKI L A. Modelling of CCT diagrams for engineering and constructional steels [J]. Journal of materials processing technology，2007，192-193：504-510.

[108] LIU G, ZHANG S, LI J, et al. Fast-heating for intercritical annealing of cold-rolled quenching and partitioning steel [J]. Materials science and engineering A，2016，669：387-395.

[109] ZHOU W, HOU T, ZHONG C, et al. Effect of carbon content in retained austenite on the dynamic tensile behavior of nanostructured bainitic steel [J]. Metals，2018，8：907.

[110] DYSON D J, HOMLES B. Effect of alloy in additions on the lattice parameter of austenite [J]. Iron and steel Inst，1970，5：469-474.

[111] BOHEMEN S V. Exploring the correlation between the austenite yield strength and the bainite lath thickness [J]. Materials science and engineering A，2018，731：119-123.

[112] ADRIANA E C, ISAAC T C, ANDREAS L, et al. An integrated-model for austenite yield strength considering the influence of temperature and strain rate in lean steels [J]. Materials & Design，2020，188：108435.

[113] PERLADE A, BOUAZIZ O, FURNEMONT Q. A physically based model for TRIP-aided carbon steels behavior [J]. Materials science and engineering A，2003，356：145-152.

[114] TRZASKA J. Empirical formulae for the calculation of austenite supercooled transformation temperature [J]，Archives of metallurgy and materials，2015，60：181-185.

[115] BOHEMEN S M C. VAN. Bainite and martensite start temperature calculated with expontial carbon dependence [J]. Journal of materials science & technology，2012，28：487-495.

[116] LEE S, COOMAN B C D. On the selection of the optimal intercritical annealing temperature for medium Mn TRIP steel [J]. Metallurgical and materials transactions，2013，44，5018-5024.

[117] LIU C, ZHAO Z, Northwood D O, et al. A new empirical formula for the calculation of MS temperature in pure iron and super-low carbon alloy steels [J]. Journal of materials processing & technology，2001，113（1-3）：556-562.

[118] NIKRAVESH M, NADERI M, AKBARI G H. Influence of hot plastic deformation and cooling rate on martensite and bainite start temepratures in 22MnB5 steel [J]. Materials science and engineering A，2012，540：24-29.

[119] PATRICIA C, GERARDO A G, ARMANDO S R, et al. Dilatometric study of continuous cooling transformation of intercritical austenite in cold rolled AHSS-DP steels [J]. Journal of materials research and technology，2022，19：4360-4370.

[120] CHEN Z L, XIONG Y F, LI X W, et al. Eliminating the brittleness constituent to enhance toughness of the high-strength steel weld heat-affected zone using Electropulsing [J]. Materials，2022，15：2135.

[121] KOISTINEN D P, MARBURGER R E. A general equation prescribing the extent of the austenite-martens-

ite transformation in pure iron-carbon alloys and plain carbon steels [J]. Acta Metallurgia, 1959, 7: 59-60.

[122] BLONDEAU R, MAYNIER P, DOLLET J, et al. Prediction of hardness, tensile strength and field strength of carbon and low alloy steels from their composition and heat treatment [J]. Memoires scientifiques de la revue de metallurgie, 1975, 72: 759-769.

[123] XIONG Y F, LI Z M, LIU T. Toughening and hardening limited zone of high-strength steel through geometrically necessary dislocation when exposed to electropulsing [J]. Materials, 2022, 15: 5847.

[124] SPEER J, MATLOCK D K, DE COOMAN B C, et al. Carbon partitioning into austenite after martensite transformation [J], Acta materialia, 2003, 51: 2611-2622.

[125] WANG S B, KISTANOV A A, KING G, et al. In-situ quantification and density functional theory elucidation of phase transformation in carbon steel during quenching and partitioning [J]. Acta materialia, 2021, 221: 117361.

[126] CLARKE, A J, SPEER J G, MATLOCK D K, et al. Influence of carbon partitioning kinetics on final austenite fraction during quenching and partitioning [J]. Scripta materialia, 2009, 61: 149-152.

[127] ASHBY M F. Deformation of plastically non-homogeneous materials [J]. Philosophical magazine. 1970, 21: 399-424.

[128] KIM B, BOUCARD E, SOURMAIL T, et al. The influence of silicon in tempered martensite: understanding the microstructure-properties relationship in 0. 5-0. 6 wt.% C steels [J]. Acta Materialia, 2014, 68: 169-178.

[129] 姜锡瑞. 船舶与海洋工程材料 [M]. 哈尔滨: 哈尔滨工程大学出版社, 2009.

[130] 宝山钢铁股份有限公司. 一种高强度 X90 管线钢及其生产方法: 2007100453143 [P]. 2007-08-28.

[131] 陈冰泉. 船舶及海洋工程结构焊接 [M]. 北京: 人民交通出版社, 2001.

[132] 李亚江. 焊接冶金学: 材料焊接性 [M]. 北京: 机械工业出版社, 2016.

[133] British Standard institution. Welding-Recommendations for welding of metallic materials: BS EN1011: 2004 [S] London: British Standard Institution 2004.

[134] 王卫永, 张艳红, 李国强. 高强钢高温下和高温后力学性能指标的标准值研究 [J]. 建筑结构学报, 2022, 43 (9): 138-150.

[135] SCHAUPP T, SCHROEPFER D, KROMM A. et al. Welding residual stresses in 960MPa grade QT and TMCP high-strength steels [J]. Journal of manufacturing processes, 2017, 27: 226-232.

[136] 唐国翌, 刘涛, 宋国林, 等. 用超声和电脉冲耦合提高焊缝区力学性能和耐蚀性的方法: 201410806107. 5 [P]. 2014-12-13.

[137] AFKHAMI S, JAVAHERI V, AMRAEI M, et al. Thermomechanical simulation of the heat-affected zones in welded ultra-high strength steels: Microstructure and mechanical properties [J]. Materials & Design, 2022, 213: 110336.

[138] ÜSTÜNDAĞ Ö, GOOK S, GUMENYUK A, et al. Hybrid laser arc welding of thick high-strength pipeline steels of grade X120 with adapted heat input [J]. Journal of materials processing technology, 2020, 275: 116358.

[139] SCHNEIDER C. Influence of high energy density fusion welding techniques on welding of structural steel S960 [D]. Graz: Graz University of technology, 2020.

[140] TÜMER M, SCHNEIDER-BRÖSKAMP C, ENZINGER N. Fusion welding of ultra-high strength structural steels-A review [J]. Journal of manufacturing processes, 2022, 82: 203-229.

[141] STONE R V, COX T B, LOW J R, et al. Microstructural aspects of fracture by dimpled rupture [J].

International materials reviews, 1985, 30: 157-180.

[142] European Standard Institution. Welding: Recommendations for welding of metallic materials Part 1 General guidance for arc welding: EN 1011-1: 1998 [S]. Brussels: European Standard Institution, 1998.

[143] European Standard Institution. Welding-recommendations for welding of metallic materials Part 2 Arc welding of ferrite steels: EN 1011-2: 2001 [S]. Brussels: European Standard Institution, 2011.

[144] AMRAEI M, AFKHAMI S, JAVAHERI V, et al. Mechanical properties and microstructural evalution of the heat-affected zone in ultra-high strength steels [J]. Thin-walled structures, 2020, 157: 107072.

[145] 刘多. 中厚板 Q690E 高强钢机器人窄间隙 MAG 立焊工艺研究 [D]. 上海: 上海交通大学, 2015.

[146] DZIOBA I, PALA T. Influence of LWE on strength of welded joints of HSS S960 experimental and numerical analysis [J]. Materials, 2020, 13: 13030747.

[147] CAI W Y, WANG Y B, LI G Q, et al. Comparative study on strength of TMCP and QT high-strength steel butt-welded joints [J]. Journal constructional steel research, 2022, 197: 107447.

[148] LIU X, CHUNG K F, HO H C, et al. Mechanical behavior of high strength S690-QT steel welded sections with various heat input energy [J]. Engineering structures, 2018, 175: 245-256.

[149] JIANG J, DAI Z S, WANG Y B, et al. Experimental study on fracture toughness of quenched and tempered and TMCP high strength steels [J]. Journal of constructional steel research, 2022, 189: 107096.

[150] LAN L Y, KONG X W, QIU C L, et al. Influence of microstructural aspects on impact toughness of multi-pass submerged arc welded HSLA steel joints [J]. Materials & Design, 2016, 90: 488-498.

[151] LEE S G, SOHN S S, KIM B, et al. Effects of martensite-austenite constituent on crack initiation and propagation in inter-critical heat-affected zone of high-strength low-alloy (HSLA) steel [J]. Materials science and engineering A, 2018, 715: 332-339.

[152] HUDA N, WANG Y Y, LI L J, et al. Effect of martensite-austenite (MA) distribution on mechanical properties of inter-critical reheated coarse grain heat affected zone in X80 linepipe steel [J]. Materials science & engineering A, 2019, 765: 138301.

[153] LUO X, CHEN X H, WANG T, et al. Effect of morphologies of martensite-austenite constituents on impact toughness in intercritically reheated coarse-grained heat-affected zone of HSLA [J]. Materials science & engineering A, 2018, 710: 192-199.

[154] SHI Y W, HAN Z X. Effect of weld thermal cycle on microstructrue and fracture toughness of simulated heat-affected zone for a 800MPa grade high strength low alloy steel [J]. Journal of materials processing technology, 2008, 207: 30-39.

[155] MOHSENI P, SOLBERG J K, KARLSEN M, et al. Cleavage fracture initiation at M-A constituents in intercritically coarse-grained heat-affected zone of a HSLA steel [J]. Metallurgical and materials transactions A, 2013, 45A: 384-394.

[156] PENG Y, ZHANG Y, ZHAO L, et al. Effect of heat input and heat treatment on microstructure and mechanical properties of welded joint of TMCP890 steel [J]. Weld world, 2018, 62: 961-971.

[157] YANG Y B, ZHOU X, LI Q, et al. A computationally efficient thermo-mechanical model for wire arc additive manufacturing [J]. Additive manufacturing, 2021, 46: 102090.

[158] DORNELAS P H G, FILHO J C, FARIAS F W C, et al. FEM-thermodynamic simulation methodology to predict the influence of $t_{8/5}$ on the coarse grain heat-affected zone of a Cr-Mo low-alloy steel pipe [J]. Journal of manufacturing processes, 2020, 60: 520-529.

[159] MOSLEMI N, GOHARI S, ABDI B, et al. A novel systematic numerical approach on determination of heat source parameters in welding process [J]. Journal of materials research and technology, 2022, 18: 4427-4444.

［160］　FARIAS R M, TEIXEIRA P R F, VILARINHO L O. Variable profile heat source models for numerical simulations of arc welding processes ［J］. International journal of thermal science, 2022, 179: 107593.

［161］　SIMULIA. Abaqus/CAE user's guide ［Z/OL］ http://130. 149. 89. 49: 2080/v6. 14/books/usi/default. htm.

［162］　DING J. Thermo-mechanical analysis of wire and arc additive manufacturing process ［D］. Cranfield: Cranfield University, 2012.

［163］　MICHALERIS P, Debiccari A. Prediction of welding distortion ［J］. Welding Journal, 1997, 76: 172.